中国古代称谓史话

王 俊 著

中国商业出版社

图书在版编目（CIP）数据

中国古代称谓史话 / 王俊著 . -- 北京：中国商业
出版社，2022. 10

ISBN 978-7-5208-2216-9

Ⅰ. ①中… Ⅱ. ①王… Ⅲ. ①称谓—研究—中国—古
代 Ⅳ. ① K892.98

中国版本图书馆 CIP 数据核字（2022）第 164456 号

责任编辑：陈　皓

策划编辑：常　松

中国商业出版社出版发行

（www. zgsycb. com　100053　北京广安门内报国寺 1 号）

总编室：010-63180647　编辑室：010-83114579

发行部：010-83120835/8286

新华书店经销

三河市吉祥印务有限公司印刷

*

710 毫米 ×1000 毫米　16 开　20 印张　260 千字

2022 年 10 月第 1 版　2022 年 10 月第 1 次印刷

定价：49.00 元

＊＊＊＊

（如有印装质量问题可更换）

中国是举世闻名的文明古国，在漫长的历史发展过程中，勤劳智慧的中国人创造了丰富多彩、绚丽多姿的文化。这些经过锤炼和沉淀的古代传统文化，凝聚着华夏各族人民的性格、精神和智慧，是中华民族相互认同的标志和纽带，在人类文化的百花园中摇曳生姿，展现着自己独特的风采，对人类文化的多样性发展做出了巨大贡献。中国传统民俗文化内容广博，风格独特，深深地吸引着世界人民的目光。

2006 年 5 月，时任浙江省委书记的习近平同志就已提出："文化通过传承为社会进步发挥基础作用，文化会促进或制约经济乃至整个社会的发展。"又说："文化的力量最终可以转化为物质的力量，文化的软实力最终可以转化为经济的硬实力。"（《浙江文化研究工程成果文库总序》）2013 年他去山东考察时，再次强调：中华民族伟大复兴，需要以中华文化发展繁荣为条件。

正因如此，我们应该对中华民族文化进行广阔、全面的检视。我们应该唤醒我们民族的集体记忆，复兴我们民族的伟大精神，发展和繁荣中华民族的优秀文化，为我们民族在强国之路上阔步前行创设先决条件。实现民族文化的复兴，必须传承中华文化的优秀传统。现代的中国人，特别是年轻人，对传统文化十分感兴趣，蕴含感情。但也有些人对具体典籍、历史事实不甚了解。比如，中国是书法大国，谈起书法，有些人或许只知道些书法大家如王羲之、柳公权等的名字，知道《兰亭集序》是千古书法珍品，仅此而已。再如，我们都知道中国是闻名于世的瓷器大国，中国的瓷器令西方人叹为观止，中国也因此获得了"瓷器之国"（英语 china 的另一义即为瓷器）的美誉。然而关于瓷器的由来、形制的演变、纹饰的演化、烧制等瓷器文化的内涵，就知之甚少了。中国还是武术大国，然而国人的武术知识，或许更多来源于一部部精彩的武侠影视作品，对于真正的武术文化，我们也难以窥其堂奥。我国还是崇尚玉文化的国度，我们的祖先发现了这种"温润而有光泽的美石"，并赋予了这种冰冷的自然物鲜活的生命力和文化性格，如"君子当温润如玉"，女子应"冰清玉洁""守身如玉"；"玉有五德"，即"仁""义""智""勇""洁"；等等。今天，熟悉这些玉文化内涵的国人也为数不多了。

也许正是有忧于此，近年来，已有不少有志之士开始了复兴中国传统文化的努力之路，读经热开始风靡海峡两岸，不少孩童以至成人开始重拾经典，在故纸旧书中品味古人的智慧，发现古文化历久弥新的魅力。电视讲坛里一波又一波对古文化的讲述，也吸引着数以万计的人，重新审视古文化的价值。现在放在读者面前的这套"中国传统民俗文化"丛书，也是这一努力的又一体现。我们现在确实应注重研究成果的学术价值和应用价值，充分发挥其认识世界、传承文化、创新理论、资政育人的重要作用。

中国的传统文化内容博大，体系庞杂，该如何下手，如何呈现？这套丛书处理得可谓系统性强，别具匠心。编者分别按物质文化、制度文化、精神文化等方面来分门别类地进行组织编写，例如，在物质文化的层面，就有纺织与印染、中国古代酒具、中国古代农具、中国古代青铜器、中国古代钱币、中国古代木雕、中国古代建筑、中国古代砖瓦、中国古代玉器、中国古代陶器、中国古代漆器、中国古代桥梁等；在精神文化的层面，就有中国古代书法、中国古代绘画、中国古代音乐、中国古代艺术、中国古代篆刻、中国古代家训、中国古代戏曲、中国古代版画等；在制度文化的层面，就有中国古代科举、中国古代官制、中国古代教育、中国古代军队、中国古代法律等。

在历史的发展长河中，中国各行各业还涌现出一大批杰出人物，至今闪耀着夺目的光辉，以启迪后人，示范来者。对此，这套丛书也给予了应有的重视，中国古代名将、中国古代名相、中国古代名帝、中国古代文人、中国古代高僧等，就是这方面的体现。

生活在 21 世纪的我们，或许对古人的生活颇感兴趣，他们的吃穿住用如何，如何过节，如何安排婚丧嫁娶，如何交通出行，孩子如何玩耍等，这些饶有兴趣的内容，这套"中国传统民俗文化"丛书都有所涉猎。如中国古代婚姻、中国古代丧葬、中国古代节日、中国古代民俗、中国古代礼仪、中国古代饮食、中国古代交通、中国古代家具、中国古代玩具等，这些书籍介绍的都是人们颇感兴趣、平时却无从知晓的内容。

在经济生活的层面，这套丛书安排了中国古代农业、中国古代经济、中国古代贸易、中国古代水利、中国古代赋税等内容，足以勾勒出古代人经济生活的主要内容，让今人得以窥见自己祖先的经济生活情状。

在物质遗存方面，这套丛书则选择了中国古镇、中国古代楼阁、中国古代寺庙、中国古代陵墓、中国古塔、中国古代战场、中国古村落、中国古代宫殿、中国古代城墙等内容。相信读罢这些书，喜欢中国古代物质遗存的读者，已经能掌握这一领域的大多数知识了。

　　除了上述内容外，其实还有很多难以归类却饶有兴趣的内容，如中国古代乞丐这样的社会史内容，也许有助于我们深入了解这些古代社会底层民众的真实生活情状，走出武侠小说家加诸他们身上的虚幻的丐帮色彩，还原他们的本来面目，加深我们对历史真实性的了解。继承和发扬中华民族几千年创造的优秀文化和民族精神是我们责无旁贷的历史责任。

　　不难看出，单就内容所涵盖的范围广度来说，有物质遗产，有非物质遗产，还有国粹。这套丛书无疑当得起"中国传统文化的百科全书"的美誉。这套丛书还邀约大批相关的专家、教授参与并指导了稿件的编写工作。应当指出的是，这套丛书在写作过程中，既钩稽、爬梳大量古代文化文献典籍，又参照近人与今人的研究成果，将宏观把握与微观考察相结合。在论述、阐释中，既注意重点突出，又着重于论证层次清晰，从多角度、多层面对文化现象与发展加以考察。这套丛书的出版，有助于我们走进古人的世界，了解他们的生活，去回望我们来时的路。学史使人明智，历史的回眸，有助于我们汲取古人的智慧，借历史的明灯，照亮未来的路，为我们中华民族的伟大崛起添砖加瓦。

　　是为序。

傅璇琮
2014 年 2 月 8 日

在人类历史长河中，人与人的交往对具体的人和物少不了称谓，称谓是生活的重要组成内容。在长期的生产和生活（包括家族内部）的各种关系中产生了多种称谓，它既是文化的本质，也是文明的标志。称谓是对当时的人、事、物等所"命名"的名称，有时代特征、印记、背景同时也兼具合理性和科学性。每个人或事物都有着不同的称谓，古往今来，十分繁多，也非常复杂。有的称谓沿用至今，有的称谓有所变化和发展，而有的则已经不使用了。

"称谓"一词，最早的史料见于《晋书·孝武文李太后传》所载会稽王司马道子的书启："虽幽显同谋，而称谓未尽，非所以仲述圣心，允答天人，宜崇正名号，详案旧典。"

在整个称谓体系中，人的称谓是最庞大复杂的。在古代，除了常用的名、字、号，还有爱称、戏称、谥号、代号等。如称字的：称屈平为屈原，司马迁为司马子长，李白为李太白，杜甫为杜子美，韩愈为韩退之，柳宗元为柳子厚，欧阳修为欧阳永叔，苏轼为苏子瞻等，称号的号又叫别号、表号。号，一般只用于文人雅士的自称，以显示某人的志趣或抒发某种情感；对人称号也是一种敬称。如陶潜号五柳先生，李白号青莲居士，杜甫号少陵野老，李商隐号玉溪生，白居易号香山居士，贺知章号四明狂客，欧阳修号醉翁、六一居士，王安石号半山，苏轼号东坡居士，陆游号放翁，辛弃疾号稼轩，李清照号易安居士，刘鹗号洪都百炼生。百姓的称谓常见的有布衣、黔首、黎民、生民、庶民、苍生、黎庶、黎元、氓等。在家族里面，对尊长者和用于朋辈之间的敬称如：君、子、公、夫子、足下、先生、大人等。还有一人多个称谓的也不少，如宋代的黄彻在读《左传》中就曾因书中人名变化之繁杂感慨万千，他说："千变万状，有一人称谓至数次异者：族氏、名字、爵邑、号谥，皆密布其中。"举几个大家熟悉的人物来了解称谓的复杂性。晋代的陶潜，又叫陶渊明、陶彭泽、陶元亮、五柳先生；唐代的杜甫，又叫杜子美、杜拾遗、杜少陵、杜工部；宋代的苏轼，又叫苏子瞻、苏文忠、雪浪翁、东坡居士。古代同一个人有几个甚至几十个称呼的现象不在少数。

称谓，不仅仅是人、事、物的代名词，还是社会交往不可缺少的重要工具，不仅仅是简单的称谓，还包含礼节、礼仪和学识等。人与人往来沟通，免不了互相称呼和提及他人。中国人的传统习俗是，称呼对方或他人时使用尊称或敬称，称呼自己或与自己有关的事物时使用谦称。正确而得体的称谓，能够让交际变得温馨和谐。古人称自己一方的亲属朋友时，如常用的"家""舍"等谦辞。"家"是对别人称自己的辈分高或年纪大的亲属时用的谦辞，如"家父""家母""家兄"等。"舍"用以谦称自己的家或自己的卑幼亲属，前者如"寒舍""敝舍"，后者如"舍弟""舍妹""舍侄"等。又如《说岳全传》里岳飞和同乡牛皋赴京参加科考。牛皋提前去了解考场，因为对地形不熟而迷路，向一位老人问路时，他大声说道："老头，去武试的考场怎么走？"老人见他说话没礼貌，一言不发扬长而去。后来岳飞也去熟悉考场，遇到刚才那位老人，询问说："老人家，请问去武场的路怎么走啊？"老人见他十分懂礼貌，高高兴兴地给他指了路。可见，称谓不同，交往的效果也不一样。另外，税的称谓也很有趣，其实对税的称谓我国税收古已有之，历代对税的称谓有所不同。夏代称"贡"，商代曰"助"，周朝称为"彻"。春秋称为"赋"，到汉代称为"租"。隋唐五代对口税曰"庸"，宋代有"粮"的称谓，明代称之为"响"，清代称为"当税""牙税"等。

称谓也是随着时代发展变化而变化的，它也是一种社会的进步和文明的体现。过去的许多称谓流传到今天已经被淘汰，或者含义发生巨变。"愚"，谦称自己不聪明。"鄙"，谦称自己学识浅薄。"敝"，谦称自己或自己的事物不好。"卑"，谦称自己身份低微。"窃"，有私下、私自之意，使用它常有冒失、唐突的含义在内。"臣"，谦称自己不如对方的身份地位高。"仆"，谦称自己是对方的仆人，使用它含有为对方效劳之意，现当代已经用得不多了。有的有变化，比如"大儿"和"小儿"，现在一般理解为"大儿子""小儿子"，但在古代这是对杰出男子的一种尊称。《后汉书·祢衡传》记载：东汉末年，祢衡少有才辩，性情高傲，看不起一般的贤士大夫，唯对孔融、杨修友善，常称："大儿孔文举（孔融的字），小儿杨德祖（杨修的字）。"孔融被祢衡称为"大儿"，十分高兴，遂与之交友。可见在当时，"大儿""小儿"相当于现在的"好男儿""好儿郎"，是一种尊称，含褒奖之意。如果今人不了解古代的称谓，就很容易产生误解，张冠李戴，闹出笑话，还会给自己的学习或生活带来若干麻烦。

称谓在古文献中及古诗词中的使用就妙趣横生，耳目一新，如东方称"仓天"，南方称"贤天"，西方称"浩天"，北方称"玄天"，西南称"朱天"，东南称"阳天"，东北称"旻天"，西北称"幽天"，中央称"钧天"；一月称"孟月"，二月称"花朝"，三月称"阳春"，四月称"清和"，五月称"仲夏"，六月称"荷日"，七月称"上秋"，八月称"清秋"，九月称"桑落"，十月称"霜华"，十一月称"隆冬"，十二月称"暮冬"；书信称"鸿雁"，笔称"书中君"，木梳称"木齿丹"，墨称"松使者"，燕子称"玄鸟"，喜鹊称"九官"，鹦鹉称"陇客"，蜜蜂称"金翼侠"，蝴蝶称"玉腰奴"，兔子称"扑卧"，山羊称"嵩山君"，鹤称"胎仙"，蝉称"齐女"，螃蟹称"无肠公子"，蚯蚓称"志高"，桃花称"玄都花""阳春花""姻缘花""武陵色""红雨""芳菲"等，总之字浅意深，形象生动，表达了古代文人的文化属性和生活情趣。

本书汇集了我国古代不同历史时期的不同称谓，内容包罗万象，涵盖家族亲属、男女称呼、人际交往、身份行业、职官地位、军事兵器、天文地理、岁时节令、衣食住行、文学艺术、动物植物、自然现象、花草禽鸟等多种类别。书中对故纸堆进行梳爬和整理，尽可能使其知识化、系统化、全面化、趣味化、科学化，以满足更多读者的需求。

无论我们学习或研究有关过去的任何学科、任何问题，都会接触到各种各样的人、事、物各种不同的称谓。而古人的生活和典籍又有着各种各样的称谓，究竟这个称谓是什么意思？如果我们不去认识和理解，这就会给我们的学习与生活带来若干问题。所以，要学习与研究古代传统文化，就必须要学习和掌握关于古人的各种称谓。

盛德所辉，灵则万古。谨以此书献给我的母亲及各位朋友。

吴　雨

于普纳威美亚公寓

壬寅年春

第一章
人际关系及人物称谓

第一节 亲属称谓

亲属称谓是指对家庭成员和相关亲戚的称谓。

我国古代的家庭以宗法制为基础，以男系为中心，将亲属分为宗亲、外亲、妻亲三大类。宗亲是指同宗亲属，上下限为九族，包括自己上面四世的高祖辈至自己下面四世的玄孙辈，以及自己一辈。宗亲是亲属关系的主体。外亲是指女系血统的亲属，如母亲的父母、兄弟姐妹及侄女、孙女等，这个范围之外就都不属于亲属。妻亲是指妻子的血亲，范围更窄，严格来说仅包括妻子的父母。

下面，我们按照今天习惯的分类来了解一下古代的亲属称谓。

一、祖辈

按照我国古代亲属制度的规定，宗亲包括上下九代。上从高祖开始。高祖之上的直系祖先，则称作始祖、远祖、太高、太尊、祖先、先君、先人、鼻祖等。需要详细解释的是鼻祖。鼻祖是有世系可考的最早的祖先。这个称谓最早出自《汉书·扬雄传上》载扬雄之《反离骚》："有周氏之蝉嫣兮，或鼻祖于汾隅。"扬雄在《方言》中曾说："鼻，始也。"由此可知，"鼻祖"即始祖的别称。

1. 高祖和高祖母

"高祖"，指曾祖父的父亲。"高祖"在古代又称为"高祖王父"，但后世多称为"高祖父"。

需要注意的是，古代不仅称曾祖父的父亲为高祖，高祖之上的历代远祖也可以称作高祖。比如在商代甲骨卜辞中就有"高祖夔""高祖亥""高祖乙"等称呼。

此外，"高门""长祖""显考"也是高祖的别称。

高祖之妻称为"高祖母"，古代又称为"高祖王母"。

2. 曾祖和曾祖母

曾祖，即祖父的父亲。曾祖、曾祖父的称呼最早出现在《仪礼·丧服》中，直到现在人们仍在使用。

曾祖在古代还有其他称呼，这些称呼大致是由对祖父的各种称呼变化而来，如"曾祖王父"。"曾祖"亦称"曾门"，这与后面要谈到的祖父称为"大门中"有关。此外，曾祖也被称为"太翁""曾翁""曾父""曾大父""曾太翁""王大父"等，这些称谓多见于碑志铭文，在古籍中很少见到。

曾祖之妻称为"曾祖母"。也有叫作"曾祖王母"的，不过并不多见，比较常见的是"太婆"，意为婆婆之母。

二、祖父

祖父，指父亲之父。"祖父"的称谓最早出自《仪礼·丧服》，《尔雅·释亲》中简称为"祖"。

祖父在古代还有如下这些称呼：

王父：这一称谓用得不多，而且有所变化，如称"祖王父""大王父"等。

大父：这个称呼多见于唐宋碑刻，如唐代韩愈撰写的《博陵崔公墓志铭》《河南少尹裴君墓志铭》等，都把祖父称为"大父"。

公、太公：公在古代用来尊称男性，用作亲属称谓时，除了指代父亲，也可以称祖父。《后汉书·李固传》中说："自太公以来，积德累仁。"这里的太公指的就是祖父。

翁、太翁、阿翁：翁是古人对男性老人的一种泛称，如"渔翁""卖炭翁"等。也可以作为亲属称谓，称呼"父亲""岳父""公爹"，有时也用来称呼祖父。

大门中：这个称呼十分奇特，令人费解，古人也鲜少使用，但是与此相关的是，古人又称曾祖为"曾门"，高祖为"高门"，因此我们对这类称呼还是要了解一二。

爷爷：古人称祖父为"爷爷"，最早始于宋代。这也是现在对祖父最常见的称呼。

三、祖母

祖父之妻称"祖母"，这个称谓自古以来都在使用。和祖父一样，祖母一词也始见于《仪礼·丧服》。

祖母在古代有着种种异称，这些称呼大致与祖父的各种别称同时使用。祖父既然又叫"王父""大父",相应地,祖母也有了"王母""大母"等称谓,但是古代典籍中很少有这些称谓的记述。

古人常把祖母称作"婆婆",如唐代权德舆《祭孙男法延师文》中就有"翁翁婆婆以乳果之奠,致祭于九岁孙男法延师之灵"句。这种对祖母的称呼直到今天依然存在。

现代人普遍称祖母为"奶奶",但在古代这种称呼用得不多,而且出现的时间也很晚,最早的记载也才见于《红楼梦》第一一九回:"你琏二哥糊涂,放着亲奶奶,倒托别人去。"可见把祖母称为奶奶,是近几百年才有的习俗。

"重慈"的用法也较为常见。古人敬称母亲为"慈",祖母相当于母亲之母,因此可称为"重慈"。

古代实行妻妾制度,一个男子除了正妻以外,还可能会纳一妾甚至多妾。如此一来,若是某人的祖父有妻又有妾,那么此人的祖母就不止一人,对祖母的称谓也就不一样。具体来说,如果某人的祖母是妻,那么就称祖父的妾为"庶祖母""妾祖母""季祖母";如果某人的祖母是妾,就称祖父的妻为"嫡祖母"。

 知识链接

祖父母兄弟姐妹的古称

祖父的兄弟

伯祖父:祖父之兄。又称伯公、伯祖、伯翁。

叔祖父:祖父之弟。又称叔公、叔祖、叔翁。

从祖祖父:伯祖、叔祖。

祖父兄弟的妻子

伯祖母:祖父兄长之妻。又称姆婆、伯婆。

叔祖母:祖父弟弟之妻。也称季祖母、婶婆、叔婆。

从祖王母、从祖祖母：伯祖母、叔祖母。

祖父的姐妹

王姑、姑祖母

祖母的兄弟

祖舅、大舅、舅公、舅祖公

祖母的姐妹

姨祖母、姨婆

四、父母

父母是所有亲属中与自己关系最密切、对自己来说最重要的亲属，在某些场合往往要父母并称。关于父母的总称，除了古往今来广为使用的"爹娘""双亲""二老"外，还有以下这些称谓：

庭闱：父母居庭闱，故以"庭闱"作为父母的代称，如杜甫《送韩十四江东觐省》中写道："我已无家寻弟妹，君今何处访庭闱。"

高堂：古人常在高大的厅堂拜见父母，后来高堂便引申为父母的别称，直到今天，这个称呼仍在使用。

严君：父母合称为"严君"，不过古人有父严母慈的说法，所以后来多以严君专指父亲。

膝下：儿女常在父母膝下承欢，所以又称父母为"膝下"。

椿萱：据说椿树"以八千岁为春，八千岁为秋"，因其长寿，故用作父亲的代称。萱草俗称金针菜、黄花菜，常栽种在母亲居住的北堂，据说可以使人忘忧，所以用"萱堂"指代母亲的居室，用"萱"指代母亲。"椿""萱"并列，则是父母的代称。

除了上面几种称呼外，古人对父母的称呼还有"所生""怙恃""岵圮"等，因不常用，就不多做阐述了。

知识链接

义父、义母

关于父母的称谓，有一个问题值得注意，那就是古代有"义父""义母"的说法。

"义父"，就是拜认亲生父亲以外的男性长辈为父。"义父"往往称自己所收的非亲生子为"义子""义儿""干儿"。义子则可称义父为"干爹""干爸"，称义父的妻子为"义母""干娘""干妈"。

五、父亲

古人常称父亲为"公"。若加上语气助词，成为"阿公"，仍然可以作为父亲的称谓。"翁"也可用于对父亲之称。陆游《示儿》诗中就有"家祭无忘告乃翁"之句。古代也称父亲为"尊"，这主要发生在魏晋南北朝时期，如《世说新语·品藻》中记载：王苟子问父亲王长史："刘尹语何如尊（刘尹的谈论和父亲相比如何）？"

古代称父亲为"爷"十分常见。这种称呼源于魏晋时期，当时称父亲为"耶"，后来改称为"爷"，如《木兰诗》中就有"阿爷无大儿，木兰无长兄"之句。还有把父亲称为"耶耶""阿爷"的。唐代时父亲也称为"爷"，如杜甫《兵车行》："爷娘妻子走相送。"宋代以后，"爷"依然用于称呼父亲。直到今天，在一些地区还有称父为爷的。

与"爷"相近的称呼还有"爹"，这也是魏晋时期出现的，以后历代都有使用。也有称父亲为"阿爹""爹爹"的，如宋高宗赵构就称其父宋徽宗为"爹爹"。这种称呼亦为后世所沿用。

"爸"的使用情况与"爹"类似。这一称呼多用于口头语言，自魏晋到现在，一直是对父亲最广泛的称呼之一。

古人还以"椿庭"指代父亲。这个称呼的产生与圣人孔子有关。《论语·季氏》记载：孔子的儿子孔鲤三次经过庭院，接受父亲的教诲。因椿树指代父亲，人们便结合"趋庭"的典故，将"椿""庭"合称，用作父亲的代称。

"乔木"是父亲的另一个称呼。乔树的果实向上，梓树的果实向下，因此人们常用"乔木"指代父亲，"乔梓"指代父子。

值得一提的是，在不同的方言或民族语言中，对父亲的称呼大不相同。古代闽方言称父亲为"郎罢"，吴方言称父亲为"老相"，北方称父亲为"老子"，女真语称父亲为"阿马"或"阿玛"，等等。

六、母亲

古人对母亲的称呼也有许多，诸如：

娘：这是古代常见的对母亲的称谓。《木兰诗》中有"不闻爷娘唤女声"之句，这里的"娘"指的就是母亲。也有称母亲为"娘娘"的。称母为娘的习俗直到今天依然存在。

妈：这是现代应用最多的对母亲的称谓，但在古代却较少使用。不过，古人称母为"妈妈"的现象要比称"妈"广泛一些。"妈妈"也可以音转为"嬷嬷"。

社：汉代时，江淮人称母亲为"社"。《淮南子·说山篇》记载：东邻家的母亲去世了，她的儿子哭得并不悲伤，西邻家的孩子见了，跑回家对自己的母亲说："社为什么舍不得快点死？你死了，我一定会痛哭的。"这里的"社"，指的就是母亲。

家（音 gú）家、阿家：南北朝时期，宫中皇族称母亲为"家家"或

"阿家"。据史书记载，北齐琅琊王高俨诛杀奸臣和士开之后，对后主高纬说："和士开密谋废除皇帝，还要剃除家家的头发让她做尼姑，我不得已才假传圣旨杀了他的。"这里所说的"家家"，指的就是高俨和高纬的母亲胡太后。

姐姐：宋朝时称母亲为"姐姐"。据叶绍翁《四朝闻见录》记载，宋高宗赵构曾称其母亲韦太后为"姐姐"。不过宋代以后，典籍中没有再出现过这种称呼。

前面提到，受古代妻妾制度影响，对祖母产生了一些不同的称呼，同样，在妻妾制度的支配下，对母亲也有着不同的称谓。这些称谓之间的区别在明清时期比较显著，也比较严格。下面就介绍一下明清时期对母亲的一些称呼。

生母、本生母：一般情况下用来称呼自己的亲生母亲，但如果自己的母亲是妾，则不能使用这种称呼，而应该称自己的母亲为"亲母"。

嫡母：如果自己的母亲是妾，则称父亲的正妻为"嫡母"。

养母：从小被过继给伯父、叔父为子，或父母离世被别家养育，或被父母遗弃而由别家收养。在上述情况下，把抚养自己长大的母亲称为"养母"。

慈母：自己的亲生母亲去世了，由父亲的妾抚养长大，则称抚育自己的庶母为慈母。

继母、后母、续母、假母：自己的亲生母亲离世了，或者被逐出家门，父亲重新娶了一位妻子，则称父亲再娶的妻子为"继母""后母""续母""假母"。如果自己的亲生母亲被驱逐后尚在人世，则称其为"出母"。礼俗规定，出母死后，子女不能为之服丧，但继母死后，则要像对生母一样服丧。

庶母、少母、诸母：如果自己的母亲是父亲的正妻，则称父亲的妾为"庶母""少母"。如果父亲有许多妾，则称诸妾为"诸母"。

姨：如果自己是妾所生，则称自己的母亲为"姨"。称亲母为"姨"，是因为封建礼教森严，对嫡庶之别格外讲究，视嫡母为母，视亲母为嫡母之妹。由于晚辈将庶母称为"姨"，所以人们把做妾者称为"姨娘"，如《红楼梦》里对赵姨娘的称呼就是由此而来。

考　妣

考妣是古代常见的一组称谓，是对已故父母的代称。其中"考"用于称呼亡父，"妣"用于称呼亡母。在古代的墓碑上，常常刻有"显考""显妣""先考""先妣"等文字，都是对一般人亡父亡母的称谓。如果是皇室成员，则称已故父母为"皇考""皇妣"。至于已故的祖父母，则可称"祖考""祖妣""皇祖考""皇祖妣"。古代有时也用"考妣"称呼在世的父母，不过这种情况并不多见。

七、儿子儿媳

古人对儿子的称呼颇多，"子"是其中常见的一个称谓。"子"最初是"儿童"的意思，先秦时期多为子女的统称，秦汉以后主要用来称呼儿子。为了不使"子"的"儿子"之义同"子女"之义混淆，古人在称呼"儿子"时，专门在"子"的后面加了一个"男"字，即称儿子为"子男"；又称儿子为"丈夫子"，如唐朝陆龟蒙《送小鸡山樵人序》中写道："吾有丈夫子五人，诸孙亦有丁壮者。"

"男"，也是古人对儿子的常见称谓，如杜甫《石壕吏》中说："一男附书至，二男新战死。"

在古代汉语中，"息"含有繁衍、生养的意思，而在古人的观念里，儿子肩负传宗接代的重任，所以就把"息"作为儿子的代称。也有称子为

"子息""贱息""弱息""小息""儿息""息男"者，如《南史·周盘龙传》中写道："弱息不为世子，便为孝子。"

"儿"的用法与"子"相似，一开始指幼儿，后来发展为儿女的通称，有时专门指称男孩，并逐渐成为儿子的一种称谓。由于"儿"既是男女的通称，又是男子的专称，所以古人就在"儿"字的后面加上一个"子"字，即"儿子"，这是最常见的一种称呼，如《水浒传》第四十七回："有三个儿子，名为祝氏三杰。"儿子也被称为"儿男""儿郎"。

古人追求多子多福，所以子女往往不止一个，而在几个儿子之间，又有着不同的称呼，如称大儿子为"长子"，二儿子为"次子""次男"，小儿子为"幼子""少子""少儿"等。这些称呼跟现在相比差别不大，所以不再详细介绍。值得讨论的是，在嫡庶观念下对儿子有着不同的称谓。

所谓"嫡""庶"，本来是针对古人的妻、妾而言的。古人的妻子只有一位，称为正妻，也叫"嫡妻"。嫡妻所生的儿子，不管在家族中还是在社会上，身份地位都远远高于妾所生的儿子，所以被称为"嫡子"。嫡妻所生的大儿子称为嫡长子，地位高于其他的嫡子。嫡长子是诸兄弟中的长者，又有"伯""孟""大子""元子""首子""鼻子"之称。这些称谓都容易理解，需要介绍一下的是"鼻子"。在古文中，"鼻"意为创始、开端，现在称始祖为鼻祖，就是取"鼻"开端之义。由此，嫡长子也可称为"鼻子"。

在古代，"嫡子"是宗法制度规定的家族继承人，所以又被称为"嫡嗣""嗣子""承嗣""宗子""宗后"等。因为嫡子有"宗子"之类的称呼，所以把嫡长子的妻子称为"宗妇"，庶子则称嫡子兄弟为"宗兄""宗弟"。

古汉语中，"冢"有高、大、长的意思，所以称嫡子为"冢子""冢息""冢嗣"，如《新唐书·桑道茂传》中写道："君位止此，而冢息位宰相，次息亦大镇。"

古代宗法制度森严，对嫡、庶的区别十分严格，因此关于嫡子的称呼众多，除了上面提到的以外，还有"正室""世子""后子""家督""树子""门子"等，由于这些称呼使用得不多，就不再具体论述了。

妾所生的儿子在古代称为"庶子""庶男""侧室""别子""余子""诸子""支子""介子""孽子"等。这些称呼在先秦时期使用广泛，秦汉以后只有少数几个仍在使用。

在有关儿子的称谓中，有一类情况需要注意，那就是对养子的称呼。古人称养子为"假子"。在《三国志》中就有一则关于"假子"的记述：曹操与刘备争夺汉中，刘备率军驻扎在山头，派刘封到山下向曹操挑战。曹操怒骂道："卖履舍儿，长使假子拒汝公乎！"这里的"卖履舍儿"指的是刘备，因他年少时家庭贫困，曾以卖鞋为生；"假子"则是指刘封，他是刘备的养子。除此之外，养子也被称为"义子""义男"。

养子还有一个独特的别称，就是"螟蛉"。这个称号源于古人对生物学的一种错误认知。《诗经·小雅·小宛》中有两句诗："螟蛉有子，蜾蠃负之。"螟蛉是一种绿色小虫，蜾蠃是一种细腰蜂。蜾蠃常捕捉螟蛉，将其背到蜂窝里，然后把卵产在螟蛉体内，等卵孵化之后，再把螟蛉作为幼虫的食物。古人误认为蜾蠃喂养螟蛉为子，因此把"螟蛉"作为养子的代称。"螟蛉"一称，在古代文学作品中很常见。

儿子的妻子最早被称为"妇"。"妇"在古代是对已婚妇女的通称，先秦时期，不仅自己的妻子可以称为妇，儿子的妻子也可以称为妇。这种用法直到秦汉以后还有使用。"妇"也可以称作"新妇"，但这个称呼不仅仅适用于儿子的妻子，新婚女子也可称新妇，所有晚辈的妻子在长辈面前都可以称新妇。

由于"息"是儿子的一种称谓，所以儿子的妻子又被称为"息妇"。

"息妇"也写为"媳妇"。"媳妇"一词始见于宋代，时谚曰："巧媳妇做不得没面馎饦。""媳妇"简称为"媳"，"媳"字在字书中出现得很晚，直到明代万历年间才见于梅膺祚的《字汇》。由此可知，直到明代晚期"媳"还是一种俗称，没有在社会上普及。后来，"媳妇"一词使用得越来越多，应用范围也逐步扩大，不仅用于称谓儿媳，还可以用来称妻子以及所有已婚妇女。今天广为使用的"媳妇儿"，在古代也有使用，如关汉卿《窦娥冤·楔子》中记载："媳妇儿，你在我家，我是亲婆。"

知识链接

亲家的称呼

古人称儿媳或女婿的父母为"亲家"。"亲家"之称最早出现在东汉，自唐代开始使用增多。五代时称"亲家"为"亲家翁"。《五代史》记载，刘昫与冯道是儿女亲家，二人同为宰相，后来冯道被罢官，李愚做了宰相。李愚向来厌恶冯道，接任以后，每逢稽查出冯道的过错，就当着刘昫的面讥讽冯道："这是您亲家翁干的好事啊！"后来，亲家的称谓在民间广为流传，并沿用至今。

八、女儿女婿

在古人的观念里，男尊女卑，儿子要比女儿重要，而且传统礼教对女儿的约束颇多，如不允许女儿抛头露面，所以女儿很少参加社会生活，因此古人对女儿的称谓远远少于对儿子的称谓。

前文已经介绍，古代儿子和女儿都可以称为"子"，人们为了不至于弄混"子"的"儿子"之义和"子女"之义，曾将儿子称为"丈夫子"。与"丈夫子"相对应的就是"女子子"，这是对女儿的一种称谓。不过这种称呼使用得并不多，只存在于《礼记》《仪礼》《尔雅》等典籍。

对女儿称呼最多的是"女"，这一称谓自先秦至今没有太大变化。"女"也可以加上修饰词，如"小女""弱女""稚女"等。在有多个女儿时，也像称呼儿子一样称呼不同的女儿，如称大女儿为"长女""首女"，称二女儿为"次女""季女"，称小女儿为"幼女""少女"等。女儿之间也有嫡庶之分，正妻所生的女儿称为"嫡女"，妾所生的女儿称为"庶女"。

女儿的丈夫称为"婿"，这个称呼在先秦就已经存在，直到现在依然没有改变。"婿"在长期的使用过程中产生了一些同类称谓，如"女婿""郎婿""子婿""少婿""佳婿""金龟婿""乘龙快婿"等。

女婿为什么要冠上"金龟"之名呢？"金龟婿"的称谓出自唐代诗人李商隐的《为有》诗："无端嫁得金龟婿，辜负香衾事早朝。"大意是说一个闺中少妇因为嫁给了一个金龟婿，天不亮就要起床侍奉丈夫上早朝。可见"金龟婿"指的是做官的女婿。"金龟"与"做官"发生联系开始于汉代。汉朝时，皇太子、诸侯、丞相、大将军等高官均使用黄金铸造的官印，印上的纽采用龟形，于是"金龟"成为高级官员官印的代称。唐朝时，"金龟"成为高级官员的配饰。武则天在位时，下令内外官员皆佩龟袋，三品以上者用金饰龟袋，四品用银饰龟袋，五品用铜饰龟袋。李商隐诗中的"金龟婿"指的就是朝中三品以上的高官。

"乘龙快婿"的来历也很有趣。这个说法来源于《列仙传》中的一个神话故事。相传春秋时期，秦穆公有一个女儿叫弄玉，能歌善舞，尤其擅长吹笙。一天晚上，弄玉梦见一个俊秀少年，自称是太华山主，愿与她结为夫妻。弄玉醒来后，将梦境告诉父亲。秦穆公便派人到太华山寻访，果然遇到一个少年，玉貌丹唇，正在吹箫，于是将其接入宫中，与弄玉完婚。一天夜里，弄玉夫妻正在赏月，突然飞来一条金龙和一只紫凤。少年告诉弄玉自己本是天上仙人，奉天帝之命下凡与弄玉成亲，不能久居尘凡，现在龙凤来迎，宜回天宫。于是，少年乘龙，弄玉乘凤，双双腾空而去。后来，人们便根据这个传说将理想的女婿称为"乘龙快婿"。

除了称"婿"之外，女儿的丈夫还有下面几种称谓："女夫""半子""倩"。古人认为女婿顶半个儿子，因此称其为"半子"。那么，为什么称女婿为"倩"呢？其实这是一种方言。扬雄《方言》卷三介绍说："东齐之间，婿谓之倩。"

晋代以后，在文学作品中常常可以看到对女婿的另外一种称呼，即"东床"，也作"东坦""坦床"。"东床"之称源于一个著名的历史典故：东晋时期，太尉郗鉴派门人到丞相王导家为自己的女儿挑选夫婿。门人回来后报告说："王家的子弟都长得英俊，而且读书用功。他们听说我来为您选婿，个个郑重其事，有的还有些拘谨。只有一个年轻人，坦腹躺在东床上，好像根本没有听到我的话一样。"郗鉴听后高兴地说："这个小伙子与众不同，是女婿的合适人选！"后来，经过了解，郗鉴得知那个年轻人叫王羲之，书法精妙，品格崇高，于是把女儿嫁给了他。这件事传开后，人们便把"东床"作为女婿的代称。

在古代，绝大多数家庭都是妻子住在夫婿家，不过也有个别夫婿住在妻子家。住在妻子家的女婿在今天称为"上门女婿"，在古代则称为"赘婿"。之所以称为赘婿，是因为其家境贫寒无力娶妻安家，只能入赘女家，人们不把他们看作女家的正式成员，而将其视为女家的赘疣。在秦汉时期，赘婿的身份很低，犹如奴婢，被人轻视，且要同罪犯、商人一样被派到边关戍守、出征。赘婿的卑贱地位在唐宋以后有所好转，不过其身份地位还是不如一般男子，此时对他们的称谓也有了变化，出现了"舍居婿""入舍女婿"等不太低贱的称呼。还有一个特殊的称号叫"布袋"。入赘女婿平时包揽女家的全部体力活，而且地位低下，没有做户主的权利，跟长工相比没有区别。所以，人们形容入赘女婿就像进入了布袋里，连气都出不来。后来干脆称呼他们为"布袋"。

九、孙辈

儿子的儿子或女儿，在古代均称为"孙"。《尔雅·释亲》中记载："子之子为孙，孙之子为曾孙，曾孙之子为玄孙，玄孙之子为来孙，来孙之子为晜孙，晜孙之子为仍孙，仍孙之子为云孙。""孙"也可称为"孙息""孙枝"。若要区分性别的话，则称男性为"孙儿"，女性为"孙女"。"孙女"在古代也叫"女孙"，如《史记·陈丞相世家》中记载：张负对儿子张仲说："吾欲以女孙予陈平。"孙儿的妻子称为"孙媳"，也叫"孙妇"。孙子的女儿称为"曾孙女"。

女儿的子女统称"外孙"，自古以来都没有变化。如果要分男女，则称女性为"外孙女"，男性仍称"外孙"。

十、兄弟及其配偶子女

男子先生为兄，后生为弟。兄弟之称，自古以来都是一致的。

"兄"的称谓历史悠久，可以追溯到殷商甲骨卜辞中。此后历朝历代，在不同的情况下，对"兄"有不同的称呼，如称排行最长者为"长兄""大兄""元兄""伯兄"，称已故之兄为"亡兄"。"伯兄"这个称谓很值得讨论。古代家庭往往有好几个兄弟，用"伯、仲、叔、季"表示排行，"伯"指老大，"仲"指老二，"叔"指老三，"季"是最小的。因此古人常常以"伯兄"称长兄。

兄也叫作"昆"，这一称呼在《诗经》里就可以看到，不过在文献中少有记载。虽然文献称兄为"昆"的例子不多，但因为《诗经》中有此用法，所以后世在书面语中有时也称兄为昆。"昆"常用于兄弟连称，如"昆弟""昆仲""昆季"等，这种用法一直延续到近代。

"哥"是现代对兄长使用最多的一个称呼，但在古代使用得比较晚。

"哥"最初是放声的意思，从唐代开始逐渐成为兄长的别称，到了宋代，称兄为哥已经十分普遍。那么，"哥"是怎么变为兄长的称谓的呢？有人认为这是鲜卑语传入中原所致，因为文献记载"阿干"是鲜卑人对兄长的称呼。

兄长的妻子，自古都称为"嫂"。根据情况的不同，又可称为"长嫂""大嫂""寡嫂"等，还可以称为"嫂嫂"。

与兄相对的是"弟"。因为古代也称妹为弟，为了加以区别，便称弟为"男弟"。如果弟弟比较多，则按照排行依次称为二弟、三弟、四弟等，也可以称为大弟、中弟、少弟、小弟之类。

前面我们提到，古人以伯、仲、叔、季对兄弟进行排行，把长兄称为伯兄。实际上，也可以按照这个排行来称呼弟弟，如称二弟为"仲公"，称小弟为"季子""季弟"等。

弟的妻子称为"弟妹""弟媳"，这种称呼和现在完全一样。也有称为"娣"或"娣子"的，如《水浒传》里"病尉迟"孙立就称呼弟媳顾大嫂为"娣子"。

有一种情况需要注意，由于古人可以一夫多妻，所以在兄弟中会出现同父同母的兄弟与同父异母的兄弟之别。如果是同父同母的兄弟，则简称为"母兄""母弟"。同母兄弟也叫作"同产"，可以直接以"同产兄""同产弟"相称，如《汉书·孔光传》中记载："至亲有同产弟中山孝王。"如果是异母兄弟，则称"异母兄""异母弟"，如《汉书·江都易王刘非传》中写道："建异母弟定国为淮阳侯。"

对兄弟之子女最常见的称谓是"侄"。在晋代以前，"侄"是女性对兄弟之子女的专称；男性对兄弟之子女则只称"兄子""从子""兄女""从女""犹子""犹女"。为什么称"侄"呢？这与原始社会的婚姻形态有关。在母系氏族时期，盛行族外婚制，男子要"出嫁"到别族，与别族的女子成婚，因此女子之兄弟要"嫁"到外族，而他们的儿子一辈要嫁回本族。"侄者至也"，归来之义，故而女子称兄弟之子为"侄"，而男子只能称兄弟之子为"子"。晋代以后，对兄弟之子女的称呼发生了改变，男性亦称其兄弟之子女为"侄"，这种用法一直延续到今天，只不过有"侄儿""侄女"之别而已。

侄在古代还有一个特殊的别称，即"小阮"，也叫"阿咸"。这个称呼的由来与阮籍叔侄有关。魏晋时，阮籍为"竹林七贤"之一，才华盖世，其侄阮咸亦有才名，世人称叔侄俩为"大小阮"，后来就把"小阮""阮咸"作为侄子的代称。

 知识链接

妯娌的由来

在我国民间，很多地方都把两兄弟的妻子合称"妯娌"。这个称呼是怎么来的呢？据考证，"妯娌"来自长江流域的方言。在古代南方地区，面积较小的居室叫作"小筑"。乡里的小筑就叫"筑里"。因为古代往往是一大家子人生活在一起，所以"筑里"逐渐演变出一家人的意思。又因为古代的女性出嫁以后肩负着照顾丈夫、侍奉公婆、操持家务的责任，在"筑里"生活的时间最长，所以人们用"筑里"来称呼兄弟的妻子们。后来，"筑里"被近音的"妯娌"取代，变成两兄弟妻子的专称。除了外人可以称呼两兄弟的妻子为"妯娌"，兄弟妻子之间也可以称呼彼此为"妯娌"。

十一、姊妹及其配偶子女

与兄弟一样，姊妹的称呼也是古今皆同的。

"姊妹"之称可以追溯到先秦时期，《诗经·邶风·泉水》中有"问我诸姑，遂及伯姊"，这里的"姊"就是许穆公夫人对自己大姐的称呼。

"姊"在不同的情况下有不同的叫法，如"阿姊""家姊""贤姊""贵姊""亡姊"等；"妹"也可以根据情况称为"舍妹""令妹""贤妹"等。"姊"还可以称"姊姊"。若是表示长幼，则又有"大姊""伯姊""中姊""小姊""大妹""季妹""小妹""幼妹"等称呼。

"姊妹"在古代有一个十分常见的称谓，即"女兄""女弟"。宋代开始称呼弟弟为"兄弟"，受此影响，人们又称妹妹为"女兄弟"。此外，古代也称姊妹为"兄弟"，不过这种用法并不多见。

今人普遍称"姊"为"姐"。"姐"在唐朝时就已经出现了，如李白诗："小儿名伯禽，与姐亦齐肩。"到了宋元时期，更称"姊"为"姐姐"。

古代对"妹"的称谓并不多，除前面提到的"女弟"外，还有"娟"。这个称呼在先秦时期就有使用，秦汉以后偶尔还有用的。

与兄弟一样，姊妹也有同母生、异母生之别，同母姊妹也被称为"同产"。

姊妹之夫称为"私"，如《诗经·卫风·硕人》中写道："东宫之妹，邢侯之姨，谭公维私。"《尔雅·释亲》中说，姊妹之夫也叫作"甥"，不过在古籍中并无实例。多数时候，古人称姊妹之夫为"姊夫""妹夫""姊婿""妹婿""姊丈""妹丈"。

姊妹之子，直接称为"姊子"。其最早的称谓是"出"，《尔雅·释亲》中记载："男子谓姊妹之子为出。"在母系氏族时期，男子"出嫁"，因而姊妹之子必须"嫁"到外族去，所以有"出"之称。

对姊妹之子最普遍的称呼是"甥"。在父系氏族时期，不再是男子"出嫁"，而是女子出嫁到外族，因此姊妹之子就是外族，故而称其为"甥"。《诗经》中就有"甥"的叫法，直到现在也称姊妹之子为"甥"。大约从汉代开始，称"甥"为"外甥"。此外，"甥"在不同的场合还有"贤甥""名甥""从甥""养甥"等称谓。

姊妹之女可以称作"外甥女"，这一叫法古今相同。"外甥女"也可以写作"外生女"，如《旧唐书·柳夷传》中写道："以外生女为皇太子妃。"

十二、父亲的兄弟姐妹及其配偶、子女

古代把父亲的兄弟统称为"诸父"，其妻子统称为"诸母"。

具体来说，父亲之兄多称为"伯父"，又简称为"伯"，有时也称作"世父""犹父"。父亲之弟，根据伯、仲、叔、季的排行，可称为"仲父""叔父""季父"。不过，从古代文献中的具体称呼看来，古人很少用"仲父""季父"的称谓，更多时候是称"叔父"。"叔父"还可以简称为"叔"，并根据情况的不同有"家叔""贤叔""亡叔"等称呼。

父亲兄弟的妻子，可根据"伯父""世父""叔父"的叫法，称之为"伯母""世母""叔母"。此外还有两个称呼值得注意：一个是"季母"，与"季父"相对，不过这种称呼古代不多见，近代也不再用；另一个是"婶"，在古代出现得比较晚，在文献记载中最早见于北宋。元代时，直接把"叔婶"作为"叔母"的别称。"婶"在口语中常常称作"婶婶""婶娘""婶子"，如《水浒传》《红楼梦》等白话小说中时时可以看到此类称谓。

叔伯之子称作"叔伯兄弟"。《尔雅·释亲》中称为"从父昆弟"，不过这一称呼古人使用不多。在多数情况下，称"从兄""从弟"。表尊敬时，称"贤从兄""贤从弟"，或简称为"贤从"。在南北朝时，出现了一种新的特殊的称谓，叫"阿戎"。胡三省为《资治通鉴》作注时说："晋、宋间人，多谓从弟为阿戎，至唐犹然。"杜甫诗中有"守岁阿戎家，椒盘已颂花"之句，其中的"阿戎"就是指杜甫的从弟杜位。隋唐以后，多称叔伯兄弟为"堂兄弟"，是"同堂兄弟"的简称。这一称谓今天依然沿用。

父之姊妹古称"姑"，可统称为"诸姑"。如果详细区分的话，则父之

姊叫"姑姊",父之妹叫"姑妹"。"姑姊妹"的称呼见于先秦时期。秦汉以后,不再称"姑姊妹",凡已出嫁者,皆唤作"姑姑""姑妈""姑母",或者单称为"姑",若再细分,则称"大姑""小姑",这些叫法和现在一样。此外,姑母也可叫作"姑娘"。

姑母的丈夫,称作"姑父""姑丈",这与今天相同。不同的是,古人也把姑父称为"姑婿""姑夫"。

姑母的子女,古代多称"表兄弟",今天亦然。古代也把舅父和姨母的子女称为"表兄弟",为了表示区别,所以就把姑母的子女称为"外表""外兄弟",把舅父和姨母的子女称为"内表""内兄弟"。有此称谓,也与母系氏族的婚姻形态有关。在当时,姑妈及其子女是外族人,姨妈及其子女是本族人,因而有外内之分。此外,"中表"也是对表兄弟的别称。

十三、母亲的父母

古人称呼母亲的父母时,多冠以"外"字,如称母亲之父为"外祖""外祖父""外翁""外大父",称母亲之母为"外祖母""外婆"。其中"外祖父""外祖母""外婆"等叫法现代仍在沿用。

关于母亲之父母的称谓,还有一种叫"家公""家婆"。《颜氏家训》中记载:"河北士人皆呼外祖父母为家公家母。"这种称法延续两千年之久,直到现在南方的某些地区还在使用。

"老爷"、"老老"(也作"姥姥")是今北方方言中对外祖父母的称谓,这种称呼古人也有,在明清时期就有使用,如沈榜《宛署杂记》记载:"外甥称母之父为老爷,母之母曰姥姥。"吴沃尧《二十年目睹之怪现状》中也有此用法,如第一〇七回:"北边人称呼外祖母多有叫老老的。"

十四、母亲的兄弟姐妹及其配偶、子女

母亲的兄弟，古今皆称为"舅"，《尔雅·释亲》说："母之昆弟为舅。"

对舅的称呼可以根据场合而变化，如舅为嫡子，称为"嫡舅"；舅为长子、次子等，依次称为"元舅""伯舅""仲舅""叔舅"等。也可以在"舅"字之外加一些修饰性文字，如称"舅氏""舅父"等。如果母亲还有叔伯兄弟，则可称为"从舅""堂舅"。大概是从宋代开始，出现"舅舅"的称法，并一直沿用至今。如文天祥《与方伯公书》中载："天祥百拜，复梅溪尊舅舅。"

舅父的妻子，古今均称"舅母"。此外，对舅母还有一个不常见的称呼叫"妗"，这一称谓始于宋代。孟元老《东京梦华录·娶妇》中写道："先媒氏请，次姨氏或妗氏请。"这里的"妗"即指舅母。现在在北方的一些地区还称舅母为"妗"，俗称"妗子"。

古代对舅父之子女的叫法基本与现代的一样，称为"表兄""表弟""表姊""表妹"。此外，对表兄弟还有"亲表"之称，有时也叫作"舅子"。

母亲的姊妹，先秦时期称为"从母"。秦汉以来，广泛称为"姨母"，简称"姨"。"姨母"有时又可称作"姨娘""姨婆""阿姨""姨姨"，如《太平广记·刘讽》中载："惟愿三姨婆寿等祁山，六姨姨与三姨婆等。"明清时期，多称姨母为"姨妈"，如《红楼梦》里的薛姨妈。此外，母亲的表姐妹、堂姐妹也要以"姨"相称，分别叫作"表姨""堂姨"。

姨母的丈夫，称为"姨夫""姨父""姨丈人"。

姨母之子，古代亦称"表兄弟"，也叫"姨兄弟"。姨母之女称为"表姊""表妹"。

十五、夫妻

在我国古代，人们对于夫妻有着许多称呼，其中的一些雅称不仅蕴含着美好真诚的祝福，而且是文化发达的一种象征。

伉俪："伉"意为对等、相称；"俪"意为成双、成对。这个词语出自《左传》，用来形容门当户对、情意相投的夫妇。

凤凰：传说中的百鸟之王，雌为凤，雄为凰，象征祥瑞，用来比喻相亲相爱的夫妻。

琴瑟：本是两种弦乐器，合奏时互相应和，音律和谐，动人心弦。因此，用来比喻夫妻之间感情融洽，后来演变为夫妻的雅称。

鹣鲽：鹣指比翼鸟，这种鸟只有一只眼睛、一只翅膀，须雌雄并翼飞行。鲽指比目鱼，此鱼要两条并列才肯游动。后世因此用"鹣鲽"比喻恩爱的夫妻。

鸳鸯：一种水鸟，多雌雄成对出现，人们用以比喻形影不离的恩爱夫妻。

画眉：西汉时，京兆尹张敞常常为妻子画眉毛，画出的眉毛非常漂亮，在当时传为美谈。后人根据这一故事，将"画眉"作为夫妻和睦的雅称。

齐眉：东汉的梁鸿家境贫寒，以给人做工为生。他每次干完活回家，妻子孟光为他盛饭时，都将饭碗端到同自己眉毛齐平的高度，表示对丈夫的敬重。后来，由这个典故引申出"齐眉"一词，形容夫妻相敬如宾。

朱陈：本是古代的一个村落名，村里只有姓朱、姓陈的人家，世代结为姻亲。后来成为婚姻的代称，也指夫妻。

连理枝：两株不同根的树，枝条却生长连接在一起，用来比喻恩爱夫妻。如白居易《长恨歌》中有："在天愿作比翼鸟，在地愿为连理枝。"

并蒂莲：也称并头莲，指并排长在同一茎上的两朵莲花，用作恩爱夫妻的雅称。

结婚的雅称

我国古代对男女结婚有许多雅称，比如：

结发：原指年轻束发之时，后来演变为结婚的意思。如苏武《留别妻》中有："结发为夫妇，恩爱两不疑。"

结缡：原指女子出嫁时，母亲为女儿结上佩巾，后来成为结婚的代称。

结丝萝：兔丝和女萝均为蔓生植物，纠缠在一起，不易分开。后世因此用"结丝萝"比喻婚姻。

秦晋之好：春秋时期，诸侯之间征伐不断，为了缓和矛盾，曾通过联姻的方式建立和发展邦交。当时秦、晋两国就世代结为姻亲。后人由此称两姓联姻为"秦晋之好"。

十六、丈夫

古代女子对自己的配偶有着诸多称呼，这些称呼现在绝大多数已经被淘汰，只有个别还在使用。

"丈夫"自古以来都有夫妻之夫的意思，不过在古代，"丈夫"并不是女子配偶的专称。"丈夫"最初是对成年男子的一种称谓，比如称呼有志气、有作为的男子为"大丈夫"等。"丈夫"用作夫妻之夫，与古代少数民族部落的"抢婚"习俗有关。部落中的女子为了抵御其他部落抢亲，挑选配偶时，总是选择身材高大强壮的男子。因为她们选择的身高以"丈"为标准，所以把她们下嫁的男子称为"丈夫"。

古人很少称呼女子配偶为"丈夫"，更多的是单用一个"夫"字，如《管子·入国》中记载："妇人无夫曰寡。"由"夫"字又变化出许多相似的称呼，如"夫君""夫婿""夫男""夫主""夫室"。而且在不同的场合，对"夫"的称谓也不一样，如称和离的丈夫为"前夫""故夫"，改嫁后的丈夫为"后夫""继夫"，离世的丈夫为"亡夫""先夫"等。

"良人"，也是古代广泛使用的一种称呼。"良人"本是夫妻间的互称，表示对方贤良淑德，后来演变为妻子对丈夫的专称。

"郎"的称呼也很常见。从汉朝到唐朝，女子多称自己的丈夫为"郎"，有时也称"郎君""郎婿"。如李白《长干行》："郎骑竹马来，绕床弄青梅。"

"君"，起初用来称呼成年男子，后来演变为夫妻间对丈夫的称谓，如《孔雀东南飞》中有"十七为君妇"之句。

宋朝时，民间习称丈夫为"官人"。"官人"本是对做官者的敬称，从宋代开始成为较广的尊称，同时被用作妻子对丈夫的称谓，而不在乎丈夫做不做官。到了明清时期，"官人"逐渐被"相公"取代，成为民间妻子对丈夫的称呼。

"汉子"是明清时期对丈夫的俗称，如《聊斋志异·小翠》："姑不与若争，汝汉子来矣。"

"老公"是现在民间流行的对丈夫的称呼，在古代也有这种用法，如《古今杂剧》中就有"我今日成就了你两个，久后你也与我寻一个好老公"。不过，"老公"在古代更多的是指太监。李自成攻进北京时，就有"打老公"一说，可见"老公"最初指的是太监。

📚 **知识链接**

"断弦" "续弦" 的由来

古代用琴瑟比喻夫妻，如果妻子去世了，则称为"断弦"，如果重新娶一位妻子，则称为"续弦"。相传这种说法与俞伯牙有关。俞伯牙是春秋时期的音乐家，擅长鼓琴。他与妻子感情深厚，常常弹琴给妻子听。有一年，俞伯牙的妻子得了重病，病情好转时让俞伯牙给她弹琴。没想到俞伯牙弹得雅兴正浓，琴弦却一下子崩断了，而俞伯牙的妻子也在这时去世了。俞伯牙悲痛万分，发誓不再弹琴。后来，有人为俞伯牙又介绍了一门亲事。见面时，女方要求俞伯牙弹琴，俞伯牙便找出琴来，拆去断弦，续上新弦，弹奏起来。女方被琴声打动，当即答应了婚事。从此，人们就把男子丧妻称为"断弦"，再娶称为"续弦"。

十七、妻子

在我国古代，"妻子"一词的别称十分丰富，有百余种之多，难以一一列举。这里介绍一些常见的称谓。

"妇"是古代女子的通称，被借作妻子的代称。一般情况下，"媳妇""主妇""新妇"等都是妻子的称呼。

"室"本是家庭住所名称，因古代妇女多从事家务，故古人称妻子为"室人""室家"。原配妻子则称"发室"。近代俗称妻子为"堂客""家里人""屋里人"等，大概就是这种古风的遗留。

古人认为男主外，女主内，因此又称妻子为"内子""内人"。

古代民间称妻子为"娘子"。"娘子"在六朝时期是对少女的称谓，唐宋时成为妇女的通称，到了明代成为妻子的普遍称谓。陶宗仪《辍耕录》记载，当时不仅官宦家的主妇称作娘子，士庶人的妻子也叫娘子。

"夫人"一词，是现代对自己和别人妻子的一种尊称，一般出现在外交场合和书面语言中。而在我国古代，"夫人"最初是对诸侯配偶的专称，《礼记·曲礼》载："天子之正妃曰'后'，诸侯曰'夫人'，大夫曰'孺人'，士曰'妇人'，庶人曰'妻'。"在以后的封建王朝中，"夫人"作为达官配偶的封号。如宋代宰相以外官员的妻子封"夫人"，明清时期一品、二品官员的妻子封"夫人"。

"糟糠"是对贫穷时患难与共的妻子的称谓。相传东汉时，光武帝刘秀的姐姐湖阳公主守寡在家。一日，她看中了朝中一名叫宋弘的大臣，请刘秀出面提亲。但宋弘已经有了妻子，便拒绝道："贫贱之交不可忘，糟糠之妻不下堂。"意思是：贫贱时结交的朋友，不能因为自己的地位变了就忘记；与自己一起吃糠咽菜过苦日子的妻子，不能因为自己富贵了就抛弃。后人据此把跟自己同甘共苦的妻子称为"糟糠"。

"浑家"是宋代时对妻子的称谓，用于口语，在《水浒传》等白话小说中常常可以看到这种叫法。

在现代的日常生活中，丈夫习称自己的妻子为"老婆"。这个名称的由来颇为有趣。相传很久以前，有个人叫麦爱新。他见自己的妻子年老色衰，就产生了休妻再娶的念头，于是写了副上联放在床头："荷败莲残，落叶归根成老藕。"他的妻子知书明理，一看就懂得了丈夫的意思，于是挥笔续上下联："禾黄稻熟，吹糠见米现新粮。"下联以"禾稻""新粮"分别对上联的"荷莲""老藕"，对仗工整，形象生动，而且"新粮"谐音"新娘"，"老藕"谐音"老偶"，新颖别致，寓意了然。麦爱新读罢连连感叹，钦佩妻子才思敏捷，思及往日的恩爱甜蜜，便打消了休妻的想法。妻子见丈夫真心悔改，就提笔写了句"老公十分公道"。麦爱新接着写道："老婆一片婆心。"此后，人们就把"老婆"作为对妻子的爱称，并沿用到现在。

"婆娘"也是妻子的常见俗称。这个称谓源于春秋时期的一个故事。相传，吴国刺客专诸是个孝子。他从小就失去了父亲，由婆（祖母）和娘（母亲）养育长大。专诸性情暴躁，常因琐事与邻里吵架，动辄拳脚相加、抢枪使棒。众人都劝不了他。但只要婆拄拐阻止，专诸就会立刻停手，并跟随婆回家。后来婆去世，专诸再与人打架，娘就出面相劝，专诸亦会罢手。娘死后，专诸没了约束，到处惹是生非，他的妻子屡次劝说都没有效果，于是便穿上娘的衣服，拄着婆的拐杖，模仿着两位老人前去劝阻，专诸这才悔悟，从此洗心革面，痛改前非。后来，人们就把妻子称为"婆娘"，并传承至今。

知识链接

故剑的由来

"故剑"是对原配妻子的喻称。这个称呼来源于汉代。汉宣帝即位前曾避祸于民间，娶许广汉的女儿许君平为妻。等到汉宣帝即位，封许君平为婕妤。当时群臣为了讨好大将军霍光，议立霍光的女儿为皇后。汉宣帝不好直说，"乃诏求微时故剑"。群臣知其意，于是议立许君平为皇后。后以"故剑"指称原配妻子。

十八、妾

"妾"指男子在正妻以外所娶的女子，从先秦到近代，一直有这个称呼。

"妾"也叫"庶妾""妾妇""小妾""女妾"等。此外，表示"妾"的称谓还有许多，主要的有：

侧室：原指房屋中正室旁边的房间，因为嫡妻居住在正室，妾居住在侧室，所以把"正室"作为嫡妻的别称，把"侧室"作为妾的别称。类似的称呼还有"次室""别室""偏房""别房""二房""少房"。

小妻：妾的地位低于妻子，故称其为"小妻"。相类的称呼还有"下妻""庶妻""少妻""旁妻"。

小星：古人认为夫妻犹如日月，妾犹如无名之星，故有此称。《诗经·召南·小星》："嘒彼小星，三五在东。"

孺子：魏晋以前对妾的称呼。《汉书·王子侯表上》："东城侯遗为孺子所杀。"颜师古注："孺子，妾之号也。"孺子后专指小孩子。

如夫人：原指待遇如同夫人，后用来称呼妾。《左传·僖公十七年》中写道："齐侯好内，多内宠，内嬖如夫人者六人。"后来，由"如夫人"派生出"如君"一称，也用来指代妾，《儒林外史》第十一回："商量要娶一个如君。"

小妇、小老婆：古代俗文学与口语对妾的通俗叫法，如《京本通俗小说·错斩崔宁》记载："你在京中娶了一个小老婆。"

十九、夫族亲属

这里所说的夫族亲属，是相对于妻子而言的。

在古代，妻子称丈夫之父为"舅"。如《尔雅·释亲》中所载："妇称夫之父曰舅，称夫之母曰姑。"由"舅"又演变出一些类似的称谓，如"君舅""皇舅""先舅"等。丈夫之父，也叫作"妐"。《吕氏春秋》中记载了一则小故事，说有为人妻者，常把家里的衣服财物偷藏在外面，姑妐知道后，以其有外心，便休了她。这里的"妐"即丈夫之父。宋代以后称丈夫之父为"公公"，如《琵琶记》中赵五娘的唱词："公公，婆婆，我不能尽心相奉事。"此外，"大人公"也是对丈夫之父的称呼。

丈夫之母，古称为"姑"。如上所述，《尔雅·释亲》对其也有记载。由"姑"派生出相似的称呼，如"君姑""严姑""慈姑""威姑""皇姑"等。南北朝时期，称丈夫之母为"阿家（gú）""大家"。如《南史·范晔传》记载，范晔的妻子就称其母为"阿家"。这种称呼在唐朝时还能见到。大概在唐朝以后，民间开始称丈夫之母为"婆"，也称"婆婆"，直到现代还普遍使用这一称谓。

丈夫的父母在多数情况下可以合称为"舅姑"，如《礼记·檀弓下》中载："敬姜曰：'妇人不饰，不敢见舅姑。'""姑嫜""姑嬋"也是对丈夫之父母的称呼，如杜甫诗写道："妾身未分明，何以拜姑嫜。""姑章"有时也可以写作"尊章""姑钟"。民间习称丈夫的父母为"公婆"。这种称呼古已有之，据考证，在晚唐或五代时期就有此称。这也是今天广为流行的称谓之一。

　　古代妇女常称丈夫之兄为"伯"，又有"阿伯""伯子""伯伯"等
称呼，如《红楼梦》第四十六回探春对贾母说："大伯子事，小婶子如何
知道？"用法和现在完全一样。丈夫之弟称为"叔"，有时也称为"小
叔""季子""叔叔"，如《水浒传》中潘金莲就称武松为"叔叔"。清代时，
称丈夫之弟为"叔子""小叔子"。此外，"叔郎""小郎"也是对丈夫之弟
的称呼，胡三省为《资治通鉴》作注时说："自晋以来，嫂谓叔曰小郎。"

　　对于丈夫兄弟的妻子，文献记载的称呼并不多，据已有的称谓材料显
示：丈夫的嫂子称为"姆"、"姆姆"或"母母"，也叫"姒妇""嫂嫂"；丈
夫的弟妻称为"娣妇""婶婶""婶子"。

　　丈夫之姐妹，据《尔雅》记述，姊称为"女公"，妹称为"安妹"。
不过在文献中并无"女公"的实例，只有称夫之妹为妹者。"女妹""叔
妹""女叔"也是对丈夫之妹的叫法。"大姑""小姑"是妻子对丈夫之姐
妹最常见的称呼，如《孔雀东南飞》中有："新妇初来时，小姑始扶床；今
日被驱遣，小姑如我长。"也称"小姑"为"小姑子"。小姑还有一个不常
用的别称，叫"姑娘"。《清平山堂话本·快嘴李翠莲记》中有这样的顺口
溜："公吃茶，婆吃茶，伯伯姆姆来吃茶。姑娘小叔若要吃，灶上两碗自去
拿。"其中的"姑娘"即小姑。姑的丈夫叫作"姑父"或"姑夫"。

二十、妻族亲属

　　妻族亲属是针对丈夫而言的。

　　在古代社会早期，丈夫称妻子之父为"舅"，称妻子之母为"姑"。由
于这种称呼与妻子对丈夫之父母的叫法相同，后来为了表示区别，就称妻
子之父母为"外舅""外姑"。不过，这类称谓并不多见。

　　除"舅""外舅"外，对妻子之父的称谓还有"妇公""妇翁""妻
公""外父"等，这些叫法同样使用得不多。

　　古代对妻子之父母最常见的称呼是"丈人""丈母"。"丈人"本来是对老

人的尊称，大约在唐朝时引申为对妻父的称呼。"丈者，长也"，"丈人""丈母"含"家长""主人翁"之意。时至今日，仍有"丈人""丈母娘"的称呼。

对于妻之父母，还有一个自古以来用得很广泛的称呼，叫"泰山"。这个称谓从何而来呢？唐代段成式《酉阳杂俎·语资》中记载了一个故事：唐开元年间，唐玄宗带领群臣到泰山祭天。中书令张说担任主祭人。依照惯例，祭天仪式完成后，"三公"以下大小官员都要晋升一级。当时张说的女婿郑镒是一名九品官员，因为张说的缘故一下子升到五品，穿上了红色朝服。后来，群臣举行大宴，唐玄宗发现郑镒官位晋升飞快，感到奇怪，就询问郑镒原因。郑镒支支吾吾，无言以对。这时旁边一个叫黄幡绰的宦官对唐玄宗说："此乃泰山之力也。"暗示这是泰山祭天时，他丈人张说干的好事。后来，这个故事流传开来，人们就把丈人称为"泰山"了，而丈母娘则被尊称为"泰水"。

"岳父""岳母"使用得也很普遍。据说"岳父母"的来历与晋代的卫玠有关。卫玠的妻父叫"乐广"，他称乐广为"乐父""乐丈"。由于"岳"与"乐"同音，泰山又为五岳之首，因此宋代时把"泰山"改称为"岳丈""岳父"，"泰水"则被称为"岳母"。

在古代文人笔下，对妻父还有一个雅称，叫"冰曳"，也作"冰翁"。这个名字的由来相传也和卫玠有关。刘孝标《世说新语注》说："卫玠娶乐广之女为妻，乐广有冰清之姿，卫玠有璧润之望。"《晋书·卫玠传》也说："妇公冰清，女婿玉润。"后来，人们就把"冰清玉润""冰玉"作为翁婿的代称，"冰曳""冰翁"也因此成为妻父的别称。

妻之兄弟，在古代最常见的叫法是"舅"，也称"妻舅""舅爷""舅老爷""舅子"。皇帝之妻兄弟称为"国舅"。此外，妻之兄弟还有"内兄""内弟""外兄""外弟""妇兄""妇弟""妻兄""妻弟"等称谓。

妻子兄弟的妻子，称为"妻嫂"，也叫"舅嫂"。

妻子兄弟的子女，称为"侄"。为区别于兄弟之子，也叫"内侄"。如果细分男女，则称妻子兄弟的儿子为"内侄"，妻子兄弟的女儿为"内侄女""侄女"。如《红楼梦》第三回中写道："有个内侄乃衔玉而生""贾琏娶的就是二舅母王氏的内侄女。"

妻之姊妹，古今皆称作"姨"。如果妻的姊妹不止一人，则按照长幼称为"大姨""小姨"或"大姨子""小姨子"。对于妻子的妹妹，还可以称作"内娣""内妹""姨妹""妻妹"。

妻子姐妹的丈夫，先秦时期称为"娅"。秦汉以后，称为"友婿""僚婿"，也有称为"大姨夫""小姨夫"的。隋唐以来，多称为"连襟""连袂"。"连襟"的由来与唐代诗人杜甫有关。杜甫晚年居住在川东，结识了当地一位姓李的老者，算起来二人还是亲戚。杜甫与老者意气相投，常常聚在一起喝酒聊天。后来，杜甫要离开四川前往湖湘，就写了首《赠李十五丈别》，回忆与李老的结交经过，表达了对友人的不舍之情。诗中有一句："人生意气合，相与襟袂连。"在这里"襟袂连"只是形容彼此关系密切，并不表示姐妹丈夫间的关系。南宋时，诗人洪迈的堂兄在泉州做幕僚，过得很不开心。他妻子的姐夫在江淮一带担任节度使，写了封荐书推荐他到京城任职。洪迈的堂兄感激不尽，因自己文笔不好，便委托洪迈代写了一封感谢信，信中有"襟袂相连"一句，用来形容姐妹丈夫之间的密切关系。后来，人们将"襟袂相连"简化为"连襟"，并一直沿用至今。

妻子姐妹的子女称作"外甥""妻甥""外甥女"。

第二节　男女称谓

男女有别自古有之。古人根据男女的年龄、容貌、知识水平等情况，取了许多特定的称谓，有必要了解一二。

一、儿童

自古以来，我国对儿童的称谓名目繁多，雅致有趣。

婴儿、婴孩：人初生叫"婴儿"。"婴"与"膺"通假，"膺"是胸的意思，"婴儿"就是抱在胸前之儿。《列子·天瑞》中写道："婴孩也，少壮也；老耄也，死亡也。"

赤子：婴儿刚生下来，是红色的，所以称为"赤子"。老子《道德经》中写道："含于德厚，比于赤子。"

襁褓：泛指不满周岁的幼童。襁，指背负婴儿的带子；褓，指包裹婴儿的被子。在古代，人们劳动时间多，而婴儿离不开父母，于是父母就用被子包裹婴儿，再用一条宽的带子绑在背上，带着孩子行动。由于背负着孩子，人们常说带着襁褓，后来"襁褓"就演变成婴儿的代称。

孩提：指两三岁的儿童。这里的"孩"指的并不是"孩子"，而是幼儿笑时发出的"咳咳"声。幼儿"咳咳"地笑出来后，大人会把他从被子里提抱起来，即"孩提"。后来就用"孩提"称呼两三岁的孩童。

垂髫：古时，儿童在三四岁至七八岁的时候，头发不加梳理，自然下垂，称为"垂髫"，后"垂髫"成为儿童的代称。陶渊明《桃花源记》中记载："黄发垂髫，并怡然自乐。"

幼学：初入学的学童。《礼记·曲礼上》中记载："人生十年曰幼学。"大意为人生十岁称为"幼"，开始学习。由此也可得知古代孩童上学的年龄与现代不同，在十岁左右。

黄口：雏鸟出生时，嘴为黄色，称为"黄口"，用来借指儿童。隋代以不满三岁的幼儿为黄，唐代以初生的婴儿为黄。后来，十岁以下的儿童皆泛称为"黄口"。

知识链接

生男孩和生女孩

古时候，人们把生男孩称作"弄璋之喜"，把生女孩称作"弄瓦之喜"。这种称呼是怎么来的呢？"弄璋""弄瓦"两词最早出自《诗经·小雅·斯干》："乃生男子，载寝之床。载衣之裳，载弄之璋。……乃生女子，载寝之地。载衣之裼，载弄之瓦。"用现在的话来解释，就是生了男孩给他一块璋玩，生了女孩给她一块瓦玩。璋是古代的一种玉制礼器，形状像半个圭，是贵族举行朝聘、祭祀、丧葬时使用的。给儿子一块璋玩，是希望他能拥有美玉一样的品质，并成为贵族一样的人物，为整个家族带来荣耀。瓦在古代指的是纺锤。给女儿瓦玩，是希望她长大以后精于女工。据此，人们便用"弄璋"指代生了儿子，"弄瓦"指代生了女儿。除了"弄璋""弄瓦"，古代也称生男为"大喜""添丁"，生女为"小喜""添口"。

"弄璋""弄瓦"这两个古词语，古人有时也不解其意，以致误用，闹出了笑话。据《旧唐书·李林甫传》记载，宰相李林甫的外甥生了一个儿子，李林甫知道后十分高兴，马上写信祝贺"弄獐之庆"。但"獐"指一种野兽，一字之差，祝福变成了贬斥。从此，"弄獐"便成为嘲笑别人写错字的词语。

二、男性

古人对男性的称呼有许多。关于长辈，称父亲的父亲为"祖父"，祖父的父亲为"曾祖"，曾祖的父亲为"高祖""玄祖"；父亲的兄弟称为"伯父""叔父"，伯父、叔父的儿子为"堂兄弟"；母亲的兄弟称为"舅父"，舅父的儿子为"表兄弟"。关于晚辈，称儿子之子为"孙子"，孙子之子为"曾孙"，曾孙之子为"玄孙"。

三、女性

古代对女性的称谓颇多，有泛称、尊称、雅称等。

女士：源于《诗经》"厘尔女士"。比喻女子有男子般的作为和才华，是对有知识、有修养女子的尊称。

女郎：出自古乐府《木兰辞》中的："同行十三年，不知木兰是女郎。""女郎"即"女中之郎"，也用来代指年轻女子。

女流：旧时对女子的泛称。《儒林外史》第四十一回记载："看她是个女流，倒有许多豪杰的光景。"

红裙：本指妇女穿的裙子，也指妇女。

裙钗：古时妇女着裙插钗，故将"裙钗"作为女性的泛称。古今典籍中，常将"裙钗"与男性代称"须眉"相对。如《红楼梦》中就有"我堂堂须眉，诚不若彼裙钗"的表述。

巾帼：最初指古代妇女的头巾和发饰，《晋书·宣帝纪》载：诸葛亮伐魏，多次向司马懿挑战，司马懿都不应战，于是诸葛亮将妇女的头饰"巾帼"送给司马懿，嘲笑他还不如一个女性。后来人们把妇女尊称为"巾帼"，将妇女中的英雄豪杰称为"巾帼英雄"。

千金：对未婚年轻女子的称谓。"金"本是古代的货币单位。秦以二十两黄铜为一金，汉以一斤黄铜为一金，"千金"即一千斤黄铜，这在当时是十分贵重的。尔后，"千金"用来比喻贵重之意。后演变为对男子的称谓。《梁书·谢朏传》载：南朝时宋人谢庄之子谢朏自幼聪慧，十岁即能赋文，时人谓之神童。谢庄对谢朏十分钟爱，常抚其背曰："吾家有千金！"到了元代，"千金"开始成为女孩子的专称。直到现在仍用此称呼表示父母对家中女儿的珍爱。

小姐：最初是宋代王宫里对地位低下的宫婢、姬妾以及艺人等的称谓。元代时开始上升成为贵族大家未婚女子的称谓，如《西厢记》中写道："只生得个小姐，字莺莺。"到了明清，"小姐"最终发展为对大家闺秀的尊称，并逐渐传到民间。

黄花闺女：未出嫁的姑娘称为"黄花闺女"。这一称谓的由来与古时女子的妆饰有关。古代未婚少女常采集蜡梅的花粉制成粉料，用来化妆。这种粉料是黄色的，所以叫作"花黄"。古人称菊花为"黄花"。菊花具有冰清玉洁的品质，常用以比喻人的节操，于是人们就把"花黄"叫成"黄花"。未出阁女子的房间叫作闺房，"花黄"又是未婚少女采用的，所以就把"黄花闺女"作为未婚姑娘的代名词。

 知识链接

年龄称谓（一）

古人对不同年龄段的人的称呼都是不一样的，这一点很有意思，不妨了解一下。

总角：指幼年。古代儿童在头两侧扎两个发结，像羊角一样，故称"总角"。

始龀、毁齿：指七八岁的儿童，即儿童换牙的年龄。"龀"指换牙。

髫年：女孩七岁。古时女童未冠，头发下垂，称为"髫年"。

龆年：男孩八岁。"龆"指换牙。

金钗之年：女孩十二岁。

豆蔻年华：女孩十三四岁。豆蔻原是一种植物，花开时体态轻盈，因此成为少女的象征，用以指称少女的青春年华。

舞勺之年：女孩十三岁至十五岁。

舞象之年：女子十五岁至二十岁。

及笄：女子十五岁。"笄"指结发而用笄贯之，表示已到出嫁的年龄。

　　破瓜：女子十六岁。"瓜"字可拆为两个"八"字，取二八相加为十六。

　　花信年华：女子二十四岁。

　　束发：成童的年纪，十五岁到二十岁。

　　弱冠：男子二十岁。古代男子二十岁行冠礼，表示已经成年。

四、老人

　　中华民族文化悠久灿烂，汉语词汇之丰富是其他民族语言所不及的。仅对于"年老之人"的表述，可以查证的就有几十种之多。

　　老苍：头发花白的老人。

　　垂白：须发将白，指老年，也指老年人。苏轼诗曰："道傍垂白定沾巾，正似当年绿发新。"

　　黄发：老年人白发脱落更生黄发，故以"黄发"指高寿者。陶渊明诗曰："黄发垂髫，并怡然自乐。"

　　老父：对老年人的尊称。古代常用"父"字表达对人的敬意，《笑林》载："俄有老父至。"

　　老丈：对老年男人的尊称。《三国演义》载："何敢当老丈所言！"

　　老宿：年老资深之人，如"文坛老宿"。

　　老先生：对年高博学老人的敬称。《史记·贾谊传》载："每诏令议下，诸老先生不能言，贾生尽力为之对。"

　　老骥：年老而壮志犹存之人。曹操《步出夏门行》写道："老骥伏枥，志在千里；烈士暮年，壮心不已。"

　　老子、老夫、老身：老人的自称。《礼记·曲礼上》载："大夫七十而致事……自称曰‘老夫’。”

期、颐：百岁老人。《礼记·曲礼上》载："百岁曰期，颐。"

耆艾：六十岁叫"耆"，五十岁叫"艾"，故用"耆艾"泛指老年人。《荀子》载："耆艾而信，可以为师。"

鲐背：老人背上生斑如鲐鱼之纹，为高寿的象征，故用"鲐背"指长寿老人。

 知识链接

年龄称谓（二）

而立：指三十岁。《论语·为政》："三十而立。"

不惑：指四十岁。《论语·为政》："四十而不惑。"

知命：指五十岁。《论语·为政》："五十而知天命。"也称"年逾半百""知非之年""艾服之年""大衍之年"。

花甲：指六十岁。也叫"平头甲子""耳顺之年""杖乡之年"。

古稀：指七十岁。也叫"杖国之年""致事之年""致政之年"。

杖朝：指八十岁。古代八十岁可拄杖出入朝廷。

耄耋：七八十岁或八九十岁。

五、美女

自古以来，人们对美女的话题都不缺乏热情。古人对美女更是百般歌颂，并由此产生了诸多称呼美女的词汇。常见的有以下几种。

阿娇：汉武帝的第一位皇后陈阿娇是汉武帝的表姐。汉武帝幼时曾对姑母馆陶公主说："若得阿娇，当以金屋贮之。"后以"阿娇"作为美女的泛称。

倾国倾城：西汉武帝时，乐师李延年的妹妹美貌绝伦。有一次，李延年入宫歌舞，唱道："北方有佳人，遗世而独立。一顾倾人城，再顾倾人国。"汉武帝问道:"世间真有如此美丽之女子?"平阳公主说:"李延年的妹妹就是。"于是汉武帝把李延年的妹妹召入宫中,立为夫人。后来就用"倾国倾城"指代绝色美女。

解语花:传说唐玄宗在中秋节时与贵戚在太液池赏白莲,众人皆叹花美,唐玄宗指着杨贵妃说:"争如我解语花。"后以"解语花"指代胜似花朵般美丽的女子。

秋娘:唐代李德裕的家姬名叫谢秋娘,李锜的姜名为杜秋娘,均貌美如花。后便以"秋娘"泛称美女。白居易《琵琶行》中写道:"曲罢曾教善才服,妆成每被秋娘妒。"

丽人:"丽"含秀丽、明丽之意,"丽人"即明丽的美人。杜甫《丽人行》中有"三月三日天气新,长安水边多丽人。"的诗句。

红袖:本指女子的襦裙长袖,后用来形容长袖善舞的绝色女子。宋代赵彦端《鹊桥仙》词曰:"留花翠幕,添香红袖,常恨情长春浅。"有个成语叫"红袖添香",意思是,有美女在旁,相伴读书。

蛾眉:本指女子细长而弯曲的眉毛,后用以借指女子容貌美丽,成为美女的代称。白居易《王昭君》中有"汉使却回凭寄语,黄金何日赎蛾眉。"的描述。

红颜:本指红润的脸色,后逐渐形容年轻、美丽的女子。吴伟业《圆圆曲》中写道:"恸器六军皆缟素,冲冠一怒为红颜。"

粉黛:原指白粉和黑粉。因女子常以粉黛妆饰,故用来代指年轻貌美的女子。白居易《长恨歌》中写道:"回眸一笑百媚生,六宫粉黛无颜色。"

惊鸿:本指惊飞的鸿雁,后比喻体态轻盈的美女。陆游《沈园》中写道:"伤心桥下春波绿,曾是惊鸿照影来。"

此外,美女的称呼还有"佳人""玉人""仙子""娇娘""娇娥""姝丽""碧玉""尤物""婵娟"等。

古代四大美女

西施、王昭君、貂蝉、杨玉环被誉为中国古代四大美女，有沉鱼落雁、闭月羞花之称。

"沉鱼"西施：春秋时期越国人。传说西施常在河边浣纱，河水映照着她美丽的容颜，游鱼都自惭形秽，沉入水底。

"落雁"王昭君：王昭君本是一位宫女，因才貌双全被汉元帝派到匈奴和亲。王昭君离乡时乘坐骏马，怀抱琵琶，艳丽照人。南飞的大雁看见了，竟然忘记抖动翅膀，掉落在地上。

"闭月"貂蝉：东汉末年司徒王允的义女。一天夜里，貂蝉在花园里拜月，正好一片彩云遮住了月亮。王允便得意地说："月亮都不敢与我的女儿比美，躲起来了。"

"羞花"杨玉环：唐玄宗的宠妃杨玉环国色天香。一天，杨玉环到花园赏月解闷，不小心碰到了含羞草，含羞草的叶子立刻卷了起来。唐玄宗便赞叹她有"羞花"之貌，称她为"绝代佳人"。

六、美男

古代对美男子也有一定的称谓，这些称呼多与人物有关，常见的有"子都""潘安""何郎"等。

子都：春秋时期，郑国宗族子弟公孙子都相貌英俊，被誉为"春秋第一美男"。后将"子都"作为美男子的代名词。《诗经·国风·郑风·山有扶苏》中写道："不见子都，乃见狂且！"

潘安：西晋的潘安姿容秀美，神态极佳。不少妙龄少女见了他，都会怦然心动，有的甚至忘情地跟着他走。有的怀春少女难以接近他，就用苹果投掷他。民间遂有"果掷潘安"的传说。后来人们把"潘安"作为美男的泛称。也叫"潘郎"。

何郎：晋代的何晏，字平叔，相貌俊美，面如傅粉，人称"何郎"。后"何郎"用为美男的泛称。也叫"傅粉平叔、傅粉何郎"。

七、才女

古代称有才华的女子为"校书郎""扫眉才子"。这两个代称与唐代乐伎薛涛有关。唐德宗时，剑南节度使韦皋听说薛涛诗才出众，常命她来侍酒唱和，接应宾客。后来，韦皋又奏请朝廷任命薛涛为"校书郎"，虽然没有获得批准，但是"女校书"之名不胫而走，同时薛涛还被人们称为"扫眉才子"。就这样，"校书郎""扫眉才子"成了才女的别称。

"不栉进士"也是对才女的称呼。"栉"是束发的意思。"不栉进士"就是不绾髻插簪的进士。唐代刘讷言《谐噱录·不栉进士》载："关图有妹能文，每语人曰：'有一进士，所恨不栉耳。'"

"柳絮才媛"是对才女的美称。《世说新语》载，东晋时谢安的侄女谢道媪，从小聪明好学，极有辩才。在她七岁那年的一个雪日，一家人聚在一起。谢安以雪景为题，让谢道媪和她哥哥谢朗答出有关雪的句子来。谢安问道："白雪纷纷何所似？"谢朗答说："撒盐空中差可拟。"谢道媪答说："未若柳絮因风起。"后来就把有诗才的女子称为"柳絮才媛"，也称"柳絮才""咏絮才"。

八、寡妇

丧夫之妇在古代有专门的称呼，一般称为"寡妇"，这也是最常用的叫法。"寡"最初是"缺少"的意思，后来引申出"单独"之义，用以称呼男女丧偶者，如《小尔雅·广义》说："凡无妻无夫通谓之寡。"可见，女子无夫或丧夫，男人无妻或丧妻，都叫作"寡"。后来"寡"才演变为女性丧夫的专称，男子丧妻则称"鳏"，《孟子·梁惠王下》中记载："老而无妻曰鳏，老而无夫曰寡。"

寡妇也称为"孀"或"遗孀"。为什么用"孀"来代指寡妇呢？用"孀"代指寡妇与"霜"字密切相关。《说文解字》中说："霜，丧也。""霜"是"孀"的语源，后来加上女字旁成为"孀"字。"丧"最初是失去的意思，古代男子出门在外，已婚妇女暂时"失去"了丈夫，因此称为"孀居"。女子丧夫后尚未改嫁或不再改嫁，即称为"遗孀"。如果丧夫的女子再婚，则不能再称为"遗孀"了。由"孀"又发展出"孀妻""孀娥""孀雌"等别称。

在文人笔下，常把"未亡人"作为寡妇的自称或他称。"未亡人"的称呼最早来自《左传》，一开始专指丈夫死后，服丧期未满时的妇女。在古代，丈夫死后，妻子要为其服丧三年，只有在这三年里才能称为"未亡人"，待服丧期过后，就不能再使用这一称呼。但是后世的规矩不再如此严格，"未亡人"也可以作为寡妇的代称。与"遗孀"的用法一样，如果女人丧夫后再嫁，也不可再称作"未亡人"。

此外，寡妇又称为"嫠（lí）"或"嫠妇"。这个称谓是怎么来的呢？嫠，从女釐声，釐有"分散"之意，因此"嫠"是分散之女，即和丈夫分离，丈夫去世的女子。"嫠"的用法与"寡""孀"有明显的差别。在古代社会早期，"寡"兼称寡妇、寡夫，而"嫠"只是寡妇的专称。"遗孀"和"孀妇"不可用于自称，且只能用于书面语；"嫠"则既可以用于自称，又可以用于他称，比如李清照在丈夫赵明诚死后就曾自称为"嫠家"。

知识链接

"死"的种种称谓

古人对死往往避讳，常用别称来代替。

帝王之死：驾崩、大薨、晏驾、大行、登遐、山陵崩。诸侯之死：薨。大夫之死：卒。士之死：不禄。

长辈之死：见背。父亲之死：失怙。母亲之死：失恃。父母双亡：孤露。

和尚、尼姑之死：圆寂、坐化、示寂、示灭、涅槃。道士之死：羽化。

为国而死：捐躯、殉国。为正义而死：就义。

高龄之死：登仙、仙逝。未成年之死：荡、夭折、夭亡。

突然病死：暴亡、暴毙。

此外，古籍中对死的称法还有：殁、疾终、作古、下世、弃世、流逝等。

第三节　社交称谓

社会是一个大舞台，每个社会成员都是这个舞台上不可或缺的角色，并在与人交往的过程中形成各种人际关系。古人重视人际交往中的礼仪，对社交措辞颇为讲究。古代社交中的称谓，对于我们进行社会交往是值得借鉴的。

一、自称、他称和对称

在社会交往中，人们常常要用自称、他称和对称，即所谓的第一人称、第二人称和第三人称。我国古代常用的自称、对称和他称有：

1. 自称

朕：先秦时期，人人都可以自称为朕，如屈原的《离骚》中就有："朕皇考曰伯庸。"意思是"我的父亲叫伯庸"。秦始皇统一天下后，规定只能君主自称为"朕"。从此，"朕"成为皇帝的专称。

我、吾、余、予：均为自称。《邹忌讽齐王纳谏》中记载："我与城北徐公孰美？"

沙家：五代末期开始以"沙家"为自称。

咱：自己的俗称。

俺：北方人的自称。

侬：闽方言中的自称。

其他自称还有"我等、我辈、我侪"等。

2. 对称

你：称呼对方。在今天使用广泛，但在古代很少用到。

侬：吴越一带（上海、绍兴等地）称"你"为"侬"。

尔、而、若、乃、汝、女：称对方。其中以"尔""若""汝"最为常见。习用的对称还有"尔等、尔辈、尔侪"等。

3. 他称

渠、伊：称他人。

他：称他人。

彼：称他人。

伊：称他人。

二、谦称

古人对话或交流时，称呼自己或提到与自己有关的人、事、物时，往往用语谦逊，一方面体现自己的修养，另一方面表示对对方的尊敬。古人自称的谦逊主要体现在两个方面：一是直呼自己的名字，如孔子自称为丘；二是使用谦称。

古人常用"不聪明""道德不高尚""地位卑贱"的代名词来称呼自己。如自称"愚""敝""卑""窃""仆""鄙人""小人""牛马走"等。

古人坐席，尊长在上，晚辈或地位稍低者就自称"在下"，而有一定身份的人自谦称为"小可"，意思是不足挂齿。

不同身份的人使用的谦称也不一样。读书人或文人自谦时，除使用"学生""门生""晚生""晚学""小生"等词表示自己是新学后进之辈外，还经常以"不才""不佞""不肖"等词谦指自己没有学问或才能浅薄。

官员往往自称"臣""奴才""卑职""卑官""下官""小官""末官""小吏"等。

女子自称为"妾""贱妾""奴"等。

老人自谦时，常用"老夫""老朽""老汉"等词，表示自己已进入暮年，衰老无用。此外，还经常使用"老拙"一语，表示自己年迈、笨拙。

古代帝王在自称上也不乏谦逊之词，在与臣下谈话时，常用"孤""寡""不谷"等谦称。"孤"，又称"孤家"；"寡"，也称"寡人"。"孤家""寡人"二词均带有缺少德行之意，指自己为少德之人。"谷"是一种粮食作物，用来养人，引申为"善"的意思。君王自称"不谷"，就是说自己不能像谷一样供养人们，再加以引申则是说自己是不高明之人，不能以德待人。

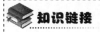

拙荆一名的由来

　　"拙荆"的由来与东汉梁鸿和孟光的故事有关。孟光相貌丑陋，但知书达理，德行高尚，平日里荆钗布裙，非常敬重她的丈夫梁鸿，夫妻相敬如宾，被传为佳话。在"荆钗布裙"一词中，"荆"是一种常见的灌木，"钗"是女子普遍使用的首饰，"荆钗"就是用荆的枝条做成的钗。"荆钗"一般是贫苦人家妇女戴的，后来成了古时男人对自己妻子的谦称。"荆妻""荆妇""荆人""寒荆""贱荆""山荆"等也是对妻子的谦称。

三、尊称

　　古人在以谦逊的方式称呼自己的同时，也以恭敬的方式称呼他人。古人对别人的恭敬在言语上主要表现在两个方面：一是称对方的字。古人尊者对卑者称名，同辈人之间或卑者对尊者多称字。如《论语》里孔子对其弟子直呼其名，《离骚》里屈原对自己的父亲称字。二是使用尊称，如称君主为"大王""圣主""圣上""主上"，称长辈为"父老""丈人""老伯"，称自己的上级为"大人""老爷""明公""君侯"，称贵族子弟为"公子""少爷""郎君"，称老师为"夫子""先生"，称有德之人为"君子"。称平辈或一般人为"子""公""君""卿""兄""足下""阁下""相公""官人"等。此外，说到与对方有关的人物、事情、物品时，也要使用尊敬、委婉的说法。如称别人的父母为"令尊""令堂""令慈""太君"；称别人的兄弟为"令兄""令弟"；称别人的儿女为

"令郎""令爱";称别人的年龄为"贵庚""尊庚""芳龄";称别人的住处为"尊府""府上""尊寓""华居";称别人的身体为"贵体""玉体";等等。

四、名、字与号

我国古代，一些名人学士一般幼年有名，成年有字，老年有号。

名是在社会上使用的个人符号，一般指姓名或单指名，幼年时由父母所起，供长辈呼唤。在社会交往中，为表示尊重对方，一般称自己的名，表示谦卑时也称自己的名。最初的名字是十分朴素和简单的，如商代的盘庚、武丁，其名字取自干支里的字，春秋时期的郑庄公名叫"寤生"，是因为他母亲生他时难产。

古人成年以后要另取一个别名，就是字。取字的目的是让人尊重他，供他人称呼。如称陶渊明为陶元亮，李白为李太白，杜甫为杜子美，柳宗元为柳子厚，欧阳修为欧阳永叔，苏轼为苏子瞻等。字和名一般在意义上存在一定的联系。字通常是名的解释和补充，有的在意义上相近，如屈原名平，字原，"平"与"原"意思相同，都指宽阔平坦；有的意义相辅，如白居易字乐天，因为乐天才能居易；有的意义相反，如韩愈字退之，"愈"和"退"含义相悖。

号又叫别号、表号，是古人除名之外的一种特殊称谓，一般由自己取定。号的类别分为以下五种：

一是以表白志趣为号：欧阳修自号"六一居士"。他在《六一居士传》中提到这个别号的来源："吾家藏书一万卷，集录三代以来金石遗文一千卷，有琴一张，有棋一局，而常置酒一壶，以吾一翁，老于此五物之间，是岂不为'六一'乎？"

二是以住处为号：杜甫曾居于长安城南少陵，自称"少陵野老"；苏轼被贬黄州，居住在州之东坡，自号"东坡居士"。李清照南迁后定居杭州，将住处命名为"易安室"，自号"易安居士"。

三是以书斋名为号：杨万里的书斋叫诚斋，故自号"诚斋"；辛弃疾居江西上饶时筑带湖新居，内有一室名"稼轩"，故自号"稼轩居士"。

四是以诗书为号：清代诗人郑燮号"板桥"，其号取自刘禹锡《杨柳枝》诗："春江一曲柳千条，二十年前旧板桥。"

五是以不忘故国为号：明朝灭亡后，王夫之以明朝亡臣自居，隐匿湘西数年，坚决不剃头，仍留双鬟，自号"双鬟外史"。

五、代称

代称是在一个人的名、字、号之外由他人所起的一种习惯性称谓，用来代替其人的本来姓名，往往包含尊重、褒赞之意。代称的来源主要有以下五种：

1.以地名为代称

以地名作为人物代称包括三种情况：一是以籍贯为称。如唐代诗人孟浩然是襄阳人，故被称为"孟襄阳"；柳宗元是河东人，故被称为"柳河东"；王安石是临川人，故被称为"王临川"；顾炎武是江苏昆山亭林镇人，故被称为"顾亭林"。二是以郡望为称。郡望是指某一地区最有名望的豪门大族，以郡望相称，就是以郡望所在地的地名相称。如韩愈本是河内河阳（今河南孟州）人，但因昌黎（今辽宁义县）韩氏为唐代望族，所以韩愈常以"昌黎韩愈"自称，人们就把他称为"韩昌黎"。又如苏轼原系四川眉州人，由于苏氏是赵郡的望族，他有时称自己为"苏赵郡"，于是人们把"苏赵郡"作为其代称。三是以为官之地的地名为称。如贾谊曾被贬为长沙王太傅，故称"贾长沙"；孔融曾任北海相，故称"孔北海"；刘备曾任豫州刺史，故称"刘豫州"；谢朓曾任宣城太守，故称"谢宣城"；陶渊明曾任彭泽县令，故称"陶彭泽"；柳宗元曾任柳州刺史，故称"柳柳州"。

2. 以官爵为代称

以官爵为代称就是用官职或爵位称人。把官名用作人的称谓在古代相当普遍，如汉初开国大臣萧何曾任相国，故被称为"萧相国"；阮籍曾任步兵校尉，故有"阮步兵"之称；王羲之曾任右军将军，被称为"王右军"；杜甫曾任检校工部员外郎，世称"杜工部"；刘禹锡曾任太子宾客，所以被称为"刘宾客"；柳永曾任屯田员外郎，故而被称为"柳屯田"。以爵位称人的现象也很常见，如诸葛亮曾封爵武乡侯，故后世以"诸葛武侯"相称；魏徵曾封郑国公，故称"魏郑公"；王安石曾封荆国公，故人称"王荆公"；司马光曾封温国公，所以有"司马温公"之称。

3. 以斋名为代称

以斋名为代称就是用其人的斋号或室号来称呼他。如清代的姚鼐因斋名为"惜抱轩"而被称为"姚惜抱"；称蒲松龄为"聊斋先生"，梁启超为"饮冰室主人"，也是以斋名称人。

4. 以排行为代称

以家族排行为代称在唐代十分普遍，如在唐代，李白称"李十二"、杜甫称"杜二"、韩愈称"韩十八"、柳宗元称"柳八"、白居易称"白二十二"、元稹称"元九"等。宋代时也有一些，如苏轼称"苏二"、秦观称"秦七"、黄庭坚称"黄九"等。之后沿袭者就比较少见了。

5. 合称

合称是指几个人合用的特称。一般包括两种情况：一种是同姓并称，如"大小阮"（阮籍、阮咸）、"大小谢"（谢灵运、谢朓）、"二陆"（陆机、陆云）、"大小杜"（杜甫、杜牧）、"三苏"（苏洵、苏轼、苏辙）、"二程"（程颢、程颐）、"三袁"（袁宗道、袁宏道、袁中道）等；另一种是异姓并称，如"孔孟"（孔丘、孟轲）、"李杜"（李白、杜甫）、"元白"（元稹、白居易）、"韩柳"（韩愈、柳宗元）、"顾黄王"（顾炎武、黄宗羲、王夫之）等。

知识链接

古代如何称呼妇女

先秦时期，妇女称姓不称氏。称呼未出嫁的女子时，常在姓前加上排行，如"伯姬""孟姜""仲子""叔隗""季姒"等。对已出嫁的女子则主要采用四种称法：一是在姓前加上其所自出的国名，如"褒姒""齐姜""晋姬"等。二是在姓前加上配偶的封国或采邑，如"赵姬""息妫""棠姜"等。三是在姓前加上配偶或其本人的谥号，如"庄姜"（卫庄公夫人）、"文嬴"（晋文公夫人）等。四是加"氏""女""母""媪""姬"等后缀，如"嬴氏""商女""孟母""赵媪"等。

封建社会常常在已婚妇女的姓氏前加上夫家的姓氏，如"张王氏""赵邢氏""李赵氏"等。

六、朋友

古人认为，同师曰朋，同志曰友。"朋友"即志同道合的人，也是相互要好的人。古人对朋友的称呼颇多，许多还包含着优美的典故。

故人、故旧：旧交，老朋友。

老友：相交多年的朋友。

知己、友执：知心朋友。《晋书·王导传》中载："帝亦雅相器重，契同友执。"

嘉友、胜友、兰客、胜侣：指良友、益友。《滕王阁序》写道："十旬休假，胜友如云；千里逢迎，高朋满座。"

俊友：才华出众的朋友。

小友：年少的朋友。

金兰：挚友喻称。

今雨：指新朋友。与之相对的为"旧雨"，指旧友。范成大诗曰："人情旧雨非今雨，老境增年是减年。"

衿契：情投意合的朋友。

面友、面朋：不能真诚相交、貌合神离的朋友。扬雄《法言衍》写道："朋而不心，面朋也；友而不心，面友也。"

知音：春秋时期，俞伯牙善于弹琴，钟子期善于听琴，能从琴声中听出俞伯牙的心意。后因称知己朋友为"知音"。

管鲍：春秋时期，管仲和鲍叔牙相知甚深，因此后世多用"管鲍"比喻交谊深厚的朋友。

陈雷：《后汉书·雷义传》载，雷义与陈重同郡为友，情谊深厚。后以"陈雷"泛称情意极深的朋友。

莫逆交：同心相契、无所忤逆的好朋友。

忘年交：不拘年龄辈分而交情深厚的朋友。

忘形交：不拘身份、形迹的知心朋友。《新唐书·孟郊传》载，孟郊从小隐居嵩山，性格耿直不合群，但与韩愈只见一面，即结为忘形交。

刎颈之交：比喻友谊甚深、生死与共的朋友。《史记》载，赵国的蔺相如因功受封上卿，位在老将廉颇之上。廉颇不满，想要报复。蔺相如以大局为重，处处忍让。后廉颇悔悟，负荆请罪，与蔺相如结为刎颈之交。

总角之好：幼年时要好的朋友。《三国志》载，东汉末年，孙策与周瑜自幼亲善，孙策不无自得地说："公瑾与孤有总角之好。"与此类似的说法还有"竹马之交"。总角是指古时少儿男未冠、女未笄时的发型，后泛指男女幼童。

杵臼之交：不计身份、不嫌贫贱而结交的好友，典出《后汉书·吴祐传》：胶东人公沙穆进京求学，因缺食粮故变服为佣，帮吴祐舂米。吴祐见公沙穆学识渊博，钦佩不已，于是两人定交于杵臼之间。

七、同学

同师受业的人称为"同学"。在古代就有"同学"的说法，唐代司空曙诗曰："更说本师同学在，几时携手见衡阳？"同学还有一些异称，常见的如下：

同窗：古代读书条件艰苦，有"寒窗苦读"之说，故把一同学习的人称为"同窗"。也叫"窗友""学友""学侣"。

同门：谓同出一师之门。

同砚：《汉书·张安世传》写道："彭祖又小与上同席研书。"研，通"砚"。后因称同学为"同砚"。也叫"同砚席""共砚席"。

砚友：两人一起学习，常共用笔砚，因称同一老师门下学习的学生为"砚友"。

同席：同坐一席，指同学。

年兄：原是科举考试中同榜登科者之间的称谓，后演变为同学之间的尊称。

学兄、砚兄、师兄：对同学的尊称。

八、邻居

邻居就是住处相近的人家。"邻居"一词古已有之，《列子·汤问》载："山之中间相去七万里，以为邻居焉。"

邻居在古代也叫"邻伍"。古时民间五家为邻或为伍，后来就用"邻伍"代称邻居。宋代陈造诗曰："渔翁家苇间，蜗舍无邻伍。"

在古代，"比"含"接近、紧靠"之意，所以又把邻居称为"邻比""比邻"。

"东家"本指住在东边的人家，后来引申为邻居的俗称。辛弃疾《清平乐》词曰："拄杖东家分社肉。"

"芳邻"是对邻居的美称，指好邻居，有时也用作敬辞，称别人的邻居。《滕王阁序》曰："非谢家之宝树，接孟氏之芳邻。"

"近壁""邻曲""邻左""邻右"等也是邻居的别名。

第四节　身份地位称谓

古代对不同身份地位的人有着不同的称谓，古书中常见的对帝王、后妃、百姓、奴仆等的叫法，在这里都会介绍。

一、皇帝

皇帝是我国古代社会的最高统治者，拥有至高无上的权力，同时受到天下臣民的敬仰和敬畏，因此对皇帝的称谓有很多。

古人常以庙号、谥号、尊号、年号称呼皇帝。

庙号是皇帝死后在太庙立室奉祀所起的名号，最早起源于商朝。庙号的选字并不评论君主的功过是非。一般来说，开国皇帝叫"太祖"或者"高祖"，如汉高祖刘邦、宋太祖赵匡胤、明太祖朱元璋；完成统一大业，将国家发扬光大的皇帝叫"世祖""太宗"，如元世祖忽必烈、唐太宗李世民；守成君主美称"世宗""高宗"，如唐高宗李治；贤明的君主称为"仁宗""宣宗""孝宗""睿宗"，如宋仁宗赵祯；中兴之主叫"中宗""宪宗"，如明宪宗朱见深。

谥号是在君主死后根据其生平事迹、品德修养评定褒贬，给予的带有评判性质的称号。谥号起源于周朝，以后为历代所沿用。它大致有三类，第一类是表扬性的谥号，即上谥，如"文"表示"道德博厚"，"康"表示"安乐抚民"，"孝"表示"尊爱长辈"，"懿"表示明理善良。第二类是批评性的谥号，即下谥，如"厉"表示"暴慢无亲"，"幽"表示"壅遏不通"，"炀"表示"好内远礼"。第三类是中谥，多为同情性的谥号，如"哀"表示"恭仁短折"，"愍"表示"在国逢难"，"悼"表示"恐惧从处"。

尊号是尊崇皇帝、皇后的称号，始于秦朝。与庙号、谥号不同，它一般是在帝后在世时所加。比如秦始皇称为"始皇帝"，唐玄宗称为"唐明皇"。

年号始于汉武帝，是帝王用来纪年的名号，后来也表示祈福、歌颂和改朝换代。明清以前，一个皇帝往往有多个年号，如唐玄宗有"先天""开元""天宝"三个年号。从明太祖朱元璋开始，一直到清朝末帝溥仪，一个皇帝一般仅有一个年号，如明神宗朱翊钧只有"万历"一个年号，清圣祖玄烨只有"康熙"一个年号。

 知识链接

与皇帝有关的用语

皇帝登基叫"登极""御极""践祚"。

皇帝发出的指示叫"诏令""圣旨""玉音"。

皇帝的批示或文书称"朱谕""朱批""上谕"。

皇帝的容貌叫"龙颜"，穿的衣服叫"龙袍"，戴的帽子叫"冕"，乘的车叫"辇"。

一般来说，当一个皇帝既有庙号又有谥号时，常把庙号放在谥号之前，一同构成已死帝王的全号。习惯上，唐朝以前的帝王只称谥号，不称庙号，如汉武帝、隋炀帝。唐朝以后，由于谥号的文字加长，帝王代号用庙号代替，如唐太宗、宋太祖。明清时期，帝王绝大多数只用一个年号，故用年号指称皇帝，如乾隆。

除庙号、谥号、尊号、年号外，对皇帝还有一些专门的称谓，主要有：

陛下："陛"指帝王宫殿的台阶，"陛下"原指站在台阶下的侍者。臣子向君王提建议或劝谏时，不能直呼君王，必须先呼台下的侍者，然后再进言。后来"陛下"就成为臣子面见君王时使用的敬称。

万岁："万岁"本是人们由于喜悦以示庆贺的欢呼语，汉武帝时成为皇帝的代称，到了宋朝变为皇帝的专用名词。

天子：古人认为皇帝的权力为神所授，皇帝是秉承天意治理天下，故称其为"天子"。

九五：古人崇尚阴阳理论，认为奇数为阳，偶数为阴。阳数中，九为最高，五居正中，"九""五"相配，既含尊贵之意，又有调和之意，故把"九五"作为皇帝威权的象征，也用来指称皇帝。

官家：西汉时常称皇帝为县官，东汉时称皇帝为国家，后合称官家。

车驾：本指皇帝乘坐的御车，后引申为皇帝的代称。类似的称谓还有"乘舆""万乘"。

太上皇

"太上皇"是皇帝对其父亲的尊称，这一称谓在我国已有两千多年的历史。"太上皇"一词最早出现在秦朝。秦始皇统一中国自称皇帝以后，为了表示对先王的尊重，就追封自己的父亲秦庄襄王为"太上皇"。到了西汉时期，汉高祖刘邦登基称帝，但其父亲还是一个平民，有人便建议刘邦效仿秦始皇，封其父亲为"太上皇"，刘邦欣然采纳。

称"太上皇"而不称太上皇帝，是对在世的父辈的尊重，而且父辈并不参政。此后，"太上皇"这一称呼便成为一种固定的制度，为历朝历代所沿用。

二、皇后

皇后是皇帝的正妻，统摄六宫，母仪天下，是后宫的最高统治者。

"皇后"之称出现在秦朝以后。在此之前，天子之妻或称为"妃"，或称为"后"。秦始皇统一天下后，改"天子"为"皇帝"，并制定皇帝的正妻为"皇后"的后妃制度，不过当时并没有立过皇后。较完备的后妃制度和等级划分形成于汉代。

皇后在历史上的别名很多，常见的有：

中宫、正宫：皇后的寝宫一般坐落在后宫正中央，称为"中宫""正宫"，后用作皇后的代称。

椒房：汉代时，皇后的寝宫常用花椒涂墙壁，用来取暖避邪，也有多子之意（花椒有若干个蓇葖果生在果梗上），因而将"椒房"作为皇后的别称。

天下母：皇后为一国之母，故有此称。

元后、继后：皇帝的原配皇后称为"元后"，也叫"元嫡"，第二个皇后称为"继后"。

慈闱："慈闱"本是对母亲的称谓，因皇后母仪天下，所以也用来称呼皇后。

梓童：皇帝对皇后的称呼。关于其由来，民间流传多种说法，常见的有两种，一种是皇后的凤印由梓木雕成，故有此称；另一种是汉武帝夜梦"梓树"临幸卫子夫，而后得子，便封卫子夫为皇后，由此称皇后为"梓童"。

知识链接

太后为何自称为"哀家"

我们常常在一些影视剧里看到死了丈夫的太后自称为"哀家"。其实，"哀家"本是古代戏曲中死了丈夫的皇后的自称。如果皇帝还在世，皇后是绝不能这样自称的。只有在皇帝逝世以后，皇后或太后才能自称"哀家"，表示自己是可怜之人，有悲哀"先帝"的意思。除了皇后或太后，任何人都不能自称为"哀家"。

三、嫔妃

古代帝王往往有一大群妃嫔，她们各有不同的封号，用以表示其身份等级、尊卑次序。今天在各种文献材料中所见到的古代妃嫔的称号主要有："婕妤""昭仪""贵妃""贵人""美人""才人"等。

婕妤：汉武帝时设立。原为皇后以下最高位，汉元帝设昭仪后，成为第二等。魏晋至明代多沿置。

昭仪：汉元帝时始置，是当时妃嫔中第一等级。魏晋至明代均沿置，但地位已经下降。

贵妃：三国魏文帝时设置，地位仅次于皇后，历代多沿置。清朝时皇后下设皇贵妃、贵妃。

贵人：始置于南朝宋武帝，位次于皇后，自隋至清多沿置。到了清代，位降至妃嫔之下。

美人：西汉时设置，东汉至明代皆沿称。

才人：始设于晋武帝，自南北朝至明多沿置。唐制，才人初为宫室之正五品，后升为正四品。

四、太子

太子是皇帝指定的继承人，一般是皇帝的嫡长子。古代对太子的称呼也有不少。

太子居于东宫，故把"东宫"作为太子的代称。五行学中，东方属木，色青，因此又称太子为"青宫"。由于太子是一国储君，故又有"皇储""东储"等叫法。

古代礼制，太子掌管宗庙祭器，故称太子为"主器"。《易经·序卦》中写道："主器者，莫若长子。"

古代用大海比喻君王，用少海比喻太子，因此"少海"也是太子的别称。

太子还有一个雅称，叫"鹤驾"。据《列仙传》记载，周灵王的太子曾驾驭白鹤成仙，后来便称太子车驾为"鹤驾"，并用来称呼太子。

五、公主

皇室中的女子，除了后妃以外，帝王的女儿也有专门的称呼。

古时称帝王之女为公主。"公主"一词可以追溯到周朝。周天子把女儿嫁给诸侯，自己不做主婚人，而让同姓的诸侯主持婚礼。那时候，诸侯被称为"公"，而"主"是"主婚"的意思，由于婚礼是由诸侯主办的，所以就称天子的女儿为"公主"。需要一提的是，在当时，并不是只有天子的女儿可以叫作公主，诸侯之女也被冠以"公主"的称号。《史记·孙子吴起列传》说："公叔为相，尚（迎娶公主）魏公主。"《李斯列传》也说："诸男皆尚秦公主，女悉嫁秦诸公子。"

到了西汉，称谓之间的等级观念变得格外严格，公主成为帝女的专门称谓，诸侯王的女儿则称为"翁主"或"王主"。不仅如此，皇室内部的公主们也有不同的称号，比如皇帝的姊妹称为"长公主"，皇帝的姑姑称为"大长公主"，等等。

西汉以后，"翁主"称谓不再使用。东汉时，公主通常被称作"县公主"，因为公主的封号之前是县名，如光武帝有个女儿叫"舞阳公主"。两晋时期，公主被称为"郡公主"，因为其封号前是郡名，如晋武帝有个女儿叫"平阳公主"。"县公主"和"郡公主"一般被简称为"县主"和"郡主"。

到了唐朝，对公主称谓的使用规定得更加严格。太子之女和诸王之女虽然也封郡、县，但都不可以叫作公主，而且她们享受的待遇与公主相比有明显的差别。公主享受的是正一品待遇，而太子和诸王的女儿低一等级，享受的是正二品的待遇。

唐朝以后，对公主称谓的规定并没有太大变化，但是在北宋时期有两个例外，一是北宋初年，鉴于赵普和高怀德为国家的建立立下了赫赫功勋，所以皇帝破例册封赵普的女儿为郡主，高怀德的女儿为县主；二是徽宗时期，改称公主为"帝姬"，郡主为"宗姬"，县主为"族姬"。

到了清朝，对帝女的称呼又发生了变化，如称皇后所生的女儿为"固伦公主"，称嫔妃所生的女儿为"和硕公主"。说到这里，大概有人会提出疑问：清朝时期，皇帝的女儿不是叫作格格吗？很多电视剧和小说都称帝女为格格，事实上，格格是对清朝皇室女儿的统一称谓，不仅皇帝的女儿可以叫格格，郡王的女儿也可以被称为格格，只是格格分不同的等级和待遇罢了。

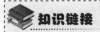

满族的称谓

古代满族人物之间的称谓很多，而且与汉族的称谓截然不同。满族人称呼父亲为"阿玛"，母亲为"额娘"，皇子则称呼其父亲为"皇阿玛"，母亲为"皇额娘"。又如"贝勒"一词，用作"王爷"的泛称。王爷的妾称为"姑娘"，如果晋级则称"侧奶奶"，再晋级称为"侧福晋"，王爷的妻子叫"嫡福晋"。满族中的年轻男子通常被称为"阿哥"或"哥儿"，相当于汉语中的"少爷"，这种称呼也适用于皇子，如雍正帝即位之前就是康熙皇帝的四阿哥。

六、帝婿

皇帝女婿称为"驸马"。把堂堂帝婿和"马"扯在一起，好像有些风马牛不相及。可事实上，驸马跟马真的有关系。

翻开《汉书·百官公卿表》，我们会发现驸马是一个官职，全名叫驸马都尉。从汉武帝时期开始，朝廷专门任命官员管理皇帝的御用车马，其中奉车都尉负责掌管正车之马，驸马都尉负责掌管副车之马。驸马虽然只是一个闲官，但因为能与皇帝接近，并且年俸丰厚，一般由皇亲国戚、公侯子孙充当。魏晋以后，皇帝女婿成为驸马都尉的主要人选，比如著名军事家杜预就因为娶了司马懿的女儿陆安公主而被拜封为驸马都尉。晋代以后，皇帝女婿拜封驸马都尉成为定制，驸马都尉简称驸马，至此，驸马成为帝婿的一种称谓。清代的"驸马"称作"额驸"。

除了驸马之外，帝婿还有一个不太出名的代称——"粉侯"。称帝婿为粉侯，与三国时期的何晏有关。

何晏是东汉大将军何进的孙子，年轻的时候以文才闻名天下，而且相貌俊美，面容粉白细腻。魏明帝曹叡见何晏阳刚之气不足，柔美之气有余，以为他好打扮而在面上敷粉，很是看不起他，于是计划着哪一天要给何晏一点难堪。夏季的一天，魏明帝特意设宴，邀请何晏参加，席间赐给他一些热汤和饼。何晏吃得汗如雨下，魏明帝则在一边等着看笑话。谁料何晏擦了汗以后，面容不仅白净如初，而且白里透红，看起来更为秀美。魏明帝心中赞叹不已。后来，何晏娶了金乡公主，被封为驸马，又被封为列侯。由于何晏脸如敷粉,人们便把帝婿称为"粉侯",帝婿之父为"粉父",帝婿之兄弟为"粉昆"。

七、百姓

现在,我们一般把百姓称为人民、民众。那么在古代,百姓都有哪些称谓呢?

百姓最常见的古称是"黎民"。《礼记·大学》记载:"以能保我子孙黎民,尚亦有利哉!"和黎民意思相近的词还有"黎庶""黎元""黎首"等,如唐代岑参《送颜平原》写道:"天子念黎庶,诏书换诸侯。"称百姓为黎民,与古代的礼制有关。古人有着严格的等级之分,一般平民不能戴帽子,只能戴头巾。百姓通常将头发绾成发髻,用朝廷规定的黑色头巾包裹起来,黎民中的"黎"指的就是这种黑色头巾,所以用黎民来指称百姓。

百姓的另一个别称是"黔首",这个称号多见于战国时期。"黔"是"黑"的意思。有人认为,因为当时的百姓头上不允许戴冠,只有黑发,所以称他们为黔首。但也有人持另外一种观点,说百姓之所以被称为黔首,是因为他们只能戴黑色的头巾。

在我国古代社会,阶级分明、贫富悬殊,富贵人家穿的都是丝织的衣服,而百姓只能穿粗麻做成的衣服。因"丝织"和"麻布"是两种截然不同的材料,穿丝织品和穿麻布就成了人们身份地位的象征。所以穿麻布的百姓就被称为布衣。古代常用"褐"来指代粗布短衣。褐最初用葛、兽毛织就,后来多用大麻、兽毛制作,是古时贫贱之人所穿的衣服。所以又称贫民为"布褐""褐夫"等。又因为百姓都是些名不见经传的人,且着白衣,因此还称他们为"白衣""白士""白丁""白身""白民"等。

百姓还被称为"庶民""庶人"。庶民是西周以后对百姓的一种称谓。西周时期,把社会中人划分为六个阶层,庶民属于第五个阶层,地位处于士之下,奴隶之上,可作为被封赐的对象。春秋时期,庶民的地位低于士，高于工商奴隶。秦汉以后，庶民通常指没有官职的平民。

我国自古是农业大国，在古代，农业生产者多是贫民，百姓多指那些在田野耕作的人，故称百姓为"野人"。同时，人们把那些因失去土地而从别处迁来的百姓称为"氓"。

除了上述称呼外，"草民""生民""小民""丁口""编伍""鄙夫""匹夫"等词也都有百姓的意思。

知识链接

为什么称囚徒为"南冠"？

春秋时期，楚、郑两国交战，楚国战败，楚人钟仪沦为战俘，被送往晋国关押。虽然做了阶下囚，但钟仪坚贞不屈，依然戴着南方楚国的帽子（"南冠"），以示不忘故国家乡。此举令晋侯深感敬佩，遂将其释放，晋楚两国也重归于好。"南冠"自此成为囚徒的代名词。

八、书生

读书人称为"书生"。自古以来对书生有诸多叫法，每种叫法都有其含义。

儒生：遵从儒家学说的读书人。

书库、书橱：比喻博学之人。

书痴：书呆子，指沉溺于读书而不通人情世故者。

书淫：好学不倦、嗜书入迷的人。《晋书·皇甫谧传》记载："耽玩典籍忘寝与食，时人谓之书淫。"

书簏：读书虽多但不解书义、获益甚少的人。"簏"是一种用藤条或柳条编成的圆形盛器。《晋书·刘柳传》记载："卿读书虽多，而无所解，可谓书簏也。"

书癫、书迷：读书入迷之人。明代的宋濂自幼家贫，无钱买书，只好到处借阅，读后还把书全抄下来。即使天冷砚台结冰，手指僵硬，也不停止。被称为"书迷"。

白士、寒士：没有官职的穷读书人。杜甫诗曰："安得广厦千万间，大庇天下寒士俱欢颜。"

寒酸、穷酸：本指穷读书人的神态，后用作讥称。

学究：本是唐宋取士科目之一，后用来代称读书人或迂腐的读书人。

斯文：本义为礼乐制度，后用以代称文人。

蠹书虫：比喻读死书的人。韩愈《杂诗》曰："岂非蠹书虫，生死文字间。"

知识链接

文人雅号

曹七步：三国曹魏时，诗人曹植曾在七步之内作诗一首，故被称为"曹七步"。

赵倚楼：唐代诗人赵嘏因诗中有"残星数点雁横塞，长笛一声人倚楼"一句而得名。

张三影：北宋词人张先因词中有"心中事、眼中词、意中人"且善用"影"字而得名。

七绝圣手：唐代诗人王昌龄因善写七绝，被称为"七绝圣手"。

五言长城：唐代诗人刘长卿因善写五言诗，被称为"五言长城"。

红杏尚书：北宋词人宋祁因词中有"红杏枝头春意闹"，又曾任尚书一职而得名。

九、媒人

自古以来，婚姻介绍人都被称为"媒人"。媒人在我国的婚姻制度中一直占有重要地位。早在几千年前的春秋战国时期，男女青年就已经遵从"媒妁之言"进行嫁娶了。

古代对"媒人"的称呼非常多。除了耳熟能详的"月老""红娘"之外，还有"伐柯""保山""冰人""红叶"等称谓。这些别称有的包含着十分有趣的故事。

"月老"是月下老人的简称，他是民间传说专司人间婚姻的神。那么"月老"是怎么来的呢？相传唐朝时有个叫韦固的人，有一次他离家来到京城，一天晚上看到一位老人在月光下翻检书信，身旁的袋子里装着"红绳"。韦固感到很奇怪，就问老人这是什么，老人回答这红绳是暗中系在男女脚上的，无论双方身份差距多大，哪怕是仇人，只要系上去就会成为夫妻。老人还告诉韦固："刚才你的脚上也系上了红绳，不远处卖菜的陈婆婆的三岁女孩就是你的妻子。"韦固一听勃然大怒，马上派人去杀那个女孩，刺杀的人回来后说"只刺中了眉心，没有刺到要害"。之后韦固多次请人说亲都没有成功，直到14年后才娶到一位眉间有疤痕的女孩为妻。经过追问，韦固得知妻子眉间的疤痕是三岁时被人所刺留下的。回忆起往事，他知道终究没能逃出月下老人系的红绳，不禁感慨万千。此后，人们便把婚姻介绍人称作"月下老人"。

"红娘"这个称呼出自元代王实甫的《西厢记》。故事中的崔莺莺是相国家的小姐，和落魄书生张君瑞在普救寺里一见钟情。崔莺莺的母亲知道后，认为两人门不当户不对，极力想要拆散二人。崔莺莺的丫鬟红娘，大胆心细、善良勇敢，努力帮助崔莺莺和张君瑞与传统礼教抗争，使二人历经波折后，战胜封建势力，终成眷属。从此以后，红娘就成了"媒人"的代称。

"冰人"这一称谓出自《晋书·索紞传》：晋朝时，敦煌有个叫索紞的人，通晓阴阳，擅长解梦，能占卜吉凶祸福。有一次，一个叫令狐策的人做了一个奇怪的梦，他梦到自己站立在冰面上，跟冰下的一个人说话。他不知道这梦是什么寓意，就去找索统解梦。索统了解梦境以后，告诉令狐策："冰上为阳，冰下为阴，主阴阳之事。你在冰面上，却跟冰下的人说话，这是人阳语阴，主为人做媒。所以你应该去给人说媒，当冰雪融化的时候，就是婚姻结成的时候。"后来，令狐策果然为太守的儿子说媒，并且婚事也正好成功了。从此，"冰人"便成了"媒人"的代称。

"红叶"的称呼源自唐朝时的爱情传说。传说，唐僖宗在位时，皇宫里有个叫韩翠苹的宫女，因为向往爱情，冒险在红叶上题诗，并将红叶放入御河之中，令其漂至宫外。谁知这片红叶正好被宫外的一位书生捡到，书生被韩翠苹的情思所打动，也在红叶上面题诗，并借着流水把红叶传回宫中。因为韩翠苹经常偷偷跑到御河边上，所以收到了回赠的红叶诗。两人虽然都对对方有好感，无奈身处两地，无缘相识。许是天公作美，后来宫内释放三千宫女出宫，一对有情人终于相见。两人请求宰相韩咏做媒，结为夫妻。婚礼上，韩翠苹想起往事，感慨万千，作诗曰："一联佳句随流水，十载幽情满素怀。今日却成鸾凤友，方知红叶是良媒。"从此，人们就将媒人称为"红叶"。

十、婢女

古代把侍候人的女孩称为"婢女"，也叫"丫鬟"。

婢女最常见的别称是"丫头"。这一称谓流传到近代少说也有一千年之久。关于"丫头"的由来，有两种说法。一种是侍候人的女孩大多梳一条大辫子垂在脑后，形成"丫"字，所以得名"丫头"。还有一种说法是，"丫头"乃是"鸦头"的误写。据宋无名氏《潜居录》记载，大概在五代以前，吴越地区的妇女便以黑发为美，注意对头发进行保养，其保养的秘诀就是每年除夕提一只乌鸦来，用米面果子认真喂养，等过一段时日，早起梳妆的时候，先用梳篦梳理乌鸦的羽毛，边梳边祷告："愿我妇女，鬒（意为黑色美发）发髟髟（意为长发下垂），惟百斯斗，似其羽毛。"然后将五色缕系在乌鸦头顶，放飞乌鸦，观察它飞行的方向，卜一年的吉凶。故当时称女髻为"鸦头"，女孩也随之俗称为"鸦头"。后来女孩梳大辫的发式流行，鸦头便讹传为较易写认的"丫头"了。

婢女也常常被称作"青衣"。这与古代的衣冠服饰制度有关。封建社会确立了完整的服装服饰等级制度，对各个阶层的服装原料及颜色都有明确规定，其中奴仆的衣着只能以青色为主，不许有其他颜色。尤其是婢女，为了和主人区分，对她们的服装颜色更是严格规定，因此后来人们就把"青衣"作为婢女的代名词。

婢女还有一个不太知名的别称，叫"梅香"。这个称谓从何而来呢？明末清初戏剧家李渔解释说："梅者，妹也；香者，向也。梅传春信，香惹游蜂；春信在内，游蜂在外，若不是他向里外牵合起来，如何得在一起？"意思是说："梅香"乃"妹向"之谐音。闺阁小姐春心跃动于闺内，风流书生彷徨于墙外，丫鬟往来周旋，为他们牵线搭桥，传递书信。"妹向"之情不好明言，所以谐以"梅香"；"妹向"有赖于丫鬟，因此用"梅香"作为婢女的代称。

此外，对婢女的称谓还有"使女、女仆、女厮、侍婢、佳口、赤脚"等。

仆人的古称

　　古代对仆人的称谓极其繁多。年轻的仆人称"小厮""小子""奴子""奚童""家僮"；年老的仆人称"院公""长须"；管理家务的仆人称"管家"；看家的仆人称"守舍儿"；洗衣的仆人称"瀚妇"；受雇用的仆役称"长随"；侍候主人子弟读书的仆人叫"书童"。

十一、太监

太监是专门服侍帝王及其家族的一类人。在我国历代有关典籍和古人的世俗用语中，太监的称谓众多，有几十种。例如：

寺人：古代早期对太监的称谓。原指奴隶制时代宫廷内供使令的近侍小臣，后成为经过阉割的宦官的专称。

宦官：又叫"宦者"。原指宫廷内侍奉官，战国秦汉以后，逐渐成为阉人的专称。

阉人：又称"阉官""阉尹"等，就是失势的男子。

腐人：因腐刑（宫刑）而得名。

内臣、中官：又称"中使""中贵""中涓""内侍""内监"等。太监一般在宫中内廷服役，相对于外朝外廷而言，因此多以"中""内"称之。太监充使称"中使"，权贵太监称"中贵"。中涓本是官职名，并非专指阉人，后来常用于称呼太监。

太监："太监"本是官名，如唐代就设有这一官职。后世开始以太监作为宦官的专称。起初太监专指上层宦官，到了清代，所有宦官皆可称太监。

黄门：汉代侍奉内宫的黄门官由宦官担任，故以"黄门"作为太监的借称。

貂珰：貂尾和金银珰是古代侍中、常侍冠上的饰物，后用以借指宦官。

巷伯：宦官居于宫巷，掌宫内事，故被称为"巷伯"。

绿衣：唐制六、七品官穿绿衣，宦官多为六、七品，古称"绿衣"。

老伴：明人尹直《謇斋琐缀录》记载，明宪宗朱见深册立九岁的儿子朱佑樘为太子，派太监覃吉专门照管太子的生活和学习。覃吉对太子忠心耿耿，太子也对覃吉十分尊敬。由于两人整天相伴，太子便亲热地称覃吉为"老伴"。

十二、僧尼

汉族地区信奉佛教而出家的男子和女子分别称为"和尚""尼姑"。

"和尚"一词源于梵文"邬波驮耶"。在古西域语中，它被不确切地译为"乌阇"。后来传至内地，被读作"和尚"。"和尚"本是一个尊称，有一定学问、堪为人师的才能够有此称谓。这一尊称不仅适用于男子，才女也可使用。在我国，这个词后来演变为对一般出家男子的专称。

在汉语中，和尚也叫"僧""禅师""头陀""比丘""阇梨""释子""毳客"等。"僧"源于梵文音译"僧伽"，意译为"和合众"，指许多单一的出家人和合相处在一起，也就是说，"僧"是对佛教徒的一种总称。除此之外，"禅师"修禅的出家人。"头陀"指行脚乞食的僧人。"比丘"是梵语的音译，佛家指年满二十岁，受过具足戒的男性出家人。"阇梨"为梵语"阿阇梨"的简称，一般指高僧。"释子"取释迦弟子之意，是对佛教徒的统称；"毳客"之称源于僧人的服饰，因僧人常穿毳衲（毛织衲衣），故有此名。

"尼姑"一称是梵语"比丘尼"的音译。

佛教第一位出家女子是释迦牟尼的姨母摩诃波阇波提。她在释迦牟尼生母去世后，将其抚养成人。释迦牟尼成道后，摩诃波阇波提也随之出家，从此有了比丘尼。

西汉末年，佛教传入我国，当时由于佛典传译不广，一般人只知剃除须发即为出家，并不知道受戒仪式。直到南北朝宋元嘉十年（公元433年），狮子国（今斯里兰卡）比丘尼铁萨罗等十一人来到中国，在南林寺筑戒坛，为中国尼众慧果、净音等三百余人重新受戒，我国才有了真正的比丘尼。

汉族地区将尼姑称为"爱道堂""沙门尼""尼师""师太"等。

"爱道堂"一称源于梵文。"摩诃波阇波提"的汉语意译为"大生主""大爱道",因此汉人将佛教出家女子称为"爱道堂"。"沙门尼"指年满二十岁出家,受了具足戒的女子。"尼师"是对出家女子的敬称。"师太"则用于称呼年老的尼姑。

 知识链接

袈裟和百衲衣

"袈裟"和"百衲衣"都是僧人所穿的服装。

"袈裟"一词来自梵语,汉译为坏色、赤色、秽色等,指缠缚在僧众身上的法衣,是僧人最重要的服装。袈裟的制作方法是:先把布料剪成碎块,然后缝合起来。因此又把袈裟称为"杂碎衣""割截衣"。

"百衲衣"是僧尼穿的法衣。"百"言多,"衲"指补缀。古代僧人穿的衣服是用多家施舍的布块缝制而成的,故名"百衲"。

十三、道士

道教是我国土生土长的宗教,有着大约2000年的历史,道教徒被称为"道士"。

历史上,"道士"也被称为羽人。"羽人"本指神话中有羽翼的仙人,因道士求仙,故将羽人作为道士的代称。

道士炼丹求仙,故有"仙客"之名。其以炼丹为生涯,因而被称为"炼师"。

古代有仙人、道士驾鹤升天的传说,因此又称道士为"鹤驭""鹤驾"。

"牛鼻子"也是道士的别称。道士常结发为髻，形状如牛鼻，故有此名。

唐代以后，古书中多用"黄冠"称呼道士。这个别称与道教的服饰有关。东汉道教初创时，出于某种考虑，将黄帝、老子作为始祖。相传黄帝着黄衣戴黄冕，道教既然推崇黄、老，其冠服自然也尚黄。由于道士们都戴黄冠，所以后世就把"黄冠"作为道士的别称。《新唐书·方伎传》载："（李淳风）父播，仕隋高唐尉，弃官为道士，号黄冠子。"这是道士被称为"黄冠"的最早见证。

十四、小偷

偷窃是一种破坏社会生活秩序的不良行为，以偷窃为主要谋生手段的人就是我们常说的小偷。古人根据小偷行窃的时间、手段、区域以及一些典故等，给小偷取了许多别称。

九月至二月，夜长天寒，人多畏寒懒起，这时入室盗窃的小偷叫"夜燕"。趁着天未亮而偷窃的小偷叫"踏早青"。青天白日潜入人家偷盗财物的小偷叫"白日鬼""白日撞"。黄昏时趁人不备偷盗的小偷叫"跑灯花"。专门在房主锁门外出时撬锁行窃的小偷叫"吃恰子（锁）"。

古代市井中有一种常见的小偷，飞檐走壁，蹿房越脊，称为"翻高头"。在这类小偷中，不用借助钩子、绳索等工具就能翻身上房的叫"上手把子"，要借助绳索、竹竿等翻身上房的叫"下手把子"。

上房掀开屋顶砖瓦，弄个窟窿，顺着绳索下去偷窃的小偷，称为"开天窗"。掘壁穿穴的称为"开窑口"。从行人身上摸窃财物的叫"扒手"。用长竿等钓取财物的，称为"挖腰子"。徒手行窃的叫"清插"，借助刀片、剪子等工具行窃的叫"浑插"，"浑插"中还有"小利""剪绺"。"绺"是古人佩戴的一种丝络组合成的袋子，拴在衣服上，相当于今天的钱包，"剪绺"就是剪开衣带窃取钱财。

有的小偷在行窃前，会打着乞讨名义上门观察地形和财物位置，叫作"铁算盘"。

有的小偷专门盗窃某种财物。偷鸡的叫"拾帐头"，偷牛的叫"牵鼻头"，偷别人晾晒的衣服的叫"收晒郎"，盗墓的叫"掘冢"，进船舱行窃的叫"钻底子"。

小偷还因行窃区域不同有不同的称法，城外的叫"草窃"，城内的叫"市偷"。"市偷"的身手极高，有的在防守森严之处也能来去自如，当时的人们称这些"神偷"为"妙手空空儿"。

小偷还有"三只手""梁上君子"之称，这两个称呼来源于民间故事和历史典故。

"三只手"源自宋代。北宋天圣年间，东京汴梁出了个赫赫有名的神偷。按照江湖规矩，不准呼名道姓，不得寻根刨底，所以他的真实姓名一直无人知晓。那时的小偷，常用一枚磨得锋利的铜板割人腰包，俗称"跑明钱"。但是这个小偷很特别，他行窃从不借助工具，只要挨近别人，财物就会手到擒来。一次，他为同行献艺，高举着双手，在众目睽睽之下，与一人擦肩而过，竟将那人兜里的银子全部掏了出来，好像身上还长一只手似的。在场的同行又惊叹又佩服，便送了他一个绰号——"三只手"。后来人们就把"三只手"作为小偷的别称。

"梁上君子"与东汉的陈寔有关。陈寔是颍川四长之一，以清高有德行闻名于世。有一年，陈寔的家乡闹饥荒，老百姓的生活很贫困，有的不得已做了小偷。一天夜里，有个小偷摸进了陈寔家里，被陈寔发现后，躲到了房梁上。陈寔把子孙们叫过来，严肃地训诫他们说："人不能不自我勉励。做坏事的人未必天生就是坏的，只是受到坏习惯的影响，才慢慢变成这样。屋梁上的那位'君子'就是这样的人！"小偷惊恐万分，从房梁上跳下来，向陈寔叩头请罪。后来人们就用"梁上君子"指代小偷。

知识链接

三教九流

　　在一些古书中经常可以看到"三教九流"之词。何为"三教"，何为"九流"呢？

　　三教：儒、释、道。

　　九流分为上、中、下三种。

　　上九流：帝王、圣贤、隐士、童仙、文人、武士、农、工、商。

　　中九流：举子、医生、相命、丹青、书生、琴棋、僧、道、尼。

　　下九流：师爷、衙役、升拜、媒婆、走卒、时妖、盗、窃、娼。

第五节　职业称谓

　　职业称谓是古代称谓中的一大门类，现在常见的职业，如医生、老师、学生、厨师、歌手、农民等，也是古人的主要职业，在历代有着不同的名称。

一、医生

　　医生是一个神圣的职业，在今天是对医学界人士的统称，但是在古代，从医的人并不是自始就被称为医生，而是有种种不同的叫法。

　　最早的医生产生在夏商周的宫廷里。周代时对不同分科的医生有不同的称谓，如"食医""疾医""疡医""兽医"等，负责领导管理这些医生的医官叫作"医师"，与今天的称谓相同。

　　《说文解字》将"医"解释为"治病工"。"工"在古代是对各种具有技艺的劳动者的总称，所以医被归入方技门，有"方技"的称谓。也有将医生称为"方士""术士""方术士"的。《内经》及以后的中医古籍中还把医称为"工""医工""疗病工"，而将负责管理领导医的医官称为"医工长"。

医生按照技术高低又有不同的称谓，如医术不佳者称为"庸工""庸医""下医""愚医""拙医""奸医"等，诊治患者不细心者称为"粗工"，职业道德高尚、医术精湛者称为"上工""良工""国工""神医""圣手""巧医""名医"等。对于一些技术精湛、品质高尚、不求仕进的民间医生称为"隐医"。

南北朝时，开始出现"医生"的称谓，不过并不常用。而且那时的医生与现在医生的含义不同，专指在宫廷行医的人员。

古代医生有在朝、在野之分。在宫廷供职者通常为帝王及其大臣服务，如"侍医"为侍奉宫廷人员的医生，"太医"为太医院有一定官品的医生，"御医"指给皇帝、后宫嫔妃、太子等看病的医生。而在民间为广大劳动人民服务的医生也有一定的称谓，如"游医""江湖医""走方医"，这类医生四方行医，走街串巷，没有固定的行医场所；"草医""草泽医"大多有一技之长，是没有正规系统的行医者；"串医""铃医"，指手摇串铃，身背药袋，游在民间治病的医者。

古代也有以官职称呼医生的情况，如"大夫""郎中"。先秦时，天子和诸侯皆设大夫，分为上大夫、中大夫、下大夫三级。秦汉以来，有御史大夫、谏大夫、光禄大夫等名。到了宋代，设有和安大夫之职，属太医范畴，因此后人把医生称为"大夫"。郎中本是帝王侍从官的通称，职责为护卫、陪从、随时建议。战国时就有郎中一职，秦汉时属郎中令，宋代医署中也设郎中，所以就把"郎中"作为医生的别称。至今北方人仍习惯称医生为"大夫"，南方人仍习惯称医生为"郎中"。

历代文人在为官业儒的同时常常也注重医学的学习和实践，有弃官从医、弃儒从医或亦官亦医、亦儒亦医的。这些人多被称为"先生""儒医"。僧人研习医学者，称为"僧医"。道士为医者，称为"道医"。运用祝祷咒禁等手法并借助药物来治病的人，称为"巫医"。

妇科医生称为"乳医""带下医""医妇""医婆"。儿科医生称"婴医""小儿医"。外科医生称"疡医"。五官科医生称"耳目鼻医"。

对于盲人当医生者，称为"瞽医"；对受过刑的医生称为"黥医"。

此外，医生还有许多特殊的代称、美称和尊称等。如《黄帝内经》是中医学的经典著作，以黄帝、岐伯的相互问答来叙述医理，后人便把高明的医生称为"岐黄"。

古代量药用具为刀圭，所以又称医生为"刀圭家"。兰台为汉代宫廷藏书之处，《素问》称黄帝将岐伯之言藏于"灵兰之室"，于是就把"兰台"作为医生的代称。

又如神医扁鹊为卢国人，后世便以"卢扁"称呼医技高明的医生。东汉的壶翁是民间医生，因在社会上悬壶治病，后世便以"悬壶"称呼行医，以"壶公"称呼名医。三国时，董奉居于江西庐山，隐世为医，治病从不收钱，只让病人栽一棵杏树，久而久之形成了杏林。人们便用"杏林"比喻医界，将"杏林翁"作为医生的代称。

可以看到，医生的不同称谓，反映了不同时期和不同阶层对医生的态度及认识，也反映出医生在不同时期的地位和起的作用。

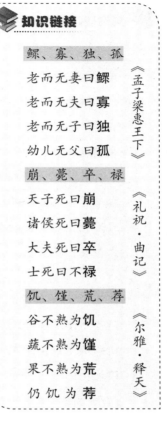

知识链接

鳏、寡、独、孤

老而无妻曰**鳏**
老而无夫曰**寡**
老而无子曰**独**
幼儿无父曰**孤**

《孟子梁惠王下》

崩、薨、卒、禄

天子死曰**崩**
诸侯死曰**薨**
大夫死曰**卒**
士死曰**不禄**

《礼祝·曲记》

饥、馑、荒、荐

谷不熟为**饥**
蔬不熟为**馑**
果不熟为**荒**
仍饥为**荐**

《尔雅·释天》

知识链接

"五花八门"指什么

现在用"五花八门"比喻花样多而杂或变幻莫测，但在古代"五花八门"则指的是从事某种特殊行业的人。

五花：

金菊花：卖花的女人。

木棉花：上街为人治病的郎中。

水仙花：酒楼上的歌女。

火辣花：玩杂耍的人。

土牛花：挑夫。

八门：

门中：算命占卦的人。

门皮：卖草药的人。

门彩：变戏法的人。

门挂：江湖卖艺的人。

门平：说书弹唱的人。

门团：街头卖唱的人。

门调：搭篷扎纸的人。

门聊：高台唱戏的人。

二、老师

从古至今，人们对老师都十分尊重，并在不同的历史时期给老师取了许多别名。最早的老师产生在原始社会末期处于萌芽状态的学校里，负责传道授业的学官被称为"司徒""典乐""秩宗"。

进入奴隶社会以后，官办学校开始出现，对老师的称谓也随之产生，如"师氏""父师""少师"。其中"师氏"是国学中的老师，"父师"和"少师"是乡学中的老师。

等到春秋时期孔子创办私学时，对老师又有了其他一些称谓，比如"塾师""书师""馆师""馆宾""门客""学究""村夫子"等。这些称呼分别代表不同的身份，如"门客"指家塾的老师，"学究"指私塾的老师，"村夫子"指乡村塾中的老师。

从战国时期一直到唐宋时期，人们都尊敬老师，看重老师的教诲，因此老师的地位很高。人们对老师又有了一些新的尊称，诸如：

先生：最早指年长而有学问的人，后来成为对老师的敬称。

讲席：本义是高僧、儒师讲经讲学时所用的席位，后来用来尊称师长、学者。

夫子：本来是对男子和长者的一种尊称，自孔门弟子尊称孔子为"夫子"后，成为老师的专称。

西席：古人席地而坐，以居西而面东为尊，因此将老师称为"西席"。

函丈：本来是指讲学者和听讲者的席位相隔一丈，后来用于指称学者或老师。

师范：老师一般具有渊博的知识和崇高的品德，在言谈举止方面为学生树立了榜样，因而"师范"成了老师的代称。这一称呼至今仍在沿用。

绛帐：东汉时期著名的学者马融讲课时常坐在高堂上，身边放下红色的帷帐，前授门徒，后列女乐。后世由此将"绛帐"作为对师长的一种敬称。

经师：汉代时指儒学学官，后来成为传授儒学经典的老师的泛称。

山长：五代时蒋维东居于衡山，以讲学为业，被学生尊称为"山长"。

除了上述称呼外，老师还有一些别称，如"尊师""师儒""世儒""耆艾""老夫子"等。

知识链接

古代教室叫什么

　　教室古称讲堂，是儒师向学生讲学的地方。讲堂也有不同的称谓。相传孔子曾在杏树下设坛讲学，后世由此称讲堂为"杏坛"。讲堂还有一个有趣的别名，叫"鳣堂"。这个称谓的由来与东汉的杨震有关：杨震长年客居在湖城，坚决不出仕。有一次，冠雀衔着三条鳣鱼飞集讲堂前，主讲老师拿着鱼说："蛇鳣是卿大夫衣饰的象征，三代表着三台。先生今后要高升了。"后世因此称讲堂为"鳣堂"。

三、学生

　　学生泛指在学校或其他学习的地方接受教育的人。历史上对学生的称谓非常丰富，最早出现的称呼是"学子"。《诗经·郑风·子衿》中有"青青子衿"一句。《毛传》解释说："青衿，青领也，学子之所服。"可见，"学子"是春秋时代对学生的一种称呼。这个别称在后世依然沿用。

　　春秋后期出现了"学生"的另一个代称——"弟子"。《论语》中就常以"弟子"指称"学生"，如《雍也》篇提到，鲁哀公问孔子："你的弟子中谁最好学？"也称学生为"门弟子"，如《论语·泰伯》写道："曾子有疾，召门弟子。"

　　"桃李"是今天广为人知的对学生的一种称谓，也产生于春秋时代。魏国大臣子质创办了一个学馆，学馆里栽种着一棵桃树和一棵李树。所有来上学的学生都要跪在树的下面拜师，子质指着树上的果实对学生们说："你们要发奋学习，像这两棵树一样开花结果。只有掌握了足够丰富的知识，才能为国家效力。"后来，这些学生都成为国之栋梁，他们感念子质的教诲，便在自己的住处种上桃树和李树。子质周游列国时，遇见了在各国做官的学生，并看见了他们栽种的桃李树，不胜感慨，自豪地说："我的学生真是桃李满天下呀！全都那么有成就！"自此，"桃李"就成了"学生"的代称，学生多就称为"桃李满天下"。

到了战国，用"学士"作为学生的代称，如《仪礼·丧服》中写道："大夫及学士则尊祖矣。"

汉代时，出现了"学徒""生徒""诸生"等称呼，都是"学生"的代称。如史书记载，经学大师郑玄游学十多年后回家，因为家贫，只好去东莱（今山东省龙口市）为别人佣耕，追随他的学徒成百上千人，这里的"学徒"即指学生。"诸生"等称谓直到唐代仍在沿用，如韩愈的《进学解》中说："晨入太学，招诸生立馆下。"唐代又称"学生"为"生员"，具体是指国学及州、县学在学学生。

北宋时，称"学生"为"徒弟"，此外还有"门徒""门生""侍生""从学""儒生""艺徒""书生""晚生"等别称。这些称号也多在明清时期使用，而"徒弟"的说法直到现在依然存在。

明清时期，在科举制度中将考秀才的学生称为"童生""儒童""文童"，将府、州、县学的生员称为"秀才""秀士"。

到了近代，随着科举制度的废除，出现了新式学校，开始实行班级授课制，明清以来的"童生"等称呼逐渐被淘汰，换成了"学生"。

综上可见，"学生"的称谓曾经历了一个漫长而复杂的历史演变过程。

 知识链接

何谓"高足"

"高足"是一种尊称，用来称呼别人的门生。"高足"的本义是骏马。汉代时驿站里备有三等马，分别是高足、中足、下足，其中高足指上等快马。后来，"高足"引申为"高才"之意。《世说新语》中就有关于"高足"的描述：郑玄拜马融为师，三年没有见到马融，只是由马融的高足弟子传授知识。这里的高足弟子指的就是才能超群、成绩优异的弟子。此后,"高足"又由"高才"之意演变为指别人的高才门生,再后来演变为别人门生的代称。

四、厨师

在我国,厨师的职业很早就产生了。据说厨师的历史可以追溯到新石器时代晚期,那时候在氏族部落中就有为首领服务的专职厨师。《楚辞·天问》中写道:"彭铿斟雉,帝何飨?"彭铿即彭祖,相传他是尧帝的御用厨师,以擅长烹制野鸡羹而闻名。此后,又相继出现了在有虞氏部落做过"庖正"的少康,因"鹄羹"获得商汤赏识的伊尹等,他们在发迹之前主要以烹饪作为谋生手段。

周代时,周王室重视饮馔,餐饮行业获得了一定的发展,因此对厨者的称谓也逐渐增多。据《礼记》《周记》等文献记载,宫廷内部与饮食、烹饪事务相关的职称就有十多个,包括"膳夫""食医""庖正""内饔""外饔""烹人""鳖人""腊人""酒人""浆人""醢人"等;而在民间,则有"庖丁""庖子""宰夫"等称谓。

秦朝以后,对厨师的称呼更多了,有近百种,如"汤官""供膳""炊妇""中馈""庖隶""庖卒""庖侩""厨役""当厨""着案""厨人""炊子""伙夫""灶头""案头""油头""饭头""菜头""饼师""值锅"等。

知识链接

厨房别称

东厨:厨房一般坐落在堂东,所以得名。顾况诗曰:"萧寺百余僧,东厨正扬烟。"

爨室："爨"是烧火做饭的意思，因称厨房为"爨室"。

庖厨：也叫庖屋。《孟子·梁惠王上》写道："君子之于禽兽也，见其生，不忍见其死；闻其声，不忍食其肉。是以君子远庖厨也。"

灶房：古代厨房用灶生火做饭，故称厨房为"灶房"。

膳房：掌管帝王膳食的厨房，也称"御膳房"。

五、商人

和其他职业的称谓一样，商人的称呼也有尊称、雅称、敬称、美称、贬称、俗称、戏称、泛称、通称、代称、别称等形式。以下只就几个主要的方面谈谈。

尊称是尊敬的称呼。"良贾""良商"指善于做买卖的商人。《老子》曰："良贾深藏若虚。""诚贾"指纯真、诚实的商人。《管子》曰："是故非诚贾不得食于贾。""廉贾"是对不贪图眼前小利而谋长远厚利的商人的称呼。《史记·货殖列传》曰："廉贾归富。"还有的尊称商人为"上客""老客"等。

雅称是文雅中听的称呼。如"榷会"指具有垄断特权的牙商。"估客"是对贩货之商人（行商）的称谓。"豪贾"指大商。"富商大贾"指资财雄厚的商人。"朝奉"是对徽州商人的雅称。

古代轻视商业，连带着也看不起商人，加上有的商人奸猾，因而产生了不少贬称或蔑称。如称二道贩子为"倒爷"；称码头上的包工头为"码头霸"；称只贪图眼前利益的商人为"贪贾奸商"；称以非正当手段牟取暴利的商人为"奸商"。宋代时专卖假货的人叫"游手""白日贼"。

商人在四民之中排在最末，社会地位最低，因此有"末民"之称。古人认为商人重财、市侩，故称其"贾侩"。"贾竖"是辱骂商人的话。

商人贾贩多在市集或街道活动，因此还有"市井"之称。《史记·聂政传》写道："政乃市井之人。"

商人的俗称也有许多，最常见的是"买卖人"。旧时陕西人称木商为"木厢"。"贸易"现在是指做生意，但在古代还有另一层意思，是对商人的俗称。《红楼梦》第二回写道："雨村忙看时，此人是都中古董行中贸易，姓冷号子兴的，旧日在都相识。"这里的"贸易"也指商人。

商人的泛称就更多了。如"贾""贾人""商贾""市人""服贾""行商坐贾"等。需要解释一下的是"商贾"和"行商坐贾"。古代无固定店铺，往来于各地贩卖货物的商人才称为"商"，也叫"行商"；有固定营业地址，设店买卖货物的商人则叫"贾"，亦称"坐贾"。除此之外，旧时江湖上也泛称商人为"朝阳生"。

商人根据富裕程度，可分为中小商人、大商人，他们的称谓也是多种多样的。中小商人的称谓有："货郎""小贩""贩子""商贩""行贩""贩客""摊贩""贩夫""贩妇""小商""常卖""业主"等；大商人的称谓有："大贾"、"行主"（旧时商行的负责人）、"纲首"（负责散商纳税的总商）、"纲总"（清代两淮纲运的总商）、"纲商"（明代享有特权的运销纲盐的商人）、"堂商"（清代享有特权的盐商）、"皇商"（直接为朝廷采办官方用品、奢侈品和军需品的特权商人）、"总商"（清政府在官家批准的垄断行业特许商人中指定为首领的殷实商户）、鸿商富贾、富商蓄贾；等等。

商人称谓中还有许多异名同义的称谓，如为买卖双方说合交易而收取佣金的中间商人。现在把中间商称为经纪人。经纪人大约起源于汉代。那时候，有人专门说合双方的牲畜买卖，因此把经纪人称为"驵会"或"驵侩"。后来各种行业的买卖中都出现了专业经纪人。从唐朝开始，经纪人被称为"牙""牙人""牙商"等。称作"牙"，是因为一时字误而以讹传讹，乃至约定俗成。此"牙"字本应写作"互"字。古代贸易称作"互市"，商人名为"互郎"，"牙郎"就是由"互郎"讹误而来的。"牙"和

"商"皆是经纪人的称谓，因此复合为"牙商"。清代末期，上海俗称经纪人为"捐客"。捐，本是以肩扛物之意，用作经纪人的指称，含"一手托两家"的意思。四川称经纪人为"行户"。此外，"度市""市牙""居间商""居间人""子钱家"等也是经纪人的别称。

 知识链接

三十六行

旧时用"三十六行"指代各种行业，三十六行分别是：

肉肆行、宫粉行、成衣行、玉石行、球宝行、柴行、麻行、首饰行、丝绸行、纸行、海味行、鲜鱼行、文具行、茶行、竹木行、酒米行、铁器行、顾绣行、针线行、汤店行、药肆行、扎作行、陶土行、仵作行、巫行、驿传行、棺木行、皮革行、故旧行、酱料行、网罟行、花纱行、杂耍行、彩兴行、鼓乐行、花果行。

六、律师

律师的职业在我国出现甚早，其历史可以追溯到春秋时期。据《吕氏春秋》记载，春秋时郑国有个叫邓析的人，口才特别好，专门帮人打官司。每打一场官司，他就收一套衣服，或是短衣裤，或是长衫。他在执法人员面前辩护的时候，能把无罪说成有罪，把有罪说成无罪，使执法人员难以定案。郑国的执政者认为他的这种行为会导致郑国"是非无度"，于是就把邓析杀了，如此郑国"是非乃定，法律乃行"。

后世的法律依然严格禁止人们从事邓析那样的业务，把这一行当称为"讼师"，也叫"讼徒"。虽然受到立法的禁止，但民间进行诉讼时还是需要有人帮助，因此依然有人从事这一行业。有的地方也称为状师。后来，由于讼师多为统治阶级服务，勾结官吏，包揽诉讼，所以被蔑称为"讼棍"。到了近代，才把讼师称为"律师"。1879 年，薛福成撰成《筹洋刍议》，较早地采用"律师"一词，建议聘请外国律师，"参用中西律例"，来同列强推论废除领事裁判权之问题。此后，"律师"的称谓流传开来。

七、歌手

现今把善于唱歌、以唱歌为职业的人员称为"歌手"。但在古代，并无"歌手"之说，人们提到歌手时，往往以"歌儿""歌者"等加以称呼。

较早的对歌手的称谓当数"韩娥""郢人"。这两个称谓源于春秋战国时期。韩娥本是春秋早期韩国一名善歌的女子，一次经过齐国，因无钱买食，便以卖唱度日。其歌声美妙动人，仿佛余音绕梁三日。后来便以"韩娥"作为歌手的代称。"郢人"的由来与楚人有关。宋玉《对楚王问》写道：有人在楚国京城郢唱歌，始唱《下里巴人》，和者数千，后唱《阳春白雪》，和者只有数十人。后来人们就用"郢人"称善歌之人。

唐代时称女歌手为"商女"，如杜牧的七绝《泊秦淮》写道："烟笼寒水月笼沙，夜泊秦淮近酒家。商女不知亡国恨，隔江犹唱《后庭花》。"歌女何以称"商女"呢？原来，唐代歌伎、女伶通称"秋娘"，也叫作"秋女"。在古代，"秋"对应五音中的"商"，商音凄厉，与秋天肃杀之气相配，因此把"秋女"称为"商女"。

"念奴""小怜"也是歌手的别称。念奴是唐玄宗时著名歌女，小怜是北齐后主冯淑妃的名字，善弹琵琶，工歌舞。因二人善歌，遂用作歌手的泛称。此外，歌手还有"妙音""顶老""油木梳"等称谓。

八、演员

戏剧、曲艺等表演人员在今天统称为演员，但在古代，对其各有不同的叫法。

秦汉时，把演员称为"优伶"，也叫"倡优""俳优"。他们以歌唱、舞蹈、说笑、杂耍和滑稽表演为主。其中"优"是动作表演者，"伶"是歌舞表演者，"倡"是操乐器或歌唱者，"俳"是滑稽戏表演者。

南北朝以后，称演员为"散乐人"。"散乐"本是周代民间乐舞，南北朝后，成为"百戏"的同义语，也用来称呼歌舞、百戏等的艺人。《隋书·音乐志下》记载："（北）周时，郑译有宠于宣帝，奏征散乐人，并会于京师。"

到了唐代，演员出现角色分工，一名"参军"，一名"苍鹘"，在台上作滑稽对话或即兴表演，逗引人笑。唐玄宗时喜欢音乐，曾挑选三百多名乐工在皇宫里的"梨园"排练歌舞节目，谓之"皇帝梨园弟子"。后来人们就把乐工称为"梨园弟子"，到了明清时期演变为对所有演员的称谓，直到今天仍在沿用这个称呼。宋代的时候，把走乡串寨、流动演出的演员称为"路歧人"。

古时候，演员的地位十分低下，被蔑称为"戏子"。直到进入现代社会以后，广大艺人的称呼都改为演员了。

九、农民

我国古代向来重农轻商，把农业视为社会发展的根本，农民作为农业生产者，其地位的重要性不言而喻。因此历代以来，围绕农民产生了诸多称谓。

因为农业是社会发展的根本，所以将长期从事农业活动的农民称为"重民"。

农民最常见的称呼是"农夫"。如"扶犁陌上农夫唱，节令催耕布谷歌"。"农夫"虽是旧称，但今天依然沿用。此外，"庄家汉""农家子"也是农民的称谓。

种植农作物的土地叫"田"，农夫作为种田者，有相当一部分别称是与"田"有关的。一般的农民称为"田人""田者""田夫""田公""田农""田家"。依附于地主的农民，叫作"田子""田丁""田客""田佃""地客"。年轻的农民被唤作"田家子""田舍郎""田舍子"。而"田叟""田父""田舍公""田家翁"都指老年农民。至于"田舍奴""田舍汉"等则是对农民的贬称，含有浓重的轻视之意。农民又是田地的耕作者，打理土地，收获庄稼，因此又有"耕夫""耕人""谷人""穑夫"等称呼。旧时农民多穿草鞋，草鞋称"芒"，所以又把"芒郎"作为农民的别称。

如果农民的生产条件较好，获得的收益较多，则称其为"上农"或"上农夫"。《孟子·万章下》中记载："上农夫者食九人。"意思是说一个上农夫可以养活九个人。

 知识链接

农田的称谓

"农田"之称自古有之，如《礼记·王制》："制：农田百亩。"大意为制度规定了一个农夫可以拥有百亩农田。此外，农田还有一些其他叫法。

古代耕地一般向南开垦，以利于农作物生长，因此泛称农田为"南亩"。耕地多培成一行一行的土埂（即"垄"），在上面种庄稼，于是农田又有"垄亩"之称，也叫作"陇亩"。种植桑树和农作物的土地则称为"桑田"。

十、服务员

古时候把饭店、酒店或旅店里的服务员称为"店小二"。那么，这个称呼是怎么来的呢？在古代，底层老百姓通常是没有名字的，只有上学读书才有学名，做官以后才有官名。而事实上，普通百姓绝大多数是没有经济能力获得上学做官的机会的，因此他们的名字基本上是用行辈或者父母年龄合算一个数目作为称呼。比如明代大将汤和的曾祖叫"五一"，爷爷叫"六一"，父亲叫"七一"。古代酒店、饭店或旅店里的服务人员，显然是普通百姓，因此人们也要给他们取一个数目符号作为称谓。店主人理所当然是"店老大"，店里的服务员自然就是"店小二"了。

此外，"伙计""跑堂"也是对酒饭馆中服务员的别称。在古代南方地区，人们还习惯称男服务员为"堂倌"。有则顺口溜表达了对"堂倌"的同情："为官不管民，日行千里不出门。白天腰缠万贯，晚上身无分文。"可以说是对他们日常生活最真实的写照。

第 二 章

官制、兵制、科举制称谓

第一节　官职称谓

古代官职名目繁多，实在难以一一介绍其称谓。这里仅择其要者而述之。

一、官职任命

古代任命官员有专门的称谓，主要包括以下几种。

辟：由中央官署征聘，然后向上荐举，任以官职。《后汉书·张衡传》记载："举孝廉，不行，连辟公府，不就。"

征：由中央政府征聘社会名人为官。常与"召""辟"连用。《后汉书·张衡传》记载："征拜郎中。"

除、授：授予官职。李密《陈情表》中写道："寻蒙国恩，除臣洗马。"

拜：按一定礼仪和手续授予官职，一般指初任命官。《史记·淮阴侯列传》载："至拜大将，乃信也，一军皆惊。"

察：考察后予以推荐、选举。《陈情表》载："察臣孝廉。"

荐、举：由地方政府向朝廷推荐品行端正者为官。《左传·襄公三年》载："举其偏，不为党。"

选：通过推荐或科举选拔授以官职。《史记·李将军列传》载："李陵既壮，选为建章监，监诸骑。"

起：重新起用，授以官职。《战国策》载："起樗里子于国。"

复：恢复原职务。《后汉书·张衡传》载："顺帝初，再转，复为太史令。"

知识链接

丁 忧

在古代，父母死后，在官者必须离职，守丧三年，称为"丁忧"，也叫"丁艰"。丁忧制度起源于汉代，在东汉末年丁忧去官已经很盛行。此后历代皆有规定，且品官丁忧，匿而不报者将受惩处。居丧期满三年称为"服阕"，这时才可继续做官。当然也有例外情况，不许在职官员丁忧守制者，称为"夺情"；守制未满而受诏应职者，称为"起复"。

二、官职变化

官职变化大致包括改任、补任、升迁、降职四种情况，具体的称谓有：

改：改任官职。《宋史·范仲淹传》载："改集庆军节度推官，始还姓，更其名。"

调、徙、转：一般指调动官职。《史记·淮阴侯列传》载："徙齐王信为楚王。"

迁：调动改派。范仲淹《岳阳楼记》写道："迁客骚人，多会于此。"通常来说，"迁调""转迁"表示调职；"右迁""迁除"表示升职；"左迁""迁谪"表示降职。"累迁"意为多次调动，"超迁"意为越级升迁。

放：朝中官员调任外地。梁启超《谭嗣同》写道："既而胡即放宁夏知府。"

补：补任空缺官职。《汉书·王尊传》载："太守察王尊廉，补辽西盐官长。"

荫补：靠先辈荫庇补官。《新唐书·李德裕传》中写道："以荫补校书郎。"

升、晋、进、擢、陟：提升官职。"超擢"指破格提拔。《南史·何远传》中写道："武帝闻其能，擢为宣城太守。"

加：在原有职位之外兼领其他官职。《宋史·辛弃疾传》中写道："平剧盗赖文政有功，加秘阁修撰。"

拔：提升没有官职的人。《陈情表》载："过蒙拔擢，宠命优渥。"

贬：降低官职。《旧唐书·刘禹锡传》载："贬连州刺史。"

谪：把高级官员降职到边远地区为官。《岳阳楼记》写道："滕子京谪守巴陵郡。"

出：离开京城到外地做官，指贬官。《后汉书·张衡传》载："永和初，出为河间相。"

窜：放逐、贬官。《进学解》载："暂为御史，遂窜南夷。"

左除、左降、左转：降职。白居易《舟中雨夜》诗曰："船中有病客，左降向江州。"

免：削职为民。《史记·吕后本纪》载："王陵遂病免归。"

黜：革除官职。《旧唐书·职官志》载："迁拜旌赏以劝善，诛伐黜免以惩恶。"

夺：削去，罢免。《书博鸡者事》载："使者遂逮守，胁服夺其官。"

古代官员休假叫什么

　　古代官员假期最早叫"休沐"，即休息和沐浴。西汉时确立了休假制度。《汉律》记载："吏员五日一休沐。"到了唐代，休假制度改为十日一休，就是在每月上、中、下旬的最后一天休息，即"旬假"。此外，每年清明和冬至也放一到三天假，让官员回家祭祖，称为"至日"。宋朝沿用"旬假"制度，并规定元旦、寒食、冬至各放七天假，春节、上元、中元各放三天假，端午、重阳、立春、立夏、立秋、立冬等各放一天假，夏至和腊日各放三天假，诸大祀皆放一天假。明朝月假三天，加上各个节日放假，每年休假五十多天。清朝前期大体沿袭明朝，清末效仿西方将星期天定为公休日。

三、辞官

古人称做官为"仕"，所谓"学而优则仕"。类似的"仕宦""仕进""入仕"也是任官职的意思。那么古人如何称呼辞官呢？常见的称谓有以下几种。

告老：官员年老时辞去职务。《左传·襄公七年》载："冬十月，晋韩献子告老。"

请老：官吏请求退休养老。《左传·襄公三年》载："祁奚请老，晋侯问嗣焉。"

解官：辞官卸任。《宋史·包拯传》载："得监和州税，父母又不欲行，拯即解官归养。"

致仕：与"入仕"相对，指交还官职，即退休。《新唐书·白居易传》载："以刑部尚书致仕。"

致政：将执政的权柄归还君主，意同"致仕"。

乞身：古代认为官吏做官是委身事君，故称请求辞职为"乞身"。《东观汉记·张况传》载："时年八十，不任兵马，上疏乞身。"

乞骸骨：古代官吏请求退职的常见说法，意思是使骸骨归葬故乡。《后汉书·张衡传》载："视事三年，上书乞骸骨，征拜尚书。"

移病、谢病：托病引退，是古时官员请求退职的委婉语。《战国策·秦策》载："应候因谢病，请归相印。"

挂冠：据《后汉书·逢萌传》记载，王莽执政，逢萌脱冠挂于城门，辞官而去，故有此称。

挂朝衣：据《南史·陶弘景传》记载，陶弘景曾挂朝衣于神武门，上表辞官，故称"挂朝衣"。

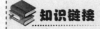 知识链接

官位的代称——乌纱帽

"乌纱帽"是南朝宋明帝时创制的用黑纱抽边的半透明帽子，形状不固定，有的卷成荷叶形，有的如同高高的屋宇，有的伸出两个黑纱耳朵。当时无论官民皆可戴用。明朝以后，乌纱帽成为官员专用的帽子，并逐渐变为现职官员的代称。于是人们就用"戴乌纱帽"指代做官，用"丢掉乌纱帽"指代削官为民。

四、三公

古人做官将位列"三公"作为最高目标，"三公"指的是哪"三公"呢？历代的三公之说，有不同的称谓。

周代"三公"有两说：西汉今文经学家根据《尚书》《礼记》等文献，认为"司马""司徒""司空"为三公；古文经学家则依据《周礼》认为三公是指"太傅""太师""太保"。

秦代不设三公。西汉武帝时以"丞相""太尉""御史大夫"合称三公。其中丞相的权力最大。汉昭帝时，大司马的权力渐大，开始凌驾于丞相之上。汉成帝时，改御史大夫为大司空，又将大司马、大司空的禄位提高到与丞相相等，由此确立了"大司马""大司空""丞相"鼎足而立的三公制。

东汉初年沿袭旧制，仍设三公，改"大司马"为"太尉"，改"大司徒""大司空"分别为"司徒""司空"，他们是共同负责国家军政事务的最高长官。三公之中，仍以"太尉"居首位。三公各自开府置官属，三公府时称"三府"。

汉光武帝时，三公的权力开始削弱，逐渐归尚书台，不过三公的名位仍在。到了汉和帝、汉安帝时期，外戚、宦官交相专权，外戚窦宪、梁冀等曾被拜为大将军，官位在三公之上，三公开始有名无实。到了东汉末年，曹操操纵朝政，废黜三公名号，设丞相、御史大夫职位，并自任为丞相。至此，两汉时期实行了两百年之久的三公制宣告终止。

三国曹魏时期，又恢复了三公之制。魏晋南北朝时期，三公依然是朝中最高等级官员，且开府置僚佐，但实际权力却向尚书机构转移。到了隋代，三公完全变为虚衔或优崇之位。唐宋仍沿用此称呼，但其虚衔性质不变。明清时期，以"太师""太傅""太保"为三公，只用作大臣的最高荣衔。

知识链接

宰　相

"宰相"是我国历史上一个职官称号，是君王之下最高的行政长官。"宰"指主持，"相"指辅助。"宰相"早期叫作"相"。如春秋时期，管仲就曾任齐国相。战国时，秦武王任命樗里疾、甘茂为左、右丞相，"丞相"之名由此而始。秦始皇时，认为有必要组织一套官僚机构，并借助宰辅大臣辅佐政务，"宰相"一称应运而生。此后，随着朝代的更迭，宰相的正式官名也发生着变化，先后出现过"相国""大司徒""中书令""尚书令""参政知事""内阁大学士""军机大臣"等几十种称谓。

五、九卿

九卿是我国古代中央政府机构和官员的合称。

"卿"为官名。周朝时就设有九卿，包括少师、少傅、少保、冢宰、司徒、宗伯、司马、司寇、司空，其中前三卿专门辅佐周天子，后六卿分管政治事务，相当于后来的吏、户、礼、兵、刑、工六部尚书。

战国时期，通常以中央政务机关之首长为卿。

秦始皇统一中国后，实行三公九卿制，以奉常、郎中令、卫尉、太仆、廷尉、典客、宗正、治粟内史、少府为九卿，依次主管礼仪祭祀、宫外警卫、宫内警卫、车马、刑狱、内外客使、皇族谱籍、盐铁钱谷、皇帝财产。九卿之中，奉常居首。

汉代沿袭秦制，但将奉常改为太常，郎中令改为光禄勋，典客改为大鸿胪，治粟内史改为大司农。

魏晋南北朝承继汉制，梁时增设太府、大匠、太舟三卿，合为十二卿，但依然以旧九卿为骨干。

隋、唐、宋诸代，亦设九卿，但此时六部执行政务，九卿只是中央办事机构的长官，要受六部指导。

明代时有大九卿、小九卿之别，一般以六部尚书、都察院都御史、通政司使、大理寺卿为大九卿，以太常、光禄、太仆、鸿胪、苑马、尚宝六机关首长和詹事府詹事、翰林院学士、国子监祭酒为小九卿。

到了清代沿用明制，也设大、小九卿，但从大九卿中移出六部，而且除了明确指出都察院、大理寺、通政司属于九卿外，并未规定其余所指。小九卿则包括宗人、太常、太仆、光禄、鸿胪五机关首长、詹事府詹事、国子监祭酒，左右春坊庶子、顺天府尹。

六、三省六部

三省六部制是我国古代封建社会一套组织严密的中央官制，由隋文帝确立，唐太宗完善。它是唐宋时期的中央最高行政机构。

所谓"三省"，指的是中书省、门下省和尚书省。尚书省形成于东汉，中书省和门下省则形成于三国。

"三省"各有其职能。中书省主要负责与皇帝讨论法案的起草，草拟皇帝诏令。门下省负责审查诏令内容，如认为不当，可封，可以加以驳正，并根据情况退回给中书省。这两个部门是决策机构，通过审查的法令交由尚书省颁布执行。三省互相牵制，彼此制约，共同向皇帝负责。其长官分别称为"中书令""侍中""尚书令"，相当于秦汉时期的丞相。

"六部"指的是尚书省下属的吏部、户部、礼部、兵部、刑部、工部六个部门。长官皆称为"尚书"，总管本部政务。副职为"侍郎"。下设"郎中"，副职称"员外郎"。下属官员有主事等。六部有明确的分工。吏部掌管全国文职官吏的挑选、考查、任免、升降、调动、封勋等事务，大致相当于现代人事部的职能；户部掌管户籍、财政，大体相当于现代的农业部、财政部；礼部主管贡举、祭祀、典礼，同时管理全国学校事务、科举考试及藩属和外交事务，类似于现代的教育部和外交部礼宾司；兵部负责选用武官及兵籍、军械、军令等，相当于现代的国防部；刑部主管司法、审计事务，会同九卿审理"监候"的死刑案件以及直接审理京畿地区以上的案件，大体相当于现代的司法部；工部主管工程建设，掌管各项工程、工匠、屯田、水利等，大体相当于现代的水利部和建设部。

"三省六部"的设置削弱了相权，提高了行政效率，是封建社会官制的重大变革。

七、尚书

尚书也称"掌书"，始置于战国，"尚"是执掌的意思。

秦代时，尚书是九卿之一的少府的属官，主管政务文书，地位相当低下。

到了西汉，汉武帝设尚书五人，开始分曹治事。汉成帝亦设尚书之位，群臣奏章都要经过尚书上报皇帝，尚书地位虽然不高，但是权力却很大。东汉时，尚书正式成为辅助皇帝处理政务的官员。此后三公权力大大削弱。

魏晋以后，尚书所管事务越来越繁杂。隋朝时设立尚书省，分为六部；唐朝明确规定六部为吏、户、礼、兵、刑、工，并以左、右仆射分管六部。宋代以后，三省分立之制逐渐成空名，行政管理皆归尚书一省。

到了元朝，罢尚书省、门下省，只存中书省，尚书省各官隶属中书省。明代初年仍沿元制，后来罢中书省，直接以六部尚书分管政务，六部尚书相当于国务大臣。清代继续沿袭明制，晚清时改革官制，合并六部，改"尚书"为"大臣"。

 **知识链接**

二不尚书

明代的范景公，历任兵部侍郎、工部尚书、内阁大学士等职。他清正廉明，不以权谋私，凡有亲朋好友求情，一概拒绝，并在衙门上贴出"不受嘱，不受馈"六字，表明清廉之心，被誉为"二不尚书"。

八、翰林

"翰林"是唐朝时开始设置的官名，源于唐玄宗时期。

唐玄宗在位时，从文学侍从中选拔优秀人才，任命为"翰林学士"，执掌皇帝直接颁发的极端机密的文件，如任免宰相、宣布讨伐令等。由于翰林学士参与机要，权力较大，时人称之为"内相"。首席翰林学士称"承旨"。北宋时，翰林学士开始成为专职。到了明代，翰林学士成为翰林院的最高长官，负责文翰，并备皇帝咨询，权力之大已不下于丞相。

清代承继明制，设置翰林院，主管编修史书，记载皇帝言行的起居注，进讲经史，草拟有关典礼的文件。其长官为掌院学士，由大臣充任，属官有"侍读学士""侍讲学士""侍读""侍讲""修撰""编修""检讨""庶吉士"等，统称为翰林。由于翰林院主修国史，因此也称翰林为"太史"。

九、中堂

清代时，人们把内阁大学士称为"中堂"。这个称呼是怎么来的呢？

在清朝官制中，内阁大学士的品级其实相当于丞相，但是其只有虚名，并无实权。为了满足大学士对权力的要求，皇帝往往让他们管一个部。清朝的京官，一般设置两名，一名为满人，另一名为汉人。各部长官在部处理公务时，就座时分东西两面坐，中间为空位。如有管部大学士在场，则让他坐在中间，两边由满、汉尚书陪坐，满汉四侍郎在下面两旁坐，因此把大学士称作中堂。后来，中堂成为一种尊称，凡大学士、协办大学士，不管是否管部，均被称为中堂大人。

十、知府

在我国古代诸多封建王朝中，都设有"知府"这一职位。"知府"是由"知"和"府"两词结合而来。府作为一级地方行政单位，其演变经历了一个比较漫长的过程。魏晋时，州刺史同时担任将军的职位。州刺史属于文职，将军属于武职。州有州的衙门和幕僚，将军也有将军的衙门和幕僚。将军的衙门，就是"府"。到了唐朝，中央政府在首都、陪都和皇帝登基前任职的州设置府，如京兆府、太原府、河南府等。府的长官，皆称"府尹"。宋朝时，府的设置渐渐增多，在行政区划上隶属于路（介于中央与州之间）。明清时期，省、县之间的一级行政单位叫作"府"。"府"有三等：纳粮二十万石以上为"上府"、二十万石以下为"中府"，十万石以下为"下府"。除了首都、陪都所在地的府长官依旧称为府尹外，一般的府长官均称为"知府"，"知"就是主持某府事的意思。

知府的下面设"同知""通判"等属官，辅助知府处理公务，分别负责粮税、盐税、水利、江海防务等。

知识链接

一钱太守

汉代时称郡的最高行政长官为"太守"。隋唐后的刺史、知府、知州也别称为太守。关于太守，历史上有不少典故，比如"一钱太守"。东汉时，刘宠任会稽太守，清正廉明，后迁升为大臣。离任之际，有五六位老人分别赠百钱为他送行。刘宠婉言相拒，最终因盛情难却，只收了每人一钱，因此人们称他为"一钱太守"。

十一、知州

在西汉时期，"州"这一名词开始出现。不过，当时的州并不是行政区划。据史书记载，汉武帝为了加强中央集权，实现对地方的有效管理，将全国划分为十三个监察区，称为"州"。每州由中央派遣一名长官，对郡、县的官吏进行监察。这一长官，在当时叫作"刺史"。到了东汉后期，州逐渐演变成一种地方行政区，管辖郡和县，刺史又称为"州牧"，为州的行政长官，拥有行政军事权。隋唐时期将地方分成州、县两级。唐朝仍把州的行政长官称为"刺史"。到了宋代，以朝臣充任各州长官，称作"知州"，知州之下设同知、通判，分掌刑法、财政、治安等事务。明、清两朝，将州划分为"直隶州""散州"两个级别。直隶州直接由省管辖，级别与府相当；散州隶属于府，级别等同于县。这时，州的行政长官依然称为知州。

 知识链接

四知先生

后汉的杨震曾任东莱太守，一日途经昌邑，县令王密因受过杨震举荐，于是怀金十斤前去拜访，并说："夜暮无知声。"杨震厉声答道："天知、地知、我知、你知，怎么能说无知呢？"王密羞愧退出。后来人们就把杨震称为"四知先生"。

十二、总督

总督这一官职称谓出现在明朝，清朝时继续沿用。总督也叫"总制"，是地方军政大员，官居正二品，加尚书衔者为从一品，管辖一省或多省，主要负责军务和粮饷，时设时撤，由朝廷直接封授。除授为尚书例兼都察院右都御史外，各省总督均为兵部右侍郎兼都察院右副都御史。总督的设置有着深刻考量，是为了以文臣钳制武臣，协调各省与各镇之间关系，统一事权，避免出现各省、各镇互不相属或互相推诿的情况发生，从而加强中央对地方的管理和控制。

清朝在总督的基础上加设巡抚，实行督抚制。全国二十三个省，每省设一巡抚，作为省的最高长官，主管全省民政。总督与巡抚互不隶属，都直接受中央管理，听命于皇帝，不同的是，总督管辖多省，侧重于军事，巡抚只管理一省，侧重于民政。当时全国共设八大总督，分别是直隶总督、两江总督、两湖总督、闽浙总督、陕甘总督、四川总督、云贵总督、两广总督。

十三、巡抚

巡抚也称为"抚台"，以"巡行天下，抚军安民"而得名。

巡抚在南北朝时就有设置，在北周的官制中可以看到巡抚之名，不过只是临时差遣的官员。唐朝亦设巡抚。

到了明朝，洪武年间将巡抚设置为固定官职，永乐年间形成巡抚制度。当时巡抚的主要职责是督理税粮、抚治流民、治理河道、整饬边关等。最初，内地巡抚由户部、吏部联合推举，边境地区巡抚由兵部推举，到了嘉靖时期，不再分内地、边境，一律由九卿廷推。此外，还出现了总督巡抚的职位，简称为"督抚"。当时督抚并不是正式的军政长官，但其出抚地方执掌地方的军政大权，节制承宣布政使司、提刑按察使司、都指挥使司三司。

清朝承继明制，依旧在各省设巡抚之职。这时的巡抚属从二品，加兵部侍郎衔，为正二品，是全省最高的行政长官，主管省内民政、司法和监察，并且指挥军事。

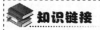知识链接

三汤巡抚

清代工部尚书汤斌，为官清正，安于清贫。他为官三年，两袖清风，一日三餐，多以豆腐汤佐食，所以老百姓送了他一个"三汤巡抚"的美称。

十四、县官

过去，人们将一县的长官称为"县官"。县官之名历代不尽相同。

春秋时期就设有县制。《左传·宣公十一年》载："诸侯、县公皆庆寡人。"可见当时以"县公"作为一县长官的名称。后来也有称为"县尹""县大夫"的，"晋，谓之县大夫；鲁，谓之宰；楚，谓之公、尹"。各国县官的名称殊不统一。到了战国，秦国称县的长官为"大啬夫"。

秦始皇统一中国后，县立为定制，县官统一称为"令""长"。汉袭秦制。《汉书·百官公聊表》载："县令、长皆秦置，掌治其县。"

魏晋南北朝继承秦汉制度，大县的长官叫作"令"，小县的长官叫作"长"。

隋唐时期，不管大县还是小县，县官皆称为"县令"。

宋朝时，常常由皇帝直接委派朝官代本官县令主管一县之政，由于朝官非县令而管县，所以称为"知某县事"，简称"知县"，后来出现的"知县"之名就是由此而来。与宋同时代的金、辽县官仍称县令。

到了元代，县的长官有"知县""县尹""达鲁花赤"之别。知县、县尹由汉人充任，没有实际权力，相当于行政次官。真正掌权的是达鲁花赤，由蒙古人担任，除执掌一县行政外，还负责监视汉官。一县之长有二，为元代所独有。

明清时期，将县的长官称为知县。

县官名称除了以上提到的几种外，还有"大令""大尹""明府"等叫法，习惯上称为县令。

不同社会地位和身份的人对县官的称谓也不尽相同，老百姓普遍尊称其为"大老爷""县太爷""县官大人"；县里的儒童和生员尊称"宗师"；县里的佐贰、首领官、典吏等尊称"堂尊""堂翁"；县籍内退休和冠带闲住的官员称"父台"；隔山上司和顶头上司当面称"贵县"。县官之间也有固定的称谓，隶属同一府或直隶州、厅的各县知县，彼此称"寅翁""寅兄"。县官还有自称，在没有上司在场的公众场合自称"本县""本官"，面对上司则谦称"下官""卑职"。

县官还有"百里"的代称。古时一县之域方百里，因此以"百里"指代县，进而指代治理一县的长官。明清时，县官还被称为"县正堂"，这是因为县官正式办公的场所是衙署的大堂，大堂即正堂，所以把"正堂"作为县官的代称。此外，"正印官"也是县官的别名，古代地方府、州、县官印玺皆为正方形，故有此称。

十五、节度使

"节度使"作为官职名称起源于唐代。唐睿宗景云年间，任命贺拔延嗣为河西节度使，从此出现了节度使的称号。

节度使是地方的最高军政长官，管辖多个州，总揽辖区内的民政、财政和军事，权力极大。唐玄宗时，平卢、范阳、河东三镇节度使安禄山起兵反叛，即历史上有名的"安史之乱"。叛乱平息后，唐政府继续在内地普遍设立节度使。这些节度使往往辖有几州，有的辖十几州，称为"藩镇"。藩镇拥兵自重，割据自立，不受朝廷管束，极大地削弱了中央集权，导致唐朝后期社会动荡不断。

到了五代时期，节度使愈加专横跋扈。宋太祖赵匡胤建立宋朝后，对政治体制进行改革，废除藩镇制度，收回节度使兵权，使之逐渐成为皇亲国戚、将帅大臣等荣誉头衔，没有实权。辽金时期，恢复唐制，仍设节度使。元代时，废除节度使称号，之后明清两代亦不沿用。

第二节　军事称谓

军人、战争、兵器都属于军事的范畴，古代关于军事的称谓也是不少的。

一、军队

殷商时期，我国就有了军队，称为"左师""中师""右师"。西周禁卫军中设有六个师，宿卫军设有八个师，每师两千五百人。春秋时，各诸侯大国都设"三军"。如晋国称中军、上军、下军；楚国称中军、左军、右军；齐国、吴国、鲁国等都设上、中、下三军。那时，每军大约一万二千五百人。三军各设将、佐，以中军将为统帅。战国时，因步兵穿甲胄，故称军队为"带甲"。汉代的中央部队屯卫在都城长安城内北门，所以被称为"北军"，统帅叫"中尉"。汉武帝时设有"南军"和警卫部队"羽林骑"。到了唐代，唐玄宗从关中地区征募十二万士兵，宿卫京师，称为"彍骑"，也叫"长从宿卫"。后期，中央有"羽林""龙武""神策""神威"等十军。宋代的正规军队叫"禁军"。元代的主力部队是"蒙古军"，俘获的宋兵编为"新附军"。明代在都城北京和南京称设五军都督府，指挥两地的各个卫所。清代实行"八旗"兵制，皇太极时，分设蒙古"八旗"和汉军"八旗"。清军入关后，八旗兵分为京营与驻防两类。

二、士兵

士兵在古代的称呼有"士""卒""兵""徒""丘八""苍头""黑衣""老冰""披甲""帐下儿"等。

士:"士"最初是我国古代社会阶层的名称。先秦时期,周天子为天下之主,是最高等级;周天子之下是诸侯,诸侯之下是大夫,大夫之下是士。战国以前,只有士才能参军打仗,一般老百姓不许上战场。因此将"士"作为兵的称呼。

卒:先秦时流行车战,车上的兵叫"甲士",跟在车后行走的兵称为"卒"。后来卒成为兵的泛称。

徒:平民可以参战后,充当步兵,称为"徒"。

兵:最初指兵器,因士和卒执掌兵器,遂引申为兵的称呼。

丘八:"兵"字可拆分为"丘""八",故"丘八"成为兵的戏称。《太平御览》写道:"孔子名丘,'八'以配'丘',此兵字,路必有伏兵。"

苍头:指青巾裹头的士卒,后用为泛称。

黑衣:古代军衣为黑色,故称"黑衣"。

老冰:"老兵","冰"与"兵"谐音。宋代赵葵《行营杂录》载:刘贡父为中书舍人,一日朝会,见两军人玩赏一水晶盂,不知何物做成。刘贡父开玩笑说:"公岂不识?此千年老冰耳。"

帐下儿:兵士居住在帐下,故称为"帐下儿"。

三、将军

上古时期,没有将军一名,掌管军事的官员叫司马。那时军队数量并不多,天子只有六军,诸侯最多不超过三军。每军的统帅叫作"卿"。

到了春秋时期,诸侯征伐不断,为了扩大势力范围,各国不断地增加兵力,因而大国诸侯往往拥有三军以上的兵力,但在编制上只有三军,只能设三卿。于是就把扩充军的统帅称为"将军"，意谓将领一军。后来因为军队数量越来越大，将军也越来越多，就从将军中选拔出"大将军"或"上将军"，来指挥全军。

到了汉代，军队数量更多，单设一位大将管不过来，于是设立"大将军""骠骑将军"，地位次于丞相；设立"车骑将军""卫将军""前后左右将军"，位次上卿。唐代以后，又有"上将军""大将军""将军"之名，或为环卫官，或为武散官（即骠骑大将军）。宋、元、明三代，一般以将军为武散官；殿廷武士也称将军。明清时期，发生战事时才临时设立将军。在清朝，将军还是宗室的爵号，驻防各地的军事长官也可称为将军。

四、战争

战争是为解决政治、经济、领土等矛盾而进行的武装斗争。战争按照性质分为正义之战和不义之战两种，前者符合人民群众和民族根本利益，后者则与人民群众和民族根本利益相悖。

在古籍中，战争有诸多不同的称谓。有的与兵器有关。"兵"本是武器的意思，因作战必须有武器，遂引申为战争的代称。用兵器名称并列构成的双音词，如"干戈""兵甲""兵革""刀兵""锋镝"等，也常用作武器的泛称，并用来借指战争。

有一些战争的别名，来源于古代传递军事警报的方法。西周以来，历代王朝都在边境和通往边境的路上修筑烽火台，派兵士守卫，并在里面储备柴草，一旦发现外敌入侵或叛乱的情况，就一个接一个地点燃烽火，向军队传递警报，通常是白天放烟，夜间举火。由于烽火代表着军事行动的到来，所以"烽火""烽烟""烟火"等就成了战争的代称。此外，古代边防也以鼓鼙报警，于是以"烽鼓"指代战争。

古代多骑马作战，军马称为"戎马"，后用"戎马"借指战争。战场上扬起的尘土称为"烟尘"，古诗文中常把"烟尘"用作战争的代称。

战争给人民带来了巨大的灾祸，故有"战祸""兵灾""兵祸"之称。成语"兵连祸结"，就是指战争不断，灾祸频仍。战争中经常发生焚烧毁坏之事，所以"战火""兵火""兵燹"，皆是战争的代称。

 知识链接

战场的代称

古代称战场为"沙场"。这个称谓的由来与我国古代的战争环境有关。古代战争多在北方戈壁、沙漠一带进行，因此用"沙场"代指战场。此外，因为古代战争多在边界进行，所以又有"疆场""边头"之称。

五、军营

军队驻扎处称为"军营"，也叫"兵营""营盘"。古诗文中常以"细柳"作为军营的代称。关于这个称谓的由来，有一个典故。

汉文帝时，匈奴大举侵入边境。朝廷在长安东、北、西三面各设一个军事据点，来保卫京师的安全。宗正刘礼驻军霸上（在今西安市东），祝兹侯徐厉驻军棘门（在今西安市北），河内郡守周亚夫驻军细柳（在咸阳城西）。有一天，汉文帝亲自去慰劳军队。先到霸上与棘门军营，都是径直驰进。之后来到细柳军营，将士戒备森严，无法随便出入。于是人们就把军纪严明的军营称为"细柳"，也叫"柳营""亚夫营"。

六、剑

剑是一种由金属制成，前端尖、后端有柄，主要用来击刺的古老兵器。古人对剑的称谓不少，主要有以下几种。

三尺：古代剑长三尺左右，刘邦有提"三尺剑"之语，故把"三尺"作为剑的代称。后引申出"三尺铁""三尺水"之名。称"铁"是因为其由铁铸成，称"水"是以水喻其熠熠光芒。

青锋：剑两面有刃，十分锐利，又呈青黑色，故称"青锋"。

长铗、短铗：刀身剑锋长者称"长铗"，即长剑；短者称"短铗"，即短剑。

匕首：短剑。剑头像匕，半圆形，如同饭匙，故称"匕首"。

干将：春秋时期，干将、镆铘夫妇擅长铸剑，曾铸雄雌二剑。后将其所铸雄剑称为"干将"，并泛指宝剑。

棠溪：古代名剑，因战国时代棠溪地方出产利剑而得名。后用作剑的代称。

玉龙：相传晋代的雷焕曾得玉匣，内藏两剑，剑入水后化为飞龙，故名为"玉龙"。

匣龙：相传战国时期有人盗王子乔墓，发现墓中只有一剑，想要取出，剑突然发出龙鸣声，不久化为龙，径飞上天。后来就用"匣龙"指称宝剑。

剐缑（kuǎi gōu）：古人用丝带缠绕剑柄，称为"缑"，贫者用草绳代之，称"剐缑"。后来把"剐缑"作为剑的代称。

夺命龙：五代时军中对剑的隐称。《清异录》载：五代前蜀王建初起兵时，隐语称剑为"夺命龙"。

玉鹿卢：本是古代长剑剑首的玉饰，后用来代称剑。

 知识链接

何谓十八般武艺

在古代小说、戏曲等作品中，称赞某人武艺高强时，常说他"十八般武艺"，样样精通。明人朱国桢《涌幢小品》总结说，十八般武艺为：一弓、二弩、三刀、四枪、五剑、六矛、七盾、八斧、九钺、十戟、十一鞭、十二铜、十三挝、十四殳、十五叉、十六耙头、十七绵绳套索、十八白打。这十八般武艺中，前十七种均是使用兵器进行的刃格斗技艺，最后一种为徒手击技，并不用武器。

七、刀

刀是一种单面长刃的短兵器，古人对其称谓也很丰富，主要有以下几种。

小逡（qūn）巡：五代时对刀的隐称。当时的刀常用于巡营，故名为"小逡巡"。

孟劳：春秋时期鲁国名刀，后泛指宝刀。

吴钩：古代吴地所造的一种弯刀，后作为刀的代称。李贺《南园》诗曰："男儿何不带吴钩，收取关山五十州。"

服刀：随身佩带的刀。

拍髀：佩刀，带时拍髀旁。"髀"是大腿的意思。

青芦叶：喻称闪着寒光的宝刀。卢纶诗曰："黄金鞘里青芦叶，丽若剪成铦且翠。"

透心凉：元杂剧《朱砂担》第一折写道："邦老擎刀子科云：'比我这透心凉，可是如何？'"后以"透心凉"借指刀子。

八、箭

箭是借助弓、弩发射的具有锋刃的远射兵器。先秦时期，箭是重要的军事装备，射箭是武士必须掌握的军事技术，被列为"六艺"之一。在秦汉以后的军事活动中，箭也是不可缺少的武器。

古人对箭的称呼颇多。有的称谓源于箭的特征。白色羽箭称"白羽"。

箭羽染赤者，称"赤羽"。箭射出后一去不返，因而有"忘归"之名。射出的箭在空中飞行，美称"飞客"。五代时军中隐称"飞郎"。

关于箭的称谓，有的与制作材料有关。用木或竹制成的箭叫"矢"；用骨或木做箭头的箭叫"骲"；用綦地出产的竹子制成的箭叫"綦卫"。

箭有无声和有声之别，射出时能发出声音的箭称为"响箭""鸣镝""嚆矢"，其中"鸣镝"是军中放号令的响箭。

箭常用弩发射，称为"弩箭"。以足踏弩发射的箭，称为"蹶张"。

一些箭的代称与人物事迹有关。夏代时，后羿善射，装盛箭的袋叫"服"，因而以"夏服"称箭。战国的更赢射术高超，据说能仰射入云中，所以把箭称为"锁云"。箭还有一个称谓叫"金仆姑"，来源于鲁国的传说故事：相传春秋时期，鲁国有一个人叫仆，失踪几日后突然现身，对邻居们说："我有一个姑姑得道升天，邀我去泰山饮酒，临别时送了我一支箭，并说拥有此箭者，不懂射箭也能百发百中。"他试了一下果真如此，遂以"金仆姑"名之。后来鲁国的良箭都以此命名。

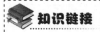

知识链接

弓 的 别 称

曲张：弓弯曲，拉而张，因此别名"曲张"。也有说曲张原是弓神名，后用来代称弓。

乌号：古时一种良弓名，后用作弓的代称。

满尚书：五代时对弓的隐称。

第三节　科举称谓

科举制度是我国古代封建社会主要的选官方式，在我国延续的时间达千年之久。古人对科举参考人员、考试场所、考试形式及内容等都有特定称呼，下面就来详细地了解一下。

一、学校

学校的历史相当久远，在距今五千多年的上古时期就出现了学校的前身。那时，人们刚刚发明文字。有了文字，自然会有专门传授和学习的机构，这样学校便应运而生。最早的学校名叫"成均"。

夏代时，出现了正式以教为主的学校，称为"校"。商代生产力进一步发展，文化日渐进步，科学更加发达，所以学校数量也有所增加，称为"学""瞽宗"。"学"又分成"左学""右学"，前者设于帝京东郊，专为"国老"而立，后者设在帝京西郊，专为"庶老"而创。国庶之界在于贵族与平民。"学"的主要功能是明人伦，"瞽宗"则以教授礼乐为主。

西周是奴隶社会的鼎盛期，学校组织较为完善。当时分为"国学"和"乡学"两种。因地方区域大小不同，又有"塾""庠""序""校"之别。一般来说，塾中成绩优异者，可以升入乡学而学于庠、序、校；庠、序、校中成绩优异者可以升入国学而学于大学。国学是中央直属学校，乡学为地方学校。后来，人们专用塾来称谓私人创办的学校，叫作"私塾"。庠、序则成为乡学的名称。学与校合并，成为教育机构的通称，一直沿用至今。

周代的大学根据创立者的不同而有不同的称谓。天子所设的大学叫作"辟雍"。辟通"璧"，学校周边有水环之，圆而似璧，门前有便桥；雍为水名，学校位于雍水之侧，像教化流行。故而得名"辟雍"，也叫"璧池""璧沼"。诸侯所设的大学称为"泮宫"。"泮"为半月形的水池，学校门前多有"泮"，故名"泮宫"。

《礼记·王制》曰："夏后氏养国老于东序，养庶老于西序……周人养国老于东胶，养庶老于虞痒。"东胶也是周代的大学名，是对贵族子弟进行教育的机构，在王宫之东。与东胶对举，又称大学为"西胶"。

汉魏时期称大学叫"太学"，这是教授王公贵族子弟的学府，就学的生员皆称"太学生""国子生"。

西晋时改"太学"为"国子学"。到了隋代，又改为"国子监"。从此，国子监与太学互称，都是最高学府兼有教育行政机构的职能。

 知识链接

稷下学宫

稷下学宫是战国时期齐国的高等学府，也是世界上第一所由官方举办、私家主持的特殊形式的高等学府。"稷"指齐国都城临淄的一处城门，因学宫地处稷门附近，因此得名。稷下学宫是当时"百家争鸣"的重要园地，儒、法、墨、道、阴阳等各学派都汇集在这里，兴学论战、评论时政、传授生徒。孟子、荀子等大师都曾来此讲学，尤其是荀子，曾三任稷下学宫的祭酒，相当于现在的大学校长。

二、考场

封建时代一般通过考试来选拔官吏，对考场也有不同的称谓。

春闱：古代大考多在春天举行，因称考场为"春闱"。"闱"是"室"的意思。白居易《劝酒》诗曰："春闱未了冬登科。"

贡院：科举考试时会试的场所，即开科取士的地方，也叫"考棚"。"贡"的意思是各地举人来此应试，就像给君主贡奉名产一样。通常来说，每个省都有贡院。

棘围：进士考场一般用荆棘圈起来，防止考生、役吏等作弊，故称考场为"棘围"。黄庭坚诗曰："棘围深锁武成宫，谈天进士雕虚空。"

举子场：参加进士考试的是来自各个地方的举子，所以把进士考场称为"举子场"。

三、及第

古代科举考试应试中选称为"及第"。及第也称"登科"。古代选举人才分科而考，每科按成绩排列等第，称为"科第"，考中者就叫"登科"。唐代以后，用"登科"泛称及第，也叫"登第"。苏辙词曰："好学先乡党，登科复妙年。"

"折桂"是常见的及第的称法。西晋郤诜及第后，举贤良对策，获天下第一，自称"桂林之一枝，昆山之片玉"。"桂林一枝"比喻出类拔萃，居于上乘，后来就用"折桂"比喻科考及第。因传说月中有"桂树""蟾宫"，所以又把"折桂"事与"月桂、蟾宫"联系在一起，将科考中试称为"蟾宫折桂"。

古代有"鲤鱼跳龙门"之说，认为鲤鱼沿黄河而上，跳上龙门者可化身为龙。因科举及第是贫寒学子转换命运的机会，故"跳龙门"成为及第的代称。

唐代新科进士在朝廷赐宴后，前往慈恩寺大雁塔题名以志，故称及第为"雁塔题名"。

"金榜题名"也是科举得中的称谓。古代科举考试殿试之后，朝廷用黄纸书写进士榜，揭晓名次，称为"金榜""皇榜"，故考中进士就称"金榜题名"。

四、落第

古代考试后的成绩是公布在"榜"上的。如果"放榜"之时，榜上无名，则意味着应试不中，称为"落榜"，也叫"落第""下第""不第"。

我们知道及第者美曰"折桂"，那么与之相对，落第就称为"失桂"。

科举不中还有个家喻户晓的称呼，叫"名落孙山"。说到这个称谓，不得不提到一个有趣的小故事。宋代范公偁《过庭录》载：三国时吴人孙山天资聪颖，善以幽默滑稽的语言引人发笑。有一年，他和一位同乡一起去参加科考。同乡没有考中，孙山名列榜末，先回家乡。同乡的父亲向孙山打听儿子的赴试情况，孙山幽默地说："解名尽处是孙山，贤郎更在孙山外。"后来就用"名落孙山"泛指考试不中或选拔没有录取。

"康了"也是落第的别称，不过很少使用。这个称谓源于宋代。当时有个叫柳冕的秀才，性多忌讳，"乐"与"落第"之"落"同音，故讳言之。应举忌"落"字，改"安乐"为"安康"。等到皇榜张贴出来，遣仆人去看，仆人回报说："秀才康了也。"后来人们就根据这个故事，把"康了"作为落第的隐语。

五、童生试

童生试是取得生员（秀才）资格的入学考试，只有通过童生试的预选，才有资格参加正式的科举考试。童生试的应试者不管年龄大小，皆称为"童生"。童生试包括"县试""府试""院试"三个阶段。

县试是童生试的第一阶段。参加考试的学生到本县署礼房报名，填写姓名、籍贯、年岁、三代履历等信息，并以同考五人互结、复请廪生作保。主考官是本县县官，考试日期一般在二月，分四场或五场进行。考试的内容主要是八股文、试帖诗、经论、律赋等。按名次先后录取，获得参加上一级府试资格。

府试是童生试的第二阶段。应试者为县试考试合格的童生，试期一般定在四月。考试录取后方可参加接下来的院试。

院试是童生试的最后一场考试。主持考试者为提督学院，因称"院试"。院试分为"正试"和"复试"两场，揭晓名次称为"出案"，录取者就是生员，可进入府、州、县学学习，俗称"秀才"。至此完成童生试的全部考试。

六、秀才

"秀才"本系优秀人才的通称，初见于汉武帝令诸州岁举秀才一人。东汉因避光武帝刘秀讳，改称"茂才"。三国后复称秀才。唐代初期，成为科举考试重要科目之一，要求最高，试方略策五道。后来渐渐废去，仅作为对一般儒生的泛称。明太祖时采取荐举之法，举秀才数十人，担任知府等职。明清时专用以称府、州、县学的生员。

生员分为"廪生""增生""附生"三等。

廪生：明清时期，凡生员均由国家供给膳食，称为"廪膳生"，简称"廪生"。各省廪生都有固定名额，清代初期规定各学廪生数额为：府学四十名，州学三十名，县学二十名。

增生：廪生后来屡有增广，增广者称为"增广生"，简称"增生"，亦食廪。

附生：清制，廪膳生、增广生皆有固额，未进廪、增者属于附生。儒学文童取进附生的名额亦有限定。清初规定进取童生大府二十名，大州县十五名，小县四至五名。附生考试中位居一等者，可补为廪生。

七、监生

国子监的学生称为"监生"。

"监生"之名始于唐宪宗元和二年（公元807年），当时曾置东都监生一百人。明朝初年，由各省选送品行兼优的生员入国子监读书，举人会试落第者也可入国子监。清代监肄业的有"贡生"（即"贡监"，包括岁贡、因贡、副贡、拔贡、优贡、例贡）、"监生"（恩监、优监、荫监、例监）、"官生"（七品以上官家子弟聪敏好学者）、经提学官考选提拔的廪增附生及满洲勋臣子弟、先贤后裔等。

乾隆以前，对监生考课很严，后渐渐成为虚名，生徒不常在监读书者亦称监生。同治与光绪初年，稍有起色，旋又废弃。到了清朝末年，捐钱就能取得监生资格，捐纳监生泛滥。这类监生大都以之求官，监生之名遂为人所贱视，与昔日状况大不相同。

八、五贡

科举时代，挑选府、州、县生员中成绩或资格优异者，升入京城国子监读书，称为"贡生"。意思是把人才贡献给皇帝。明代有"岁贡""选贡""恩贡""细贡"。清代有"岁贡""恩贡""拔贡""副贡""优贡""例贡"。其中，清代贡生中的岁贡、恩贡、拔贡、副贡和优贡合称为"五贡"。五贡都算正途出身资格。

岁贡：每一年或两三年从各府、州、县学中选送廪生升入国子监肄业，称为"岁贡"。

恩贡：凡遇皇帝登极或其他国家庆典颁布"恩诏"之年，除岁贡外，加选一次，叫作"恩贡"。

拔贡：由学政在府、州、县学廪生中选拔文行兼优者，与督抚汇考核定，贡入京师，称为"拔贡"。拔贡生朝考合格，一等任七品京官，二等任知县，三等任教职；不合格罢归，称为"废贡"。

副贡：在乡试中列于录取名额以外的备取副榜，可直接进入国子监读书，称为"副贡"。

优贡：各省学政三年任满，在府、州、县生员中选拔文行俱优者，会同总督、巡抚进行"三院会试",按定额列名录取优秀者贡入京师国子监,称为"优贡"。

九、乡试、会试、殿试

正式的科举考试分为乡试、会试、殿试三个阶段。

乡试也称"大比",明清时期每三年在各省省城(包括京城)举行一次,因在秋八月举行,所以又叫"秋闱"。主持考试的是朝廷委派的官员,应考者为府、州、县学的生员获得岁科考试及格者。考试分三场进行,每场持续三天,考后发布正、副榜,正榜录取者为本科中试举人,第一名叫"解元"。

会试是聚合各省举人在京城进行的考试,唐宋时就已经存在,至元代皇庆二年始有其名。明清两代,每三年在京师举行一次,应试的是各省的举人和国子监的学生。会试在春天举行,所以被称为"春试""春闱"。由于负责监考的官员由礼部提请派充,故又有"礼闱""礼部试"之称。会试中试者称为"贡士",第一名叫"会元"。

殿试也叫"廷试",是科举制最高级别的考试,由皇帝在殿廷上对会试录取的贡士亲发策问。录取分为三甲:一甲三名,赐进士及第,第一名称为"状元",第二称为"榜眼",第三名称为"探花";二甲若干名,赐进士出身,三甲若干名,赐同进士出身,二、三甲第一名皆称"传胪"。

在乡试、会试、殿试中,如果一个人连续获得第一名,称为"连中三元"或"三元及第"。据统计,在我国古代科举制度实行的一千三百多年中,连中三元的只有十三人。他们是:唐朝的张又新、崔元翰;宋朝的孙何、王曾、宋庠、杨寘、王若叟、冯京;金朝的孟宗献;元朝的王宗哲;明朝的商辂;清朝的钱棨和陈继昌。

 **知识链接**

应试举人为何称"公车"？

　　清代称进京应试举人为"公车"。这是因为举人赴京考试是由公家车马载送的。清朝统治中原后，为了笼络知识分子，规定"举人公车，由布政使给予盘费"，意思是，应试举人的路费由政府的布政使供给。路费有一两到三十两不等。另外规定，云南、贵州、新疆的应试举人，不仅每人发放白银三两，还发给"火牌"，凭牌可供给驿马一匹。就这样，"公车"成了应试举人的代称。

十、举人、进士

　　明清时期，乡试合格者称"举人"，殿试合格者称"进士"。

　　举人，最初指选用人才。东汉开始成为一种身份名称，指郡国守相荐举之人。唐朝科举取士，由地方举送中央参加考试称为"乡贡"，被举送应试者通称为"举人"。明清时期，"举人"成为乡试考中者的专称，中了举人叫"发达""发解"，习惯上俗称"老爷"。作为一种出身资格，举人可以被授予一定的官职。当时举人是县官的主要来源。

　　进士之称源于西周，最早是指可以进授爵禄之士。隋代创始科举制，隋炀帝将进士作为科举考试的科目。唐代沿之，称应举者为进士，考中者为成进士，凡参加礼部考试的皆称进士。金代考试合格者称为进士。元代进士科分为两等，一等赐进士及第，二等赐进士出身。明清两代，凡是举人经过会试考中者称为"贡士"，由贡士经过殿试录取者称为"进士"。

十一、状元、榜眼、探花

状元也叫"殿元""殿魁""廷魁"。状元的称号是从唐代开始的。武则天时，试贡举之士立于殿前，门下省长官奏状，名次最高者置于最前，因称"状头"，也叫"状元"。北宋初殿试第一名称"榜首"。从南宋起，始以状元为殿试第一名的专称。

状元还有"龙首""魁甲""鼎元""殿撰"等别称。古代称进士登科为"登龙门"，状元为进士第一名，因有"龙首"之名。明清殿试后分三甲发榜，一甲三名，状元居其首，故称"魁甲"；一甲三人如鼎之三足，统称"鼎甲"，状元居"鼎甲"之首，所以被称为"鼎元"。明清两代，科举考试中殿试第一名授翰林院修撰，故称状元为"殿撰"。

榜眼之名始于北宋初年，当时殿试第二名、第三名都叫榜眼，意思是指榜中双眼。南宋开始把榜眼作为殿试第二名的专称，明清沿之，并授榜眼为翰林院编修。

探花的名号源自唐代的探花使。唐制，进士发榜后，新科进士要在杏园初次聚会，称"探花宴"，以少俊二人为探花使，遇游名园，探采名花。北宋时又称"探花郎"。南宋以后，专称殿试一甲第三名。元、明、清三代沿袭不改。探花授翰林院编修。

知识链接

独占鳌头

状元及第称为"独占鳌头"。清代洪亮吉《北江诗话》载，科举殿试结束后，赞礼官引状元、榜元到殿陛下迎殿试榜，状元立于陛石之上，石上刻有巨鳌和龙。后遂称状元及第为"独占鳌头"，也叫"立鳌头"。

十二、八股文

八股文是明清科举考试中采用的一种专门文体，也叫时文、时艺、制艺、制义、四书文、八比文。这种文体起源于宋元时期的经义，形成于明成化以后，在清光绪末年科举制度废除的同时才被废弃。

八股文对题目、段落、内容、格式等有着严格规定。文章题目必须摘自"四书五经"，内容必须以程朱学派的注释为准，考生就题阐释，依注作解，不得自由发挥、越雷池一步。每篇都有一套固定的结构格式，即全文由破题、承题、起讲、入手、起股、中股、后股、束股八部分组成。破题是用两句话把题目的意义破开；承题是承接破题的意义对题目加以说明；起讲为议论之始，头两字必须用"意谓""且夫""以为""若曰""尝思"等开端；入手为起讲后入手之处；起股、中股、后股和束股为正式议论的部分。在这四股中，每股都有两股相互排比的文字，共计八股，因此叫作八股文。八股文内容空泛，形式死板，严重禁锢了考生的思想。

第三章

天文地理称谓

第一节　天体称谓

自古以来，人们就对浩瀚的天空充满了好奇和想象。古人根据自己的长期观察，并结合传说故事，赋予了不同天体不同的称谓。

一、天

天是日月星辰罗列的广大空间。自古以来，人们赋予了天许多别称。

在古代，人们对天十分崇敬，认为天是有意志的神，是至高无上的存在，主宰着人间的一切，因而称天为"皇天""昊天"等。

古代传说天有九重，就是说天高九层。"九"在中国传统文化中是个贵数，含极限之意，代表着至高无上的地位，古代天子就被称为"九五之尊"。所以人们把"九重""九宇""九霄""重霄"作为天的代称。"霄"

为天空的意思。在道教文化中，九霄指的是神霄、青霄、碧霄、丹霄、景霄、玉霄、振霄、紫霄、太霄。因天空多为碧蓝色，故以"碧霄"作为天的别称。

天有时呈现出深青色，所以得名"苍天""苍穹""苍昊""苍冥"，这里的"穹""昊"均表示天空，"冥"为"幽远"之意。

天辽阔无边，极目远望一片苍茫，让人心生虚无之感，故称天为"长天""寥廓""太空""空宇""空浮""虚空""玄虚""太虚"等。

天空中有云霞，其颜色变幻莫测，故又称天为"碧落""紫落""碧虚""紫虚"等。"虚""落"均指天际。

天也有"穹庐"之称。这个名字的由来与少数民族的居住习惯有关。在我国古代，北方草原地区的少数民族过着游牧生活，居住在毡制的圆顶大帐篷里。这种帐篷中央隆起，四周下垂，形状像天，所以被称为穹庐。后将"穹庐"作为天的代称。

二、银河

银河是夜空中环绕天球伸展的明亮光带，因看起来像一条银白色的河而得名。说起银河，我们都会想到牛郎织女的传说：王母娘娘为了拆散牛郎织女，用金钗在空中划出了一条银河，从此一对痴情男女只能隔河相望。凄美的爱情故事为银河赋予了一层神秘色彩，也为历代文人提供了广阔的创作空间，"银河"在诗人的笔下有着诸多雅称和别称。

银河位于苍穹之上，夏季的走向与地面上的汉江一致，所以被称为"天河""天汉""银汉""天江""穹汉"等。因其高远绵长，故而得名"高河""遥汉""长河""远汉""长汉"等。

银河还有"云津""天津"之称。"津"是渡口的意思，"云津""天津"就是指天上的渡口。

银河是由众多恒星组成的，繁星灿烂，宛若云霞，故用"星河""星汉""云汉""河云""霞庄"等代称银河。

古人崇拜自然天象，在天体观测方面有着丰富的知识经验。观天象者将黄道分成十二星次，分别为星纪、玄枵、娵訾、降娄、大梁、实沈、鹑首、鹑火、鹑尾、寿星、大火、析木。而银河恰好从析木星次经过，因此称银河为"析木津"。因银河位于北极之南，南方在五行中属火，色彩尚赤，所以将"绛河"作为银河的别称。

古人对拂晓前即将隐没的银河兴趣浓厚，多作吟咏，故称银河为"晓河""曙河""残河"。

民间传说牛郎织女在七夕时渡银河相会，喜鹊为之搭桥，故称银河为"鹊河""鹊汉""牵牛津""织女河"。因七夕在秋季，是时天气寒凉，银河向西南方向偏斜，所以人们又称银河为"秋河""凉汉""倾河""斜汉"。

除了以上称呼，银河还有"清浅""九河""绳河""增泉"等代称。

三、太阳

太阳是距离地球最近的一颗恒星，也是太阳系的中心天体。太阳本来叫作日。因其形状像车轮，所以称为"日轮"；又因为它每天不停地在转动，因此得名"日车"。又有"日君""日翁""日母"等称呼。口语中称为"日头"。

古时候有许多关于太阳的神话传说。有一个传说认为，太阳里有一只黑色的三足乌鸦，蹲居在太阳的中央，其周围是金光闪烁的"红光"，所以人们用"三足乌""金乌""赤乌""赤鸦"来指代太阳，同时把太阳称为"东乌""乌轮""乌焰""乌阳""翔阳"。又因为太阳运行往来宛如织布使用的梭子，所以有人把太阳叫作"织乌"。还有一个神话传说，说上古时期有一位女神叫羲和，负责给太阳驾车，所以人们又称太阳为"朱羲""羲驭""羲阳""羲轮""羲曜"等。

太阳按照亮度的不同，有着不同的名称。早晨的太阳光亮微弱，称为

"幽阳"。将要落山的太阳称为"夕阳"。落日则称作"赤盖"。

太阳还有"骄阳""炎阳""火伞"等称谓。《左传·文公七年》："赵衰，冬日之日也；赵盾，夏日之日也。"杜预注"冬日可爱、夏日可畏"，由此人们用"爱日"称冬阳，用"畏日"称夏阳。

除了上述称呼外，太阳的别称还有许多，如"红轮""火轮""白日""白景""耀灵""火精""九阳""阳魄""璧日""碩日"等。

四、月亮

关于月亮有着许多优美的传说，也有着极其丰富的象征意义。历代以来，人们根据月亮阴晴圆缺的变化，并借助神话传说的魅力，赋予了月亮诸多美丽生动的别称与雅号。

月亮夜行于天，有圆有缺，有明有暗。初一的月亮形状如钩，得名"银钩""玉钩""琼钩""帘钩""玉帘钩"。初六的月亮宛如弯弓，故称"玉弓""弓月""明弓""月弓"。十五的月亮圆满如轮，又像圆盘明镜，故称"金轮""玉轮""琼轮""冰轮""轮辉""如规""如环""银盘""玉盘""金镜""玉镜""飞镜""银鉴""圆鉴"。

月亮初升时暗淡的部分称为"魄"，后来将"魄"作为阴历每月初始见之月的代称，并演变出其他一些称谓，如"月魄""玉魄""皓魄""金魄""素魄""圆魄""夜魄""莹魄""魄月"。

月光皎洁、明净，而盛冰的玉壶也清洁之至，故以"冰壶"作喻，代指月亮。

相传月中有蟾蜍，因而称月亮为"金蟾""玉蛤""蟾宫"。

月中有广寒、清虚两座宫殿，所以也称月亮为"广寒""清虚"。据说嫦娥就居于月宫，所以称月亮为"嫦娥""姮娥""月娥""素娥""娥灵"。

月中有玉兔捣药，因而称月亮为"玉兔""银兔""玄兔""兔影""兔月"。而玉兔捣药用的"玉杵"也成了月亮的别称。

传说月中有桂树，故称月亮为"丹桂""桂月""桂轮""桂丛""桂宫""桂魄"。

望舒是神话传说中为月亮驾车之神，后用来代称月亮。

此外，人们常把美女比作月亮，因此称月亮为"婵娟"。古人认为月为阴气之精，故又称月亮为"太阴""月阴""阴婆""阴精""阴兔""阴魄"。

五、金星

金星是距离地球最近的行星，是太阳系八大行星之一，与金星、水星、火星、土星并称我国古代"五大行星"，简称"五星"。

我国古代称金星为"太白星"，即民间耳熟能详、妇孺皆知的天宫"老好人""太白金星"。据说这老头本名李长庚，唐朝时被贬下凡，就是诗仙李太白，当然这是神话传说。

金星也叫"启明星""长庚"。这两个称谓的由来与地球上看到金星的时间有关。每天早晨日出之前，可以在东方的天空看到此星，因此称其为启明星；每天傍晚，金星见于西方，故名长庚。

金星还有一个称呼叫"明星"。金星的亮度很高，是整个星空中除了太阳、月亮之外最亮的星辰，故而古人为其取名为明星，古书中常常可以看到以明星计时的。

此外，"大嚣"也是金星的别称，《广雅·释天》载："太白谓之长庚，或谓之大嚣。"

六、木星

木星是"五大行星"中体积最大的一个。"木星"之名最早出现在《史记·天官书》中，司马迁观测夜空时，发现此星呈青色，将其命名为"木星"。

木星也叫作"岁星"。这个称谓源于古人的纪时方法。在古代，人们常用木星定岁纪年，因此称其为"岁星"，也叫"纪星""应星""摄提"等。由于"岁"字含有收成、年景之意，所以岁星被认为主岁收。凡岁星所在，必五谷丰登，国泰民安。《左传·昭公三十二年》记载：吴国征伐越国，史墨说："不到四十年，越国必然吞并吴国。岁星在越国分野，当主越国强盛，吴伐之，必不吉。"果然，三十八年后，越国灭亡了吴国。当然，这只是附会。

"太岁"是木星的另一个别称。《说文解字》指出："太岁，木星也，一岁行一次，历十二辰而一周天。"

七、水星

水星是距离太阳最近的行星，古称"爨星"。

水星不容易观测，只有在日出或日落时才有可能被观测到。而且观测时，水星总是在太阳两边摆动，不过最大不会远离太阳30度。我国古人将周天划分为十二辰，整个周天360度，每辰30度，因而又称水星为"辰星"。

古人认为水星乃不祥之星，是君主失德的象征。《史记正义》说："人主智亏听失，逆时令，伤水气，则罚见辰星也。"意思是说，如果某个地方出现了水星，就代表着该国的君主昏庸无能，偏听偏信，逆时令，伤水气。

值得注意的是，古典文献里提到的水星，多数时候并不是指的辰星，而是指二十八宿中的"室宿"。如《左传·庄公二十九年》："火见而致用，水昏正而栽。"这里的"火"指的是二十八宿中的"心宿"，"水"则是指室宿，不可将其与五大行星中的火星、水星混淆。

八、火星

火星古称"荧惑"。之所以有此称谓，与火星本身的特点有关。火星的表面呈红色，荧荧似火，亮度常常发生变化，而且它在太空运行的时候轨迹并不规律，有时从西向东运动，有时又从东向西运动，情况复杂，令人感到迷惑，因此古人称之为"荧惑"，有"荧荧火光，离离乱惑"之意。

古人将荧惑星视为不祥之物，认为它象征着悖乱、残害、战争、疾病、饥饿、死丧等灾难。如果天上出现了荧惑星，就会降下灾难，而荧惑星隐没了，灾难就会消失。

九、土星

土星在古代叫填星，也称镇星。这两个称谓源于土星的运动周期。土星公转的周期为 29.5 年，相当于每二十八年运行一周天，恰好遍历二十八星宿，每年填一宿（或坐镇一宿），因此得名填星（镇星）。

古人认为填星是颗德星，《春秋纬》曰："填星主德。"《史记·天官书》说："岁填一宿，其所居国吉。未当居而居，若已去而复还，还居之，其国得土，不乃得女。若当居而不居，既已居之，又西东去，其国失土，不乃失女，不可举事用兵。其居久，其国福厚；易，福薄。"

十、彗星

彗星是绕太阳运行的一种质量较小的天体，呈云雾状的独特外貌。"长星""蓬星""星孛""妖星""扫帚星"都是我国古代对彗星的称呼。

彗星别名的由来多与其外貌特征、亮度等有关。

彗星出现在天空时，拖着一条长长的尾巴，所以得名"长星""蓬星"。其亮度较高，看上去闪闪发亮，因此被称为"星孛"，也叫"烛星"。

彗星的长尾像一把大扫帚，古人认为彗星出现会带来灾难，使人间发生战祸天灾，所以给它取名"扫帚星"，也叫"妖星"。《左传·昭公十年》记载："居其维首，而有妖星焉。"

十一、北斗星

北斗星又称"北斗七星"，为大熊星座的一部分，指在北方天空排列成斗形或勺子形的七颗亮星。根据它们可以找到北极星。

北斗七星从斗身上端开始，到斗柄末尾，按照顺序依次称为"天枢""天璇""天玑""天权""玉衡""开阳""摇光"。

北斗七星在天空中始终缓慢地相对运动。其中天璇、天玑、天权、玉衡、开阳以大致相同的速度朝着一个方向运动，而天枢、摇光则朝着相反的方向运动。七颗星在天空的位置随着季节的变化而不同，古书记载："斗柄东指，天下皆春；斗柄南指，天下皆夏；斗柄西指，天下皆秋；斗柄北指，天下皆冬。"

十二、北极星

北极星是位于天空正北方的一颗亮星，在小熊星座上。它的得名与其所处的位置有关。此星距离北天极很近，几乎正对地轴，属于北方天空的标志星，人们常根据它来辨别方向，因此称为"北极星"。

古代称北极星为"紫微星"。"紫"是一些王朝统治者和道教所崇尚的色彩，"微"含精深、奥妙之意。古人认为统治天地万物的天皇住在天宫里，所以天宫又叫"紫微宫"。北斗七星常年围绕北极星旋转，故北极星有"斗数之主"之称，在古人眼里极具帝王之相，因此得名"紫微星"，也叫"帝星"。

十三、四象二十八宿

二十八宿是我国古代天文学家为观测日、月、行星运行而划分的二十八个星区。它们占据了天球的大部分，因此又被划分为东、西、南、北四个区域，每个区域有七个星宿：

东方七星宿："角""亢""氐""房""心""尾""箕"。这七个星宿构成一个龙的形象，春分时出现在东部的天空，因此被称为"东方青龙七宿"。

西方七星宿："奎""娄""胃""昴""毕""觜""参"。这七个星宿构成一个虎的形象，春分时出现在西部的天空，因此被称为"西方白虎七宿"。

南方七星宿："井""鬼""柳""星""张""翼""轸"。这七个星宿形成一组鸟的形象，春分时出现在南部的天空，所以叫"南方朱雀七宿"。

北方七星宿："斗""牛""女""虚""危""室""壁"。这七个星宿形成一组龟蛇互缠的形象，春分时出现在北部的天空，故而得名"北方玄武七宿"。

由二十八宿组成的四个动物的形象，合称为"四象"。

关于"四象"有着优美的神话传说。据说"东方青龙"身如长蛇，麒麟首、鲤鱼尾，面有长须，犄角像鹿，有五爪，相貌威武。"西方白虎"形体若虎，白色，凶猛非常。"南方朱雀"也叫"朱鸟"，形体如凤，是天之灵兽，比凤凰更稀有尊贵。"北方玄武"也叫"真武"，本是古净乐国王的太子，越东海来游，得天神赠送宝剑，入武当山修炼，后飞升成神，威镇北方，号称玄武君。千万年来，"四象"一直镇护着天地四方，统管二十八星宿。

第二节　山水称谓

一、泰山

泰山位于山东省境内，自古以来是中华民族的精神象征，被誉为中国的"国山"。泰山的得名与其特征有关。在古代，泰山被称为"太山""岱山"。"太"和"岱"都含有"大"的意思，而"泰"与二字的读音相同，因此有了泰山的写法。

泰山有两个非常知名的古称："东岳""岱宗"。泰山与衡山、华山、恒山、嵩山合称"五岳"，"岳"即高大的山。泰山在五岳中位于最东面，故有"东岳"之名，也称"岱岳"。泰山是五岳之宗，所以有"岱宗"的称谓。《风俗通·山泽篇》载："泰山，山之尊者，一曰岱宗。"

我国古代有泰山封禅的传统，据史书记载，先后有 72 位君主到泰山封禅祭天。《旧唐书·礼仪志》载，唐玄宗祭祀泰山时，曾封泰山神为"天齐王"，后世因此称泰山为"天齐"。

二、华山

华山位于陕西省华阴市，以"奇拔俊秀"冠名于世。它的得名与其形状有关。《水经注》中说："其高五千仞，削成而四方。远而望之，又若华状。"古代"华"同"花"，这是说从远处望去，华山诸峰仿佛莲花一样。因此称其为"华山"，也叫"花山"。

华山在五岳之中位于西面，因此得名西岳。李白诗云："西岳峥嵘何壮哉！黄河如丝天际来。"它还有一个别名，叫"太华山"。华山的西部有少华山，为表区别，称华山为太华山。王昌龄《过华阴》诗曰："云起太华山，云山互明灭。"

三、嵩山

嵩山位于河南省登封市西北面，该山古称"外方"。据《尚书》上说，这是因为嵩山从外面看为方形。也有说法认为，上古时期，尧舜的居地位于现在的山西省南部，对于部落氏族而言，嵩山距离他们太遥远了，所以就给嵩山取名"外方山"。夏朝时称嵩山为"嵩高""崇山"，因其雄伟、高耸，故名。周平王迁都洛阳后，始称嵩高山为"中岳"。到了汉武帝时期，出现"嵩山"一词。以后历代均沿称嵩山为中岳。古人认为嵩山居于四方中央，巍峨高峻，雄伟秀丽，因此称其为"中岳"。

四、衡山

衡山坐落在湖南省境内，以秀美俊逸闻名天下。此山的得名与其特征有关。据战国时期《甘石星经》记载，衡山位于轸星之翼，此星为二十八宿之一，号为称量天地的"衡星"，故以"衡"为山命名。轸星的旁侧有一颗"长沙星"，主管人间寿命，衡山在古代属于长沙，因此衡山又有"寿岳"之名。

衡山最著名的称谓要数"南岳"。五岳之中，衡山位于最南面，故有此名。"南岳"之称在历史上出现得很早，《史记》中就有记载。据《史记·封禅书》说：尧晚年禅位于舜，舜登上王位后，先后到岱宗、南岳、西岳、北岳进行祭祀。这里的"南岳"即指衡山。

五、恒山

恒山位于山西省大同市，是扬名中外的名山。恒山的得名，历来说法不一。有一种解释是，恒山位居北方，而北方阴终阳始，其道恒久，故得名"恒山"。民间认为，恒山的走向为横向，"恒"与"横"谐音，故有此称。还有一种观点是，恒山因是恒水的发源地而得名。

恒山在五岳中被称为"北岳"。《尚书·舜典》载："古帝舜……十有一月朔巡守，至于北岳……"相传舜帝北巡至恒山，见奇峰耸立，山势雄伟，遂封其为"北岳"。西汉时，恒山因避汉文帝刘恒的名讳改称"常山"。唐代时，称恒山为"镇岳"。此外，恒山还有"元岳""紫岳""太恒山""大茂山"等别称。

六、庐山

庐山坐落在江西省九江市南部，北傍长江，东临鄱阳湖，自然风景优美，素以"雄、奇、险、秀"闻名于世。

庐山在汉代时就已经是天下名山。庐山的得名与地域有关。庐山所在的位置在西周时期属于"庐子国"，在战国时期叫作庐邑。秦汉以后，庐邑的地域范围逐渐扩张，今庐山地区也成为庐邑的一部分，于是就将庐邑境内的这座高山命名为"庐山"。

关于庐山名字的来源，还有一些传说故事。相传西周时期，有一个人叫匡俗，学问渊博，却不肯入朝做官，而是和几个兄弟隐居山上，结庐而居，学道求仙。周王听说这件事后，召匡俗出山辅政，匡俗没有应允，于是周王派使臣上山邀请，结果使臣寻遍山上也不见匡俗兄弟，唯见草庐一座。后人因此传说匡俗兄弟已经成仙，并将匡俗兄弟隐居的山称为匡庐，也叫庐山。

另一个传说也跟匡俗有关，不过这个故事发生在西汉初期。传说匡俗的父亲东野王是刘邦手下的大将，在追随刘邦打天下时不幸逝世，刘邦念其功绩，便册封匡俗为越庐君。但匡俗酷爱道术，不愿为官，于是抛弃官职，入山修道。后来，人们就把匡俗修道时所在的山称为"匡庐""庐山"。

还有一个传说，与老子有关。周朝时，有一个叫方辅的人，他与老子李聃一起入山炼丹。后来，两人都得道成仙，只留下空庐一座。后世便把这座"人去庐存"的山称作庐山。

七、黄山

黄山雄踞在安徽省南部，是我国著名的风景名胜。此山在历史上曾有"黟山""三天子都""黄岳""黄海""小华山"等雅称。

黄山在秦代时叫"黟山"。"黟"是"黑"的意思。因远远望去，山体青黑并且苍阔而得名。唐代时，有人在名为《周书异纪》的书里杜撰了一个神话故事，说黄帝与容成子、浮丘公一起来黟山炼丹，最后得道升天。

当时唐玄宗好道家学说，于是在天宝六年（公元747年）下令改"黟山"为"黄山"，取"黄帝之山"之意。从此，黄山的名称便流传下来。

宋代以后，黄山又有了"三天子都"的称号。"三天子都"本是《山海经》中记载的山名，由于黄山的三大主峰天都、莲花、光明顶耸峙云霄，宛若天子之都会，人们便借用这个称呼来赞颂黄山的峻拔。

黄山位于皖南万丛山中，交通不便，因而出名的时间晚于五岳。不过黄山之美丝毫不亚于五岳，俗话说"五岳归来不看山，黄山归来不看岳"。因而，黄山又有"黄岳"的美称。

黄山得名"黄海"始于明代诗人潘之恒。云海是黄山第一奇观，号称黄海四绝之首。面对壮美的云海，潘之恒叹为观止，特将其撰修的黄山志定名为《黄海》。

"小华山"之称源于唐代诗人李敬方的《题小华山》："峰簇莲花小，分明似华山。"黄山的山峰特点类似华山，故被称为"小华山"。

八、长江

长江是我国第一大河，全长6397千米，流经11个省区，以源远流长而得名。

长江最早被称为"江""江水"。汉代以后始称"大江"。六朝以后称为"长江"。唐朝时把长江称作"南渎"，与东渎淮河、西渎黄河、北渎济河并称为"四渎"。

长江又称为"天堑""汉阳江""汉洋江"等，散见于各历史时期的文献中。

长江的各段江面有不同的名称。长江的最上游叫"沱沱河"，与当曲河合流后，称为"通天河"。江水流经川藏之间的峡谷时，因江中盛产沙金，被称作"金沙江"。金沙江流至四川省宜宾附近的岷江口时，改称"川江"。川江东段长达200千米的河床穿行于峡谷之中，故这段江水也叫作"峡江"。从湖北省枝江到湖南省城陵矶这段江域，在古代属于荆州，因此得名"荆江"。长江中段流经古楚国地界，因此把三峡到濡须口一段称作"楚江"。扬州以南至镇江丹徒扬子津的江水，古称"扬子江"，近代成为长江的泛称。

九、黄河

黄河是我国第二大河，被誉为中华民族的摇篮，人称"母亲河"。

在汉代以前的文献上，是没有"黄河"之称的，那时均以"河"称呼现在的黄河。如《山海经》中说："夸父与日逐走，入日，渴欲得饮，饮于河、渭，河渭不足，北饮大泽，未至，道渴而死，弃其杖，化为邓林。"这里的"河"就是黄河。

秦始皇时，"更名河曰德水，以为水德之始"。由此将黄河称为"德水"。

黄河在秦汉时期就浑浊难清，因而被称为"浊河"。《史记·高祖本纪》记载："夫齐东有琅玡即墨之饶，南有泰山之固，西有浊河之限。"其中的"浊河"，便是黄河。由于黄河浊时多、清时少，因此古人将黄河变清视为祥瑞，有"黄河清而圣人生"的说法。

"黄河"一名出现在古籍中，首见于班固所著《汉书》："封爵之誓曰：使黄河如带，泰山如剑。"不过，当时这个称呼用得并不多。

到了宋代，"黄河"一名才广泛地使用起来。《太平广记》中有："禹凿山断门一里余，黄河自中流下，两岸不通车马。"当时也把黄河简称为"黄"，如《宋史》中说"黄、汴清、御"。

宋朝以后，对"黄河"一词的使用也很普遍，可见当时生态环境已经遭到严重破坏，河水中携带大量泥沙，再也没有清过，"黄河"成为真正的黄沙河了。

海的古称

沧海：大海一望无际，水呈青苍色，故名"沧海"，也叫"沧溟"。

巨壑、大壑：海水广阔而幽深，故有此名。

水王：海纳百川，故称"水王"。

水宗：江河奔流入海，因称海为"水宗"。

百谷王：大海处于低下的位置，使河流能够归往，故有"百谷王"之名。

朝夕池：海水有定期涨落现象，称为"潮汐"。"潮"出现在早晨，"汐"出现在傍晚，因此把海叫作"朝夕池"。

十、西湖

西湖位于浙江省杭州市西面，三面环山，风景秀丽，自古以来就是游览胜地。

西湖在秦朝时叫"钱唐湖"，因杭州为会稽郡所属钱唐县。到了唐朝时，为避国号讳改称"钱塘湖"。

"西湖"之称源于唐代白居易。西湖坐落在钱塘县西部，白居易曾作《西湖晚归》《西湖留别》诗篇，诗中均使用"西湖"一名，此后就一直称其为"西湖"并沿用到今天。白居易曾任杭州刺史，在职期间在西湖北岸的宝石山东麓筑石函，阻泄湖水至东北一带低洼处（古称"下湖"），因此西湖又有"石函湖""上湖"的别称。

北宋时，宰相王钦若奏请把西湖作为佛教徒放生处，于是西湖有了"放生池"的称呼。后来因为西湖水质清净被用来比喻官员清廉，又有了"镜湖""明镜湖"等称谓。

诗人苏轼作有《饮湖上初晴后雨》一诗，内有"水光潋滟晴方好""欲把西湖比西子"句，由此后人又称西湖为"潋滟湖""西子湖"。关于西子湖一名的由来，也有人认为与南宋皇室有关。北宋灭亡后，皇室迁往江南，定都杭州，偏安一隅，皇帝每日在西湖游船上饮酒作乐，最后导致国事荒废。史载吴国夫差沉溺美色，因西施而亡国。有人以西子亡吴与西湖亡宋同出一辙，便给西湖取了"西子湖"的称呼，以示警惕。周密《武林旧事》说宋室"日糜金钱"，因此西湖多了个"销金窝"的不雅称号。

郦道元《水经注》记载，西湖东部水面曾涌现过金牛，被视为明圣瑞象，由此西湖又被称为"明圣湖""金牛湖"。

此外，西湖还有"钱湖""钱水""钱源""龙川""美人湖""明月湖""贤士湖""武林水"等众多别名。

知识链接

湖泊称谓种种

　　在我国，不同民族对湖泊的称谓各不相同：汉族称为"湖"；藏族称为"错"或"茶卡"；满族称为"泡"；白族称为"海"；蒙古族称为"诺尔"。而汉族又因地区和地方语言不同，对湖泊有着不同的称谓。如河北称为"淀"，山东称为"泊"，江苏、浙江、上海称为"荡""沅""漾"，四川称为"海子"。

十一、鄱阳湖

鄱阳湖位于江西省北部、长江南岸，是我国最大的淡水湖。

鄱阳湖的得名与古地名有关。今江西省东北一带在春秋时期是楚国的领地，当时称为番邑。秦代时设番县，西汉改称番阳县，东汉改为鄱阳县。鄱阳湖正是因县而得名。

古人对鄱阳湖最常见的称谓是"彭蠡""彭泽"。《尚书·禹贡》说："彭者，大也；蠡者，瓠瓢也。"形容鄱阳湖像一个大水瓢。后来彭蠡泽不断向南扩展，湖水越过松门山直抵鄱阳县附近，因此更名鄱阳湖。顾祖禹《读史方舆纪要》说："自隋以前，概谓之彭蠡，炀帝时，以鄱阳山所接，兼有鄱阳之称。"

鄱阳湖也叫"宫亭湖"，因湖旁庐山下有宫亭庙而得名。《南齐书·焦度传》载："事败，逃宫亭湖中为寇贼。"

十二、洞庭湖

洞庭湖位于长江中游，跨湖南、湖北两省，是我国第二大淡水湖。

"洞庭湖"一名的由来与古代神话传说有关。该湖中有一座君山，原名洞庭山，据说是娥皇、女英的住所。唐李密思《湘君庙记略》说："洞庭盖神仙洞府之一也，以其洞府之庭故以是称。"意思是，洞庭就是神仙洞府，山以洞命名，湖以山命名。

洞庭湖在历史上的名称有着不同的变化。"云梦"或"云梦泽"是古人对洞庭湖的常见称谓。在古代早期，从洞庭湖到江汉平原的广大地区，都是浩渺苍茫的湖泊和沼泽，统称为云梦泽。后来洞庭湖就用"云梦泽"名之。

"九江"是洞庭湖的另一古称。洞庭湖汇湘、资、沅、澧四水，其中沅水有四条支流，湘江有一条支流，形成了沅、渐、潕、辰、淑、酉、资、湘、澧九江，故把"九江"作为洞庭湖的别称。

洞庭湖也叫作"三湖"。据《读史方舆纪要》载：洞庭湖南连青草湖，西吞赤沙湖，横亘七八百里，谓之三湖。因洞庭湖南与青草湖相通，所以又称洞庭湖为"重湖""二湖"。

"五渚"也是洞庭湖的别名。郦道元《水经注》解释说：湘水、资水、沅水、澧水自南而入，荆江自北而过，洞庭渚其间，故名"五渚"。

除此之外，洞庭湖还有"五湖""太湖"等叫法。

第三节 地域和行政区划称谓

在我国几千年的历史中产生了不少朝代，历代各有其行政区划制度，因此同一地区在不同的时代有着不同的叫法。此外，一些我们的邻国，不同时代对其称谓也是不同的。

一、朝代

夏：我国历史上第一个王朝。据说大禹治水有功，所以舜把王位禅让给他。由于禹是夏后氏部落的首领，所以由他建立的国家称为"夏"。

商：公元前 16 世纪，商部落的首领汤灭掉夏朝，建立新的王朝。由于商部落的始祖曾居于商地（今河南省商丘），所以定国名为"商"，后来商王盘庚将都城迁到殷（今河南省安阳），故又称商朝为殷朝。

周：公元前 10 世纪，周武王伐纣灭商，建立新的朝代，因其先祖太王曾在岐山之南的周原居住，所以定国号为"周"。

秦：秦的祖先非子因养马有功，被周孝王封在秦邑，后来襄公立国，便把国号定为"秦"。秦王嬴政统一六国后，依旧沿用原国名。

汉：秦朝末年，刘邦率兵攻入都城咸阳，灭掉秦朝，被项羽封为汉王。后来刘邦在垓下之战击败项羽，称帝建国，定国号为"汉"。

三国：公元 220 年，曹丕逼迫汉献帝禅位，因为其父曹操曾被封爵为魏王，所以以"魏"为国号。公元 221 年，刘备在成都称帝，国号"汉"，托称匡扶汉室。由于都城在蜀地，所以也称"蜀汉"。公元 229 年，孙权在今南京称帝，因所辖区域为古吴地，因此把国号定为"吴"。魏、蜀、吴鼎立，合称"三国"。

晋：公元 265 年，司马炎逼魏元帝曹奂让位，因他曾为晋王，所以把"晋"作为国名。

隋：公元 581 年，北周杨坚废黜静帝宇文阐，取而代之。因他做过隋王，所以把国号称为"隋"。

唐：隋朝末年战乱四起，唐国公李渊在群雄逐鹿中扫平中原，建立国家，以曾经的封号"唐"作为国号。

宋：唐末社会动乱，军阀纷争，出现了五代十国的局面。公元 960 年，后周殿前都检点赵匡胤发动陈桥兵变，取代后周，自立为帝，因其做过宋州节度使，所以国号称"宋"。

元：本无国号，称蒙古。世祖忽必烈登位以后建国号为"大元"，取《易经》中"大哉乾元"之义。

明：元朝末年，朱元璋在应天府登基，因明教有明王出世的传说，故把国号定为"明"。

清：努尔哈赤建立政权后，将国号称为"大金"。皇太极即位后，改"金"为"清"，"清"即"金"的音转。

二、家乡

在汉语中，人们常用"桑梓"作为家乡的代称。"桑梓"的用法最晚在东汉时就已经形成了。如张衡《南都赋》云："永世克孝，怀桑梓焉；真人南巡，睹旧里焉。"这里的"桑梓"指的就是家乡。那"桑梓"的称呼是怎么来的呢？

在我国古代，桑树和梓树是与人们生活息息相关的两种植物。桑树的叶、果、枝、根、皮都可以药用，其叶可以用来养蚕，果可以作为食物并用来酿酒，枝干可以用来制作器具，皮可以充当造纸的原料。梓树也有实用价值，嫩叶可以供人们食用，皮可以入药，而其木材质量优良，是制作家具、乐器等器物的上等材料。此外，梓树的生长速度很快，常被人们拿来做薪炭。正是因为桑树、梓树在人们的衣、食、住、用方面发挥了重要作用，所以古人常在家宅附近栽种桑梓树。古人对父母先辈种植的桑树、梓树常常怀有敬意，如《诗经·小雅·小弁》中说道："维桑与梓，必恭敬止。"大意是说，看见桑树、梓树，就对父母产生怀念，生出恭敬之心。后来，桑树、梓树就成了家乡的象征，在外漂泊的游子只要看到桑树、梓树，就会产生思乡念亲之情，于是"桑梓"逐渐成为家乡的代称。

金代诗人刘迎有一首诗叫《题刘德文戏彩堂》，诗中曰："吾不爱锦衣，荣归夸梓里。"这里的"梓里"也是家乡的别称。

 知识链接

"珂里"的由来

"珂里"是对他人家乡的尊称。这个称谓出自唐代张嘉贞兄弟的事迹。据史书记载，张嘉贞是唐玄宗时期的宰相，他为相以后，他的弟弟张嘉佑也被拜为金吾卫将军。兄弟俩位高权重，每次上朝时骑从仪仗众多，鸣珂之声不断，当时的人称他们居住的里巷为"鸣珂里"。后来就用"珂里"尊称别人的家乡。

三、中国

历史上，中国的别称有许多。诸如九州、九区、九域：相传大禹治水后，把全国划分为 9 个行政区域，分别是冀州、兖州、青州、徐州、荆州、扬州、豫州、梁州、雍州，称为"九州"，也叫"九区""九域"。后来，"九州""九区""九域"成为中国的泛称。

中州：九州之中，豫州位于中间，因称"中州"，后来泛称中国。

诸夏：周朝时，天子分封的诸侯称为"诸夏"，古代汉族亦称"诸夏"。后来，"诸夏"用以泛指中国。

华夏：上古时期，炎帝部落和黄帝部落渐渐融合，合并为华夏族。夏商周的祖先都是华夏族，故把"华夏"作为中国的别称。也有人认为，"华"指礼之盛，"夏"指国家很大，二字合并在一起，表示中国是一个高度文明的中央大国，故以"华夏"泛指中国。

赤县、神州：《史记·孟子荀子列传》载，战国时期齐国人邹衍说："中国名曰赤县神州。"一说，炎帝统治的土地叫赤县，黄帝统治的土地叫神州，合称"赤县神州"。"赤县神州"更多时候分开使用，即以"赤县"或"神州"指代中国。

海内：古人认为中国的四面都是海，因此把中国叫作"海内"，把外国叫作海外。

中华：这一称谓出自《三国·诸葛亮传》："若使游步中华。"古代中原地区以服饰华彩之美为"华"，称为"中华"，后"中华"逐渐扩大为全中国的别名。

知识链接

郡、县、州、道、路

我国古代为了方便统治管理，将全国划分为不同等级的行政单位，具体有"郡""县""州""道""路"。

"郡"始见于战国，秦灭六国后实行郡县制。从东汉开始，郡成为州的下级行政单位，介于州与县之间。隋朝时实行州县制，不设郡。

唐朝武则天时改州为郡。明清时改郡为府。

"州"在上古时期就出现了,传说大禹曾置九州。秦朝不设州。汉武帝时,将全国分为13个州。东汉时,形成州、郡、县三级行政区划。

"道"的行政区划级别与"县"相当。汉朝时,在少数民族聚居区设道。唐朝时,道是监察区,后演变为行政区,是州以上一级行政单位。明清时,在省内设道。

"路"是宋元时期的行政区域,相当于现在的省。

四、古代对我国行政区划的称谓

1. 北京

北京是一座历史悠久的名城。自古以来,对北京的称谓随着朝代的变化而变化。

上古时期,北京地区名叫"幽陵""幽都"。夏朝时,称北京为"冀州"。

从西周到春秋时代,北京一直都被称为"蓟"。这个名称的由来,据说与当时广泛生长于北京地区的一种名叫"蓟"的野草有关。

到了战国时期,北京成为燕国的国都,故又有"燕都""燕京"之名。

两汉至唐朝,称北京为"幽州"。后晋时期,石敬瑭割幽云十六州给契丹,后来契丹统治者在幽州建立陪都,称为"南京",也叫"燕京"。北宋时花费巨资赎回燕京,将其命名为"燕山府"。后来金人攻占燕山府,恢复"南京"之名。此后,金海陵王迁都南京,改称"中都",并设大兴府,辖区相当于现在北京的东南部,故北京在当时也被称为"大兴"。

元代时,将"中都"改名为"大都",并把都城迁到此处。当时,蒙古人还称北京为"汗八里",蒙语的意思是"汗城",就是可汗居住的地方。

明朝建立后，把北京改名为"北平府"。明成祖朱棣时，改北平府为"顺天府"，并修建北京城。至此，"北京"一名才正式出现，并一直沿用至今。

当然，以上称谓只是比较著名的一部分，北京还有其他一些别称，如"圣都""京华""帝州""玉京""宛平"等。北京有如此多的古称，足见其历史之久远。

2. 西安

西安位于陕西省渭河平原中部，是我国最古老的都城之一。"西安"之名始见于明代。明洪武二年（公元 1369 年），改奉元路置西安府，取"安定西北"之意，此后"西安"之称沿用下来，至今未变。

西安在历史上有着许多别名，著名的有"丰京""镐京""长安""西京"等。

西安被称为"丰京"源于商周时期。商朝末年，周文王在姜子牙的辅佐下，相继征服了商朝的多个附属国。在消灭了崇国之后，周文王在其故土修筑城墙，建造新的都城，称为"丰邑"。丰邑坐落在西安沣水以西，史称"丰京"。后把"丰京"作为西安的别称。

"镐京"之称始于周武王时期。周文王来不及完成灭商的事业，就重病而死。他的儿子姬发继承王位，就是周武王。周武王拜姜尚为师，在弟弟周公旦等人的帮助下，联合诸侯，起兵伐纣。灭掉商朝以后，周武王建立西周，将都城从丰邑迁到镐京（在今西安省沣河以东）。因此"镐京"成为西安的别名。

"长安"的称谓最早出现在西汉。公元前 202 年，刘邦在垓下之战中击败项羽，不久即位称帝，建立西汉王朝。西汉一开始定都洛阳，几年后在秦朝故都咸阳（今陕西省咸阳，在西安省西部）的基础上建立新的都城，取"长治久安"之意，把新都城命名为"长安"。此后，"长安"成为

"西安"常见的别称。

西安称作"西京"源于东汉。东汉把都城定在洛阳，因称洛阳为"东京"，长安位于洛阳以西，故称其为"西京"。以后的隋朝、唐朝皆称长安为"西京"。

3. 南京

南京位于长江下游江苏省境内，是我国四大古都之一。其山川风貌不凡，史迹丰富，历代以来被赋予了不少别称雅号。

南京有个非常响亮的名字，叫"金陵"。关于这个称谓的由来，千百年来有着不同的说法。一种观点认为，"金陵"是春秋时期对南京钟山的叫法，此山地势险要，被楚威王视为天然屏障，便在此处建造金陵邑。南京得名"金陵"就是源于此。还有人认为，"金陵"是因为秦始皇曾命人铸造金人埋于此而得名。第三种说法是，南京邻近华阳金坛之陵，故名"金陵"。

"石头城"是南京另一个广为人知的称谓。三国时期，孙权下令在今南京清凉山修筑石头城，此城地形险固，易守难攻，是南京的标志建筑之一，后来人们便以"石头城"作为南京的别称。

南京也叫"建业""建康"。"建业"之称源于孙吴。东汉末年，孙权在今南京建都，定名"建业"寓意"建立帝王大业"。这是南京第一次成为国都。西晋灭吴后，把"建业"更名为"建邺"。晋愍帝时，为避皇帝司马邺名讳，将"建邺"改为"建康"。

西晋时也称南京为"江宁"。相传晋武帝司马炎南巡至南京，因当地濒临长江且秩序安宁，遂以"江宁"称之。

魏晋六朝时，人们习惯用"金城"指称南京。金城初名金城戍，故址在古代江乘县（今南京栖霞区）蒲洲上，相传由孙吴所建，后用以称呼南京。

"白门"本是南朝建康城城门宣阳门的别称。据史书记载，宣阳门由白石砌造而成，位于建康城南偏西。古人将天地分为八门，西南方为白门，因此宣阳门有"白门"之名。此后人们常用"白门"指称南京。

"蒋州"的称呼出现在隋朝。隋文帝杨坚消灭陈朝时，建康城被夷为平地，于是重建新城。因当时紫金山的名字叫蒋山，所以就把南京的名字由"建康"改为了"蒋州"。隋炀帝时，又把"蒋州"改为"丹阳"。

"南都"也是南京的别名。明代初年，以南京为首都，永乐帝迁都北京后，将南京作为"留都"。此后人们便以"南都"称呼南京。

南京位于长江沿岸，江水流经城下，故有"江城"之称。历代以来，有许多朝代在南京建都，因此称南京为"凤城"，即帝王居住之城。《桃花扇》有云："望平冈，凤城东，千门绿杨。"这里的"凤城"指的就是南京。

此外，南京还有"冶城""越城""秣陵""归化""白下""上元""集庆""应天""秦淮""帝里"等几十种称谓。名称的繁多和变化，折射出南京沧桑曲折的发展历史。

4. 洛阳

洛阳位于河南省西部，为我国四大古都之一。

洛阳较早的称谓是"西亳"。史料记载，商汤灭夏后，将都城定在西亳，即今天的洛阳。

周代称洛阳为"成周"。周代殷后，为控制东方广大中原地区，便在洛阳营建新城，作为东都。新建的城池名为"成周"，取"周道始成"之意。当时的洛阳城，也叫"王城""洛邑""新邑""大邑"。

洛阳境内有郏鄏山，故把"郏鄏"作为洛阳的代称。《左传》载："成王定鼎于郏鄏。"

战国时，将"洛邑"改为"洛阳"。洛邑地处洛河之北，古时河之北曰阳，河之南曰阴，故有"洛阳"之称。

秦朝时称洛阳为"三川郡",因其境内有黄河、洛河、伊河三条河流。

"雒阳"是东汉时的叫法。光武帝建立东汉,定都洛阳,认为东汉五行属火,忌水,故称洛阳为"雒阳"。

西晋时,吴人称洛阳为"北京"。西晋灭吴后,以洛阳为首都。由于建康曾长期作为东吴首都,所以吴人心目中仍以建康为都城,而把北方的洛阳称为"北京"。

"洛京"是使用较广的对洛阳的称谓,源于南北朝时期。公元494年,北魏孝文帝迁都洛阳,从此"洛京"成为洛阳的一个代表性称谓。

洛阳还有一个美名:神都。唐睿宗文明元年(公元684年),武则天临朝称制,改洛阳为"神都"。后来武则天称帝,立"神都"为国都,自此"神都"之名流传天下。

"西都""西京"均是五代时期洛阳的别称。五代各朝均以洛阳或开封为都城,开封位于洛阳之东,被称为"东都""东京",洛阳则得名"西都""西京"。

此外,洛阳还有"中京""京洛""洛城"等别名。

5. 开封

开封位于河南省中部偏东,是我国五大古都之一。"开封"之名源于春秋时期:郑庄公在今开封一带修筑储粮仓城,取"启拓封疆"之意,为之取名"启封"。西汉景帝时,为避皇帝刘启名讳,将"启封"改名为"开封"。

历史上,开封有"汴梁""汴京""东京""南京""北京"等别名。

开封别称"汴梁"始于元代。五代后梁开平元年(公元907年)在今开封地区设置"汴州",元代时改为"汴梁"路,由此称开封为"汴梁"。

"汴京"的称谓最早出现在金初。因开封称"汴梁",又是后梁、后唐、后晋、后汉、后周以及北宋的都城,故金初称开封为"汴京"。

"东京"一名的由来，有两种解释：一种说法说，开封是北宋的首都，正好位于中原豫东地区，所以得名"东京"；另一种说法是，开封地处洛阳、西安之东，洛阳、西安曾是汉、唐故都，因此"开封"被称为"东京"。

称开封为"南京"源自金代。金海陵王贞元元年（公元1153年），改"东京"为"南京"。这是因为金原来的统治区域在中国东北地区，开封地处金原疆域的南方。

"开封"改名"北京"是在明朝初年。明太祖朱元璋即位之后，把都城定在应天府（今南京），后欲迁都开封府，因开封位于长江以北，故称开封为"北京"。

6. 杭州

杭州位于浙江省北部，是我国六大古都之一，有着悠久的文化历史。

周朝以前，杭州属于九州中的扬州。相传夏朝时，大禹南巡，会诸侯于浙江会稽山，乘船航行至杭州，因水路复杂多变，于是弃舟登陆。因此人们把杭州称为"余杭"。

秦朝时在杭州设置钱唐县，南朝陈时改为"钱唐郡"。隋开皇九年（公元589年）废郡为州，因州治在余杭，故称"杭州"。这是"杭州"一名的最早出现。到了唐朝，为避国讳，将"钱唐"改名为"钱塘"，这一称谓一直保留到民国初年。

南宋时，宋高宗即位后，将都城迁到杭州，命名"临安府"，"临安"成为杭州比较有名的一个称谓。

此外，杭州还有"武林""腰鼓城"的别称。杭州西湖周边的群山，旧时统称"武林"，因西湖是杭州的标志，故称杭州为"武林"。"腰鼓城"名叫大罗城，由吴越王钱镠所建，因形状类似腰鼓而得名，后被用为杭州的别称。

7. 苏州

苏州位于江苏省东南部，长江三角洲太湖东北，素有"上有天堂，下有苏杭"的美誉。

苏州的历史悠久，始建于春秋吴王阖闾时期，最初为吴国的都城，称为吴。秦朝时在吴设会稽郡，郡治在苏州。东汉时设吴郡，仍以苏州为治所。南朝梁末改吴郡为吴州。隋文帝时改称吴州为苏州。

苏州有一个别名叫"鹤城"。《吴越春秋》记载，吴王阖闾在小女儿滕玉死后，曾命人在吴市之中挥舞白鹤。因称苏州为"鹤城"。

"姑苏"是苏州最知名的古称。这个称谓的由来颇为久远。传说尧舜时期，有一个很有名望的臣子叫胥。他学识渊博，因协助大禹治水有功，受到舜帝的敬重，被册封在吴地。自此，人们便称吴地为"姑胥"。后来，因为"胥"字不好认，而吴语"胥""苏"读音相似，遂把"姑胥"改称"姑苏"。

8. 成都

成都位于四川盆地西部，是我国著名的古城之一，距今已有 2000 多年的历史。

成都城始建于战国时期。公元前 311 年，秦文惠王在此设成都县，张仪、司马错等建成都大城。从此，"成都"之称一直沿用至今。

成都别称"龟城"，这个称谓源自一个传说故事。据说当年建造成都城的时候，城墙屡建屡塌，总是建不起来。有一天，江中爬出来一只大神龟，周行旋走。巫师占卜后说，沿着神龟行走的路线进行修筑，城墙就能建起来。人们按照巫师的意见去修城墙，果然把城墙修得十分坚固，也没有再倒塌。更令人惊奇的是，竣工后的城池看起来就像一只缩头的乌龟。由此人们称成都为"龟城"。

成都又叫"芙蓉城"，这个称呼始于五代。五代时，后蜀皇帝孟昶定都成都，下令在城中栽种芙蓉。每年九月，芙蓉盛开，繁花似锦，因而称成都为"芙蓉城"，简称"蓉"。有诗云："芙蓉城上芙蓉开，传说蜀王亲手栽；千载谁晓花蕊恨，香风吹得游人来。"

成都也被称为"锦城""锦官城"。历史上，成都的手工业十分发达，以织锦与银丝工艺闻名中外，尤其是蜀锦，号称"中国四大名锦"之一。因而成都得名"锦城"。又因蜀汉时期曾设"锦官"保护蜀锦生产，故又称成都为"锦官城"。

9. 重庆

重庆是一座有着 3000 多年历史的国家文化名城。它最早的名字叫作"巴"。这个称呼源于周朝。武王伐纣后，为巩固西周的统治，大封诸侯。他把姬姓宗族分封在今重庆地区，建立"巴国"。到了战国时期，巴国为秦国所灭，改称"巴郡"。巴国虽然消亡了，但"巴"的名称保留了下来，成为重庆的重要别称。

汉朝时，因重庆地区有江水流过，故称其为"江州"。

魏晋南北朝时，称重庆为荆州、益州、巴州、楚州。

隋文帝开皇元年（公元 581 年），因见重庆位于渝水（今嘉陵江）之滨，便称其为渝州，这也是重庆简称"渝"的由来。"渝州"之名一直沿用到宋代。

北宋崇宁元年（公元 1102 年），渝州人赵谂被人告发谋反，宋徽宗认为"渝"含有"变"的意思，字义不祥，于是改"渝州"为"恭州"。到了南宋，宋光宗赵惇先被封为恭州王，后受禅即帝位，他自诩"双重喜庆"，于是把恭州改为重庆府，从此"重庆"一名一直沿用到现在。

10. 广州

广州是广东省省会，我国对外交往的"南大门"。它有着深厚的文化底蕴，迄今已有超过 2000 年的历史。

广州在历史上最早的别名是"楚庭"。《广州旧志》记载，广州在古代属于岭南地区，当时居住在这里的民族称为"南越"。春秋时期，南越臣服于楚国，广州地区由楚国管辖，因此有"楚庭"之名。相传有一年，楚庭发生了严重的饥荒。南海的五个仙人知道情况后，乘着五只仙羊来到这里。他们把五棵稻穗交给人们种植，祝愿人间再无饥荒。说完，仙人们腾空而去，五只羊则留了下来，变为石像，世代护佑着当地百姓。由此，人们又把广州叫作"羊城""穗城"，这两个称谓今天依然使用。

秦朝时，秦始皇统一岭南，设置郡县，下令建造城池。这是广州建城的开始。由于当时的广州城是由任嚣、赵佗两位将领主持修筑的，所以就命名为"任嚣城""赵佗城"。又因为城池坐落在番山和禺山上，所以又有"番禺"的称谓。

三国时期，吴国大臣步骘担任交州（辖我国广东、广西和越南北部、中部）刺史，上书孙权重修"番禺城"，后来人们把重修后的城池称为"步骘城"。后来孙权下令将原交州拆为交、广二州，"广州"之名由此而起。

隋朝时，为避隋炀帝杨广之讳，将"广州"改称"番州"，后又改名"南海郡"。唐朝时恢复"广州"之名，"南海郡"和"广州"两个名字交替使用。五代时，广州称"兴王府"。宋朝时，改兴王府为广州。此后，"广州"之名沿用至今。

11. 泉州

泉州位于福建省晋江下游北岸，也是一座历史久远的文化名城。

"泉州"一名最早源于唐代。唐嗣圣元年（公元 684 年），开始在今泉州地区立州建置，定名武荣州。景云二年（公元 711 年），改武荣州为泉州，治所在晋江（今泉州市）。关于"泉州"名称的由来，《泉州府志》解释说：泉州因清源山（又名泉山）上虎乳山泉清明澄澈而得名。开元二年

（公元 714 年），建造泉州城。此后，"泉州"之名就流传了下来，并沿用到现在。

泉州在历史上有过多种别名。宋代时重修泉州城，城墙改用当地特产的花岗岩石砌筑，城池的形态宛如鲤鱼，因此"泉州"被雅称为"鲤城"。古代泉州人酷爱刺桐这种植物，曾环城栽种刺桐。每到初夏时节，刺桐花绽放，颜色艳丽，灿若云霞，十分美丽。于是人们就把泉州称为"刺桐城"。泉州还有一个名字叫"温陵"，相传这是因为泉州的气候终年润湿温暖。

12. 海南

海南在历史上有多个称谓，这些名字的由来有的与气候环境有关，有的与自然资源有关，还有的与行政机构有关。

海南地处偏远，位于我国疆土最南端，古人认为海南就是天的边际所在，故称其为"南极""天涯""海角""南天"。

史料记载，海南岛北部有山产玉石，称为琼山，"琼"即美玉的意思。唐贞观年间曾在海南设琼山县，后又设琼州都督府总辖全岛，因此后世以"琼州""琼岛"称呼海南岛，"琼"逐渐成为海南的简称。

人们还习惯用"珠崖""琼崖""儋耳"称呼海南。汉武帝时在海南设"珠崖郡"，《汉书》中说：珠崖郡在大海中，崖岸之边出珍珠，故名"珠崖"。西汉以后至明清时期，先后在海南设崖州、琼州都督府、琼州路、琼州府、琼崖道等，管辖海岛，于是"琼崖"成为海南的别名。"儋耳"之称源于海南岛古部落的绣面习俗。古代海南岛上的少数民族常在脸上刻上花纹，涂上颜色，在耳朵上戴上耳坠，作为装饰，称为"儋耳"，后"儋耳"演变为海南的别名。

13. 台湾

台湾自古以来就是我国不可分割的神圣领土。历史上，由于朝代更迭频繁，不同时期对台湾的称呼也有所差异。据统一，台湾的别称有二三十种之多。

在商周时代，台湾名叫"岱员"；春秋时称为"岛夷"；战国初期，台湾隶属于扬州。

汉代时，称台湾为"东观"。三国时，称台湾为"夷洲"。

隋唐至宋代，把台湾称为"流求""留虬"；到了元朝，改称"琉球"。

明代早期，台湾被称为"东番"。当时经商的船只横渡海峡时，往往以台湾北部的鸡笼山作为辨别方向的标识，所以台湾又有"鸡笼"之名。渔民经常在台湾西部的"显湾"修船补网，后来用"显湾"指代台湾。

明代中期，台湾又有了"大湾""大员""台员"等称谓。福建滨海地区称台湾为"埋怨"。清代施鸿保《闽杂记》介绍了这个名字的来历：大陆人民渡海开发台湾，许多人遭遇风浪袭击葬身鱼腹，或因水土不服而离世，故以"埋怨"称呼台湾。

明代万历年间，公文上正式出现"台湾"之称。

1624 年，荷兰人占领台湾。1662 年，民族英雄郑成功击败荷兰殖民者，次年改称台湾为"东都"。后来，郑成功的儿子郑经又把东都改名为"东宁"。

1683 年，康熙帝派施琅攻克台湾，恢复台湾之名。"台湾"的称呼一直沿用到现在。

五、我国古代对邻国的称谓

1. 泰国、越南

我国古代史籍称古代泰国为"暹罗国"。据史书记载，古代泰国分为暹和罗斛两国。暹国由泰族速古台王朝所建，曾与我国元朝互通友好，我国的陶瓷技术就是在那时传入泰国的。到了 14 世纪中期，暹国与罗斛国合并，称为"暹罗国"，这一名称一直沿用到近代。"泰国"是 1939 年才出现的称呼。在泰语中，"泰"是"自由"的意思，取名"泰国"寓意这是"自由之国"或"自由土地"。

我国古代对越南的称谓有一个历史变化过程。秦汉之际，越南北部属于南越国。汉武帝时期，剿灭南越改名"交州"，在越南北部设九真、日南、交趾三郡。三国时，孙权将交州分为交、广两州，其中交州全境位于越南，从此交州成为越南的别称。北宋时称越南为"交趾"，南宋后改称为安南和越南，但以其国本古交趾地，也别称为交趾。

2. 日本

在我国古代，对日本有不少称谓。正史中记载的日本的最早古称是"倭"，也称"倭国"。《后汉书·东夷传》："倭在韩东南大海中，依山岛为居。"在古汉语中，"倭"有"矮"的意思，因古代日本人普遍身材矮小，故有此称。

唐朝时开始使用"日本"一名。《旧唐书·日本国传》记载：日本国是倭国的别种，因位于日边而得名。也有人说，倭国讨厌其名称不雅，所以改称日本。

日本还有一种称呼，叫"扶桑"。我国古代传说东方有个古国叫扶桑，多扶桑木，为太阳升起之处。因日本位于我国东面，所以人们就以"扶桑"称之。唐代徐凝《送日本使还》载："绝国将天外，扶桑更有东。"

此外，对日本使用的称呼还有"东洋""东瀛""东岛""东岛""日边""日域""蓬莱""瀛洲"等。

3. 朝鲜、韩国

朝鲜、韩国所在的朝鲜半岛，在历史上与我国古代诸多王朝往来密切。我国古人对朝鲜、韩国的称呼主要有"箕子国""三韩""百济""新罗""高丽"等。

"箕子国"的称谓与殷商贵族箕子有关。箕子是商纣王的叔父，因向纣王进谏遭到囚禁。武王灭商后，释放箕子，箕子不愿仕周，于是出走朝鲜，创立箕氏侯国。后世因此称朝鲜为"箕子国"或"箕子朝鲜"。

"三韩"之称源于朝鲜半岛上的三个政权。汉代时，朝鲜半岛南部分裂为马韩（西）、辰韩（东）、弁韩（南）三国。到晋代时，亦称弁辰为弁韩。合称三韩。后来就把"三韩"用为韩国的代称。

百济是公元1世纪前后在今韩国地区建立的政权。东晋时，百济灭掉三韩中的马韩，辰韩与弁韩合并为新罗。公元10世纪，朝鲜半岛中南部出现新的政权——高丽。后高丽王朝灭掉新罗、百济，实现三韩统一。

14世纪末，高丽三军都总制使李成桂废王自立，建立李氏王朝，改国号为"朝鲜"，取"国在东方，先受朝日之光辉"之意。朝鲜王朝是朝鲜半岛历史上最后一个统一的封建王朝。

4. 印度

我国古代曾使用过多种名字来称呼今天的印度。

"身毒"是对印度最早的称谓，这个名称第一次出现在中国历史上，是在西汉时期。《史记·大宛传》记载，汉武帝时，张骞出使西域，称印度为"身毒"。

西晋时，陈寿著《三国志》，改"身毒"为"贤督"。到了南北朝时期，范晔编写《后汉书》，将印度称为"天督""天竺"。其中"天竺"一称在后世流传甚广，是唐以前印度的主流汉译名称。除此之外，还有一些比较小众的称呼，如"竺国""贤督""天督""贤豆""身竺""身豆""乾毒""虔毒""印土""新头""哂度""欣都""欣都思""婆罗门"等。

唐朝初年，玄奘法师到西天取经，抵达古印度诸国，归来后写成《大唐西域记》，将"身毒"等译名正名为"印度"。他在书中写道："详夫天竺之称，异议纠纷，旧云身毒，或曰贤豆，今从正音，宜云印度。"从此，"印度"的称谓就流传下来，并沿用至今。

知识链接

"震旦"的由来

古代印度人称中国为"震旦"。"震旦"是梵文 Ciˆna 的音译，多见于汉译佛典。关于这个名称的由来，有一种比较有趣的解释：古印度人认为中国位于东方，东方属震，是太阳升起的地方，故称中国为"震旦"。"震旦"有时也写为"真丹"和"振旦"。

第四章

岁时节令称谓

第一节　月份和季节称谓

今天，我们普遍称一年的十二个月为一月、二月、三月等，称四季为春季、夏季、秋季、冬季。但在古代，人们却很少使用这些称谓，而是以其他名词代之。

一、月份

1. 一月

一月名"正月"。古人把"正"作为一年的伊始，故称"正月"。秦始皇时，因"正"与"嬴政"的"政"谐音，故改"端月"。类似的称呼还有"元月""初月""新正""首阳""孟阳""冠月"。

一月在古代通常又被看作吉庆、欢快的象征，所以又有"嘉月""芳月""华岁""泰月""春玉""孟春"等称谓。此外，"建寅""寅月""春王"等也是一月的别名。

2. 二月

二月名"杏月"。此时正值大地回春，杏花含苞欲放，故而得名。二月万物相随而出，所以又有"丽月""如月"之称。

其他称谓还有："建卯""仲春""夹钟""酣春""仲阳""令月""卯月""大壮""同月"。

3. 三月

三月名"桃月"。此时桃花盛开，所以有此美称。另外，三月还有"莺月"的别名，或称"建辰""季春""末春""暮春""桐月""蚕月""辰月"。

4. 四月

四月名"余月"，取万物生长，枝叶舒张之意。此时槐树开花，挂满枝头，所以又称"槐月"。四月开始入夏，因此有"初夏""孟夏""维夏"之名。

其他称呼还有："建巳""中吕""麦春""阴月""梅月""巳月""朱明""乾月""除月""促月"等。

5. 五月

五月名"榴月"，因石榴花开红似火而得名。又叫"蒲月"，源于端午节民间有菖蒲作剑避邪的习俗。

其他称呼如"建午""仲夏""郁蒸""鸣蜩""恶中""皋月""午月""炎月"。

6. 六月

六月荷花盛开，故称"荷月""莲月"。这时正值暑热伏天，有人称之为"伏月""暑月""焦月""徂暑"。此外还有"建未""季夏""旦月"等名称。

7. 七月

旧俗七月初七民间有向织女星乞巧的习俗，故称七月为"巧月"。此时天气开始渐凉，露将成霜，进入秋天，因此有"凉月""霜月""孟秋""肇秋""首秋""新秋"等称呼。此外也被称为"瓜时""兰秋""建申"。

8. 八月

八月桂花盛开，芳香四溢，故称"桂月"。这时已是仲秋时节，傍晚流萤飞舞，所以又叫"萤月"。也称"建酉""南吕""中秋"。

9. 九月

九月菊花傲霜而放，因称"菊月"。另外，九月还有"玄月""咏月""建戌""凉秋""暮秋""霜序""季商"之称。

10. 十月

十月名"阳月"。古代阴阳学认为十月属阴，故反称为阳月以求吉。这时已入初冬，故又称"开冬""孟冬""上冬"。此外还有"建亥""良月""坤月"之名。

11. 十一月

十一月名"喜月"，取阳气复生，革故布新之说。这时天气寒冷，已出现降雪，所以有"寒月""雪月"之名。

12. 十二月

十二月也叫"腊月"，因古代年末时都要进行腊祭而得名。这时一年即将过去，所以也叫"除月"。时值三九，冰天雪地，因此又名"冰月""严月"等称谓。

澣、朔、望、晦

在月份中，每十五天为一旬。旬的别称为"澣"。每月初一至初十称"上澣"，十一至二十称"中澣"，二十一至三十称"下澣"。

古人常用月相纪日，就是用"朔、望、晦"等表示月相的特称来纪日。每月第一日叫"朔日"，月满之日（小月在十五日，大月在十六日）称为"望日"。望日的前一天称"将望"；望日的后一天称"既望"。每月最后一天称"晦日"。

二、四季

1. 春

夏历每年一、二、三月称为春。春在古代典籍中有诸多雅称，这些称呼从不同方面反映了古人对于春天的感受和期盼，承载着丰富的文化内涵。

苍天："苍"是青色的意思。春天万物复苏，植被转青，故有此名。《尔雅·释天》载："春为苍天。"

青春：春天草木苍翠，葱葱郁郁，故称春为"青春"。杜甫诗云："白日放歌须纵酒，青春作伴好还乡。"

阳春：春天阳光温暖，故有"阳春"之名。

艳阳：春天阳光明媚艳丽，故称春为"艳阳"。

芳春：春天草木萌发生长，奇花异草争芳斗妍，因此得名"芳春"。陆机诗曰："烈心厉劲秋，丽服鲜芳春。"

青阳：春天空气清新，阳光明媚，因称"青阳"。陈子昂《感遇》诗云："白日每不归，青阳时暮矣。"

兰时：春兰于春天开放，故有此名。陆机诗云："欢友兰时往，迢迢匿音徽。"

莺时：黄莺常在春季啼鸣，故称"莺时"。骆宾王诗云："凤楼迢递绝尘埃，莺时景物正徘徊。"

青帝：青帝本为司春之神，后用来指代春天。

三春：农历正月为孟春，二月为仲春，三月为季春，合称"三春"，用以指代春季。孟郊诗中云："谁言寸草心，报得三春晖。"

九春：春季有九十天，故称"九春"。

此外，春天还有"阳节""苍灵""淑节""昭节""韵节"等称谓。

 知识链接

风的称谓

飓风：明代以前将台风称为"飓风"。因该风在海上生成之时，犹如从四面八方俱来的暴风，故名。

狂飙：暴风。

善风、迟风：指顺风、逆风。

打头风：指逆风。

惠风、东风、阳风：指春风。

西风、商风、高风、朔风：指秋风。

2. 夏

夏历每年四、五、六月称为夏。在我国古代，人们给夏天以诸多称谓，溯其渊源，颇为有趣。

长夏：夏天白昼漫长，故有此称。杜甫诗曰："清江一曲抱村流，长夏江村事事幽。"

三夏：与春季一样，夏季三月也分为孟、仲、季。四月叫作"孟夏"，五月叫作"仲夏"，六月叫作"季夏"，合称"三夏"，用以指代夏季。古乐府诗曰："情知三夏热，今日偏独甚。"

九夏：夏天约有九十天，故称。陶渊明有"日月推迁，已复九夏"之句。

炎节：夏天属火，天气炎热，故称"炎节"。也叫"炎夏"。钱起诗曰："单车动凤夜，越境正炎节。"

长赢："长盈"，谓使草木长盈者为夏。"盈"有增长之意。《尔雅·释天》载："春为发生，夏为长赢。"

槐序：槐树夏季开花，故称夏为"槐序"。

朱明：夏季"气赤而光明"，故称。由此引申，又称夏天为"朱夏""朱阳"等。潘岳《射雉赋》也载："於时青阳告谢，朱明肇授。"

昊天：《尔雅·释天》载："夏为昊天。"亦名"中昊"。

知识链接

雨 的 称 谓

霂：指大雨。

丰注：指暴雨。

社雨：社日为古代祭祀神之日，立春后第五戊日为春社，此时的降雨称为"社雨"。

杏花雨：清明前后的雨。

迎梅、送梅：长江以南，梅子成熟季节阴沉多雨，称为"梅雨"。三月之雨叫"迎梅"，五月之雨叫"送梅"。

3. 秋

夏历每年七、八、九月称为秋。秋天天气寒凉，是收获的季节，古人根据秋天的特征，并结合五行、五音、五色、五方等相关学说，赋予了秋天诸多雅称。

三秋：秋季三月分别名为"孟秋""仲秋""季秋"，简称"三秋"，用以指代秋季。王勃《滕王阁序》曰："时维九月，序属三秋。"

九秋：整个秋季约为九十天，故秋天有"九秋"之称。

爽节：秋季天高气爽，因称"爽节"。虞世南《秋赋》曰："观四时之代序，对三秋之爽节。"

金天：秋在五行中属金，故称"金天""金秋"。钱谦益有诗曰："素节金天肃，高林玉露滋。"

素节：按照五色学，秋天的颜色为白色，因此称秋天为"素节"，也称"素秋"。欧阳修诗："我来夏云初，素节今已届。"

金素：秋属金而色白，故名。谢灵运诗曰："述职期阑暑，理棹变金素。"

白藏：秋色为白，秋又是收获储藏季节，故有此称。

商秋：晚秋一派肃杀之气，与"五音"中凄厉的"商"音相应，故称秋天为"商秋"。陆机《行思赋》中云曰："商秋肃其发节，玄云霈而垂阴。"

素商：秋天色尚白，又属"五音"中"商"的音阶，故名"素商"，也称"白商"。柳永词曰："渐觉一叶惊秋，残蝉噪晚，素商时序。"

西陆："西陆"本指二十宿中的昴宿。《隋书·天文志》载："（日）行西陆谓之秋。"后"西陆"成为秋天的别称。骆宾王诗曰:"西陆蝉声唱,南冠客思深。"指的就是秋天。

 知识链接

雾的称谓

山巾子:雾在山上,看起来像山之头巾,故名。

五里雾:相传汉代的张楷喜好道术,能作五里雾,后来就将"五里雾"作为大雾的代称。

露的称谓

灵液:古时,人们以为露水是从天上掉下来的宝水,能治百病,故称其为"灵液"。

阴液:古人认为雨、露等是阴气凝聚而成,故称。

天酒:甘露,对露的美称。

4. 冬

夏历每年十、十一、十二月称为冬。和春、夏、秋一样,冬天在古代也有诸多别称,且这些称谓多与其季节特征、古人的观念等有关。

清冬:冬天万物萧条,天地间一片清寒,故称其为"清冬"。唐代皇甫冉有诗句:"清冬洛阳客,寒漏建章台。"

严冬、隆冬:冬天多寒风降雪,温度极低,十分寒冷,因"严""隆"有"程度深"之义,故称冬天为"严冬""隆冬"。

穷冬:冬天是一年中最后一个季节,因"穷"含"尽"的意思,故称冬天为"穷冬"。唐诗中有"关河初落日,霜雪下穷冬"的诗句。

穷阴：古代以春、夏为阳，秋、冬为阴，又因为冬天是一年中最后一个季节，故称其为"穷阴"。白居易诗曰："向晚苍苍南北望，穷阴旅思两无边。"

三冬：冬季的三个月分为名为"孟冬""仲冬""季冬"，合称"三冬"，用以代指冬季。

九冬：冬天共有九十天，故名"九冬"。

玄冬：古人以四方为四季之位，北方为冬位，其色黑，"玄"为"黑"的意思，故称冬为"玄冬"。《汉书·扬雄传上》载："於是玄冬季月，天地隆烈。"

北陆：《隋书·天文志》载："（日）行北陆谓之冬。""北陆"本指太阳冬季所在的方位，后成为冬天的代称。

此外，冬天还有"严节""岁馀""玄序""玄英"等称谓。

 知识链接

雪 的 别 称

凝雨：古人以为雪是由雨点凝结而成，故称。

六出：花分瓣叫"出"，雪花六角，故称"六出"，也叫"六出花"或"六花"。

琼苞：飞舞的大朵雪团，有如花苞，故名。

三白：唐代时将萝卜、盐和饭称为"三白"，后来代称雪。

寒英、泠飞白：雪花多在天寒时降落，颜色纯白，故有此名。

第二节　节日与节气称谓

一、节日的称谓

1. 春节

春节是我国最隆重、最具特色的传统节日，在每年农历正月初一。每当这一天，全国各族人民都要举行各种各样的活动来庆祝。

春节在古代也是备受重视的节日，对它的称呼亦有不少。

春节为我国农历年的岁首，是新的一年的开端，故称其为"端日""元日""元首""元辰""元旦""岁旦""岁朝""岁日""新元"。这一天正好是正月初一，因此有"正旦""正日"的叫法。

因为春节象征着辞旧迎新，过一个春节就表示过去了一年，人们又增长了一岁，故称春节为"改岁""献岁"。

春节也叫"三朝"，因为这一天不仅是岁之朝、月之朝，还是日之朝。

"鸡日"是春节的另一个称谓。古代以正月前几天的天气情况来附会人和动物、植物的吉凶。古书记载："正月一日为鸡，二日为狗，三日为猪，四日为羊，五日为牛，六日为马，七日为人。"后遂称正月初一为鸡日。

知识链接

鞭炮的古称

春节有放鞭炮的习俗。鞭炮在古代最初叫"爆竹"。古时候，在没有发明火药和纸张之前，春节时人们用火烧竹子，发出爆裂之声，以为能够驱瘟逐邪，因此得名"爆竹"。唐朝时，鞭炮叫作"爆竿"，大概是将一根较长的竹竿逐节燃烧，连续发出爆破之声。到了宋朝，人们发明了火药，于是开始把火药装入竹筒内燃放，后来又用卷纸裹着火药燃放，称为"炮仗"。后来"炮仗"改名为"鞭炮"至今。

2. 除夕

除夕是我国主要的传统节日春节的前一天，民间俗称"年三十"。

关于除夕的来历，有不同的说法。其中很有名的一个传说是：相传很久很久以前，有一个妖怪叫"夕"。它专门出来害人，老百姓都对它恨之入骨，却拿它没办法。后来，出现了一个叫七郎的英雄，他力大无比，箭术超群，非常勇猛。七郎见百姓深受"夕"的祸害，就下决心除掉它。历经千辛万苦，七郎终于消灭了"夕"。从此以后，为了表示纪念，人们就把腊月三十称为"除夕"。

除夕是农历一年的最后一天，因此被称为"岁除""岁暮""年关"等。它也指一年最后一天的夜晚，故有"除夜""大年夜"等称呼。除夕之夜，人们往往通宵不睡觉，因此又把这一夜叫作"守岁"。苏轼《守岁》诗："儿童强不睡，相守夜欢哗。"此外，在民间，除夕还有"大尽""大节夜"等别称。

3. 元宵节

正月十五为元宵节。元宵节是继春节之后一个比较重大的传统节日，它的得名与天文有关。古人称夜为"宵"，正月十五日又是一年中第一个月圆之夜，"元"含有"首、始"的意思，故有"元宵"之名。

元宵节在古代的主要活动是观赏灯火，每逢节日期间，街上张灯结彩，并设灯树、灯楼等，因此元宵节有"灯节"之称。

道家有"三元"之说。天官、地官、水官是道教尊奉的三位天神,三官的诞辰分别为农历正月十五、七月十五和十月十五,这三天分别称为"上元""中元""下元",合称"三元"。因此称元宵节为"上元节""天官节"。

4. 寒食节

寒食节在每年四月清明节的前一天,也叫"禁烟节""冷节",因为节日当天禁止烟火,只吃冷食。

寒食节的由来与春秋时期晋国贤臣介子推有关。介子推曾跟随晋国公子重耳流亡国外。途中,他们风餐露宿,饥寒交迫,历尽艰难险阻。有一次,重耳饿得快要昏迷过去,介子推为了救主,就从自己的腿上割下一块肉,熬成汤给重耳喝。后来,重耳做了国君,就是晋文公,介子推不愿追求功名利禄,便隐居在了山中。晋文公不舍介子推离开,亲自到他所居的山中寻找,多日都没有找到。晋文公认为介子推孝顺,若是山中起火,必定会背着母亲出来,于是下令烧山。没想到大火烧了三天,介子推也没有出来。火熄灭以后,晋文公率人进山搜寻,发现介子推与母亲被烧死在柳树之下。晋文公悲痛万分,为了纪念介子推,下令在他死难之日,也就是每年四月清明节的前一天,不得生火做饭,只吃冷食。后来,清明节前一日禁烟火、吃冷食成为一种习俗,并逐渐形成了"寒食节"。

寒食节在古代还有"熟食节""龙歌节""一百六"等别称。古代秦人称寒食节为"熟食节",因寒食日不举火,预办熟食过节,故称。杜甫有《熟食日示宗文宗武》一诗。"龙歌节"的得名是因为介子推生前作有《龙蛇歌》。"一百六"的由来是因为古代计算寒食节在冬至后一百零六天。有时寒食节距冬至一百零五天,称为"一百五"。元稹诗曰:"初届寒食一百六,店舍无烟宫树绿。"

5. 端午节

农历五月初五，俗称端午节，是我国的传统节日之一。端午节的名称在我国所有传统节日中是最多的，据说有二十多个。这些称谓的由来颇为有趣。

端五："端"是"初"的意思，故称五月初五为"端五"。

端午：我国古代以十二地支纪月，正月建寅，二月为卯，推算到五月则为午，因称五月为午月。"午""五"同音，故称"端五"为"端午"。

午节：古代称五月为午月。因为端午节正好在五月，所以称其为"午节"或"五月节"。

端阳："午"时正值白天的正中，烈日当空，阳光灿烂，故称"端午"为"端阳"。

重五：农历五月初五，其月、日均为"五"，五、五相重，故端午节又名"重五"，也称"重午"。

天中节：古人认为五月五日太阳重入中天，因此称这一天为"天中节"。

浴兰节：端午正值仲夏，为皮肤病多发季节，古人此时有用兰草汤沐浴去污的习俗，因此端午节也叫"浴兰节"。

解粽节：端午节有吃粽子的习俗。古人端午吃粽时，有一种游戏，即比较各人解下粽叶的长度，长者为胜，故以"解粽节"指称端午节。

菖蒲：古人认为五月五日为恶月恶日，蛇虫出没，多病毒疫疾，因此端午节有挂菖蒲、艾叶驱邪避毒的习俗，故端午节也称"菖蒲节"。

女儿节：旧俗五月五日少女要佩艾符，已出嫁的女子要簪榴花回娘家，故端午节也名"女儿节"。

知识链接

端午节的习俗

相传端午节是为纪念伟大爱国诗人屈原而设立的。屈原是战国末期楚国人，楚怀王时期的大臣，因受到佞臣嫉妒陷害，被逐出都城，流放到沅、湘流域。后来楚国为秦国所灭，屈原目睹国破家亡，心灰意冷，毅然投汨罗江而死。屈原投江以后，当地百姓马上划船捞救，结果并未找到屈原。为了防止水中的鱼虾糟蹋屈原的身体，人们便划龙舟驱散江中之鱼，并将粽子投入江中吸引鱼虾。尔后每年五月初五都如此，由此渐渐形成了端午节的节俗。

6. 七夕节

每年农历七月初七是我国民间传统节日七夕节。这是我国传统节日中最具浪漫色彩的一个节日，起源于牛郎织女的传说。

相传织女是王母娘娘的外孙女，下凡与放牛青年牛郎相爱结婚，生了一儿一女。王母娘娘知道后大怒，将织女带回天上，牛郎挑着两个孩子上天去追织女，王母娘娘用金簪划出一条银河，将他们隔开，只允许他们每年七月初七见一面。那一天成群的喜鹊飞来给牛郎织女搭桥，他们就在鹊桥上相会。这就是七夕节的由来。

七夕节在古代有着多个别称。这一天，月、日皆为七，故称"双七""重七"。农历七月古称"兰月"，所以七夕又有"兰夜"之名。相传织女与牛郎相会前，要梳妆打扮、涂脂抹粉，以至满天飘香，因此称七夕为"香日"。织女心灵手巧，擅长缝纫，旧俗七月初七晚，凡间的少女以一定仪式向织女乞求智慧和巧艺，故七夕节也被称为"乞巧节""巧夕""女儿节""少女节"。七夕节当天还有穿针的习俗，故又有"穿针节"之称。

7. 中秋节

中秋节是我国主要的节日之一，与春节、端午节、清明节并称我国四大传统节日。

中秋节起源于古代的祭月习俗。据史料记载，古时天子有春季祭日、秋季祭月的礼制，其中祭月的日子一般为农历八月十五，这一天恰逢秋季过半，因此得名"中秋节"。

中秋节在秋季八月，所以又称"秋节""八月节""八月会"。古人以仲秋八月十五日为"月夕"，此时月色较常时皎洁明亮，故称中秋为"月夕"。八月十五有赏月、拜月的习俗，因此"拜月节""玩月节"成为中秋的俗称。中秋时，民间以月饼相送，取团圆之意，同时又有祈求团圆的活动，所以又称中秋节为"团圆节"。唐朝时，中秋节也叫"端月节"。

8. 重阳节

重阳节在每年农历九月初九，是我国汉族传统的节日。我国古代把九看作"阳数"，农历九月九日，两九相重，皆为阳数，故称"重阳"。

重阳节时值末秋，大地上一片白色，故重阳节也称"素节"。

登高是重阳节最重要的节日活动之一，每到重阳节这一天，人们登高望远，思念亲人，故"登高节"成为重阳节的别称。登高的地方没有统一规定，通常是登高山或者登高塔。

重阳节有佩茱萸避瘟疫的习俗，因而又被称为"茱萸节"。茱萸是重阳节的重要标志，雅号"辟邪翁"。

汉代时，重阳节这天人们要饮菊花酒，以被除不祥，故重阳又有"秋被"之称。晋代陶渊明喜欢在重阳节赏菊，因此人们用"菊节""金节"指称重阳。

二、二十四节气

我国古代把一年分为二十四个节气，它们分别是：

立春："立"指开始，"春"含温暖之意，"立春"代表着植物开始有生气。这一天象征着春天的开始。

雨水：雨水将要增多。

惊蛰：春雷响动，惊动万物。从这一天开始，许多冬眠的生物开始苏醒。

春分："分"即半，春季三个月的一半，称为"春分"，这一天昼夜平分。

清明：明洁之意。从这一天开始，草木萌芽。

谷雨：取雨生百谷之意。从这一天开始，雨水增多。

立夏：夏天之始，植物开始借助温暖的气候而生长。

小满：麦粒即将饱满。从这天起，植物将要呈现出欣欣向荣的景象。

芒种：指麦种有芒。从这一天起，进入播种最紧张的时节。

夏至：日照长至终极，标志着天气开始炎热。

小暑：气候炎热而没有热到极点。

大暑：炎热至极。

立秋：开始进入秋天。

处暑：处指结束，从这天开始暑期终结。

白露：地面水汽凝结成露，色白，标志着天气开始转冷。

秋分：秋季三个月的一半。这一天昼夜平分。

寒露：寒为露之汽，先白而后寒，意味着气候进一步变冷。

霜降：地面开始出现霜。

立冬：开始进入冬天。

小雪：开始降雪，但不是很大，而且也不多。

大雪：雪开始由小至大。

冬至：夜长达到极致，寒冷降临。

小寒：冷气积久成寒，小寒是天气寒冷而没有冷到极点之意。

大寒：冷到极点。

三、清明

清明是二十四节气中的第五个。每年春分后的半个月，当太阳运行到东经 15 度那天，就是清明。按阳历来说，清明总在每年的 4 月 5 日前后，这时正值春意盎然，草木吐绿，万物竞发，是耕作播种的大好时节。

自古以来，清明不仅是节气，而且是一个传统节日。这一天有祭祖和扫墓的习俗，所以也叫"冥节""思亲节""祭祖节""扫墓节"。它与七月十五的中元节、十月初一的寒衣节（原为十月十五下元节），并称为我国三大著名"鬼节"。现在，清明节祭拜祖先，悼念已逝亲人的习俗仍很盛行。

清明也是春游（古代叫踏青）的好时候，因此古人有清明踏青的习俗。此外，清明节还有荡秋千、蹴鞠、打马球、插柳等一系列风俗体育活动。

四、冬至

冬至是我国农历中一个重要的节气，一般在十一月间。古人对冬至的称谓颇多。

至节：古人认为冬至日是"阴极之至""阳气始至""日行南至"的日子，故称冬至为"至节"。

长至：这一别称源于自然现象。夏至过后白昼渐渐变短，到冬至时达到极点，之后白昼渐渐变长，因此冬至又叫作"长至"，意谓白昼之长将（已）至。如果把冬至看成节日，则又有"长至节"之称。

短至：也称短至节。冬至当天，白昼达到最短，所以得名"短至"。

南至：冬至日太阳行至最南，故称。

肥冬：冬至早于年节，饮食丰富，并且有馈送亲友酒、肉的习俗，因此得名"肥冬"。

喜冬：冬至节亲友相贺，喜气洋洋，故名。

亚岁：这是与年节相比较而产生的别称。意思是冬至亚赛年节，和俗谚"冬至大如年"类似。

贺冬：汉朝以冬至为"冬节"，称为"贺冬"。

一阳生：冬至后始生阳气，故称。

履长节：冬至当天，日当南极，受影最短，律当黄钟，其管也最长，因此有履长之贺，遂用"履长"作为冬至的代称。又说冬至始生阳气，白昼开始变长，妇女在次日要向舅姑献履袜，以示女红开始，故冬至又叫作"履长节"。

书云：古代天文学家在冬夏至、春秋分以及立春、立夏、立秋、立冬之日登高望云，记书天象附会吉凶。故以"书云"代称冬至。

冬至还有"交冬""新正""如正""消寒节"等别称。

第三节　　纪时称谓

一、干支纪年

中国古代的纪年法，叫作干支纪年法。所谓"干"即"天干"，共有十个，由甲、乙、丙、丁、戊、己、庚、辛、壬、癸组成，也称"十干"。所谓"支"，即"地支"，包括子、丑、寅、卯、辰、巳、午、未、申、酉、戌、亥十二个，也称"十二支"。

干支纪年法就是从十个天干和十二个地支中各取一个字进行搭配，使之成为年序符号。这种搭配是遵循一定的顺序的，甲居天干之首，子居地支之首，因此把甲子作为第一年。此后循序为乙丑、丙寅、丁卯……一直到癸亥，恰好是六十年一个循环，所以有"六十花甲子"的说法。

干支配合，既可以用来计算年份，也可以用来计算月、日、时。

二、十二时辰

古人把一昼夜二十四个小时划分为十二个时辰，用十二地支来表示，分别是子时、丑时、寅时、卯时、辰时、巳时、午时、未时、申时、酉时、戌时、亥时。

子时：指夜半十一时至翌晨一时。古代还有"夜半""夜分""子夜""中夜""午夜""宵分""未分""未央""未且"等别称。

丑时：指凌晨一时至三时，又叫"鸡鸣""鸡荒"。

寅时：指凌晨三时至五时，别称"骑旦""平明""平旦""日旦"。

卯时：指五时至七时，是古时官署开始办公的时间，所以也叫"点卯"。此时正值太阳初升、晨光微曦的那一段时间，因此也称"日出""日始""破晓""旭日"。

辰时：指七时至九时，别称"食时""早食"，是古人吃早饭的时间。

巳时：指九时至十一时。这时临近中午，又名"隅中"。

午时：指十一时至十三时，此时太阳最猛烈，正值中午，也叫"日中""平午""平昼""亭午"等。

未时：指十三时至十五时。这时太阳蹉跌而下，开始偏西，所以称为"日跌""日央"。

申时：指十五时至十七时，别称"晡时""日晡""夕食"，是吃晚饭的时间。

酉时：指十七时至十九时，是太阳落山的时候，也叫"日入""日沉""傍晚"。

戌时：指十九时至二十一时。这时太阳已经落山，天色昏黄，将黑而未黑，所以别称"日夕""日暮""日晚""黄昏"。

亥时：指二十一时至二十三时。这时夜色已深，人们都安歇睡觉了，所以别称"定昏""人定"。也叫"黁（yín）夜"。

三、五更

古人将一夜分成五个时辰，每个时辰称为"更"，一夜就是"五更"，一"更"相当于现在的两个小时。古人按更击鼓报时，又将每更分为五点，每点相当于现在的二十四分钟。我们经常在古代影视剧里听到有人问几更天了，说的就是这五更中的某一更。

一更指晚上十九时到二十一时，对应十二时辰中的戌时。二更为晚上二十一时至二十三时，对应亥时。三更为晚上二十三时至次日凌晨一时，正好在子时。四更指凌晨一时到三时，对应丑时。五更指三时到五时，对应寅时。五更是最后一更，过了五更，天就要变亮了。这个时候黑夜与白天的更替悄悄地完成了。我们一般把过年称作"起五更"，寓意着五更之时旧的一年远去，新的一年即将开始。

四、刻

古代用漏壶计时。漏壶分播水壶和受水壶两部。播水壶一般二至四层，都有小孔，可以滴水，最后流到受水壶中。受水壶装有立箭，箭上刻分 100 刻，箭会随着蓄水量增多逐渐上升，露出刻数，显示时间。

一昼夜共 100 刻，一刻合现在 14 分 24 秒，即相当于 1440 分钟。古人常用"顷刻"指很短的时间。所谓的"午时三刻"即指现在的中午 1 时 43.2 分。

第 五 章

衣食住用行称谓

第一节　衣物称谓

衣物随着人类社会的发展，品种、做法、样式等都在不断改进，因此历代对它们的称呼也不相一致。

一、织物

古代织物类型多样，名目繁多，常见的有以下几种。

帛：古代丝织品的总称，主要供贵族使用。战国以前将用生蚕丝织成的面料统称为帛，包括锦、绣、绸、罗、绢、绮、缣、绨等。后来逐渐分开。

布：古代对棉、麻、葛、苎等织物的通称。因我国古代使用棉布的历史较晚，所以"布"最初专指麻布。

绸：以桑蚕丝织造的绸类丝织物，明清以后为丝织物的通称。

缎：俗称缎子，是一种质地较厚、正面平滑有光泽的丝织品，可制作被面、旗袍、棉袄等。

葛：葛是一种草本植物，茎皮可以织布，用于制作葛巾、葛衣等，其中葛巾是我国古代无论贵贱都通用的常服。我国使用葛织物的历史非常久远。

锦：有彩色花纹的丝织品，十分豪华贵重，只有达官贵人才能使用。

绢缯：绢指疏而较厚的丝织品，缯指由单根生丝织成的淡青色丝织品。

练：白色熟绢。南北朝时因避梁武帝（小字练儿）名讳改称"绢"。

绫：一种细薄而有花纹的丝织品，光滑柔软，质地轻薄，常用于制作服装等。

罗：一种较为轻薄、透气的丝织物，在冠服中应用极广。

绮：一种素底织纹起花的织物，早期广泛用于贵族妇女和舞女的衣物，魏唐以后，逐渐被绫取代。

绉：一种用丝或棉等纤维织成的、表面有皱纹的轻薄织物。

知识链接

古代三大名锦

宋锦：宋代所织的锦缎。宋高宗南渡后，主产地在苏州，所以又被称为"苏州宋锦"。该锦纹样寓意吉祥，风格写实清丽，配色典雅和谐，有"锦绣之冠"的美誉。

蜀锦：主产地在四川成都，古时属于蜀国，因此得名。该锦以桑蚕丝等为原料，织纹精细、图案繁华、配色典雅，具有鲜明的民族特色和地方风格。

云锦：南京的传统工艺品，发源于元代，流行于明清。因外观富丽、纹样灿烂如云而得名。

二、头巾

古代老百姓常用巾包头或扎发髻。所谓的巾，就是用丝或麻织成的布。头巾在古代有着以下不同的称谓。

幅巾：古代男子用一整幅绢裹发，称为"幅巾"。幅巾一般为黑色。以幅巾束发的习俗，始于汉末。《后汉书·郑玄传》载："玄不受朝服，而以幅巾见。"幅巾后来又称"陌头"，隋唐时叫"幞头"，中唐以后渐渐由巾帕变为乌纱帽。

帻：包头发的巾，是古代庶民所着头衣的通称。古代对服饰有着严格的等级之分，规定庶民不得戴冠，只能覆以帻。帻与东汉的幅巾类似，通常为黑色或青色。帻后来也在贵族中流行，不过在帻上还要加冠。

纶巾：一种系有青丝带的头巾，在东汉末年三国两晋时十分流行。相传为诸葛亮所创，所以又名"诸葛巾"。

四方巾：全称"四方平定巾"，是明代儒生和处士佩戴的方形软帽。

知识链接

背心有哪些称呼

背心是一种无领无袖，且较短的上衣。"背心"一词最早出现在宋代，取"当背当心"之意。因为早期的背心由两片做成，一片遮胸，另一片挡背，肩部以带相连。

清代时把背心称为"坎肩"，"坎"有"扣""戴"的意思，坎肩就是扣在肩上的无袖上衣。背心也叫作"马甲"。"半臂"也是背心的别称，因背心露半臂在外，所以得名。

三、斗篷

斗篷是一种披用的无袖、不开衩的长外套，据说是由蓑衣演变而来的。因为其外形像"斗",而"篷"是指遮蔽风雨的东西,故而得名"斗篷"。又因为其形如古乐器中的钟,又如植物中的莲蓬,所以被称为"一口钟""莲蓬衣"。

最初的斗篷是用棕麻编织而成的,用以抵御雨雪,叫作"斗被"。明清时期的斗篷主要由丝织物制成,人们称其为"大衣",且其用途不单单是御寒,还作为装饰。当时的大衣分为长式和短式、高领和低领。后来,斗篷变得更加普遍,制作也更为精巧,往往采用鲜艳的绸缎作为布料,并在上面绣各种花纹,讲究的人家还要在里面用皮毛制作成衬。

斗篷中有一类叫作"鹤氅"的,是用鹤毛及其他鸟毛捻成绒织成的。《世说新语·企羡》载:"孟昶未达时,家在京口,尝见王恭乘高舆,被鹤氅裘。"鹤氅起初是用一片仙鹤羽毛做的披肩。后来,士大夫也穿鹤氅,鹤氅逐渐变为大袖、两侧开衩的直领罩衫,中间用带子相系,没有缘边。

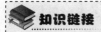 知识链接

汗衫的由来

汗衫是一种吸汗的贴身短衣。汉代以前,人们把汗衫称为"中衣""中单"。宋代高承《事物纪原》记载,汉高祖刘邦与楚霸王项羽交战,双方僵持不下。汉高祖回到中军帐中,发现汗流浃背,中单已经被汗水浸透,于是就把中单改名为"汗衫"。

四、内衣

古人对内衣的称呼可谓是多种多样,不同的时代有不同的叫法。

汉代以前常把内衣称为"亵衣"。《礼记·檀弓下》记载:季康子的母亲去世了,在小敛之前,把亵衣陈列了出来。敬姜说:"妇人不打扮,不敢

见公婆。马上就要有各方宾客来吊丧，怎么能把亵衣陈列在这里呢？"于是命人把亵衣撤去。"亵"含"轻薄、不庄重"之意，由此可见，古人对内衣的态度是隐晦和回避的。

汉代时把内衣称为"抱腹""心衣"。两者的相同点是背部袒露，没有后片。魏晋时期，人们把内衣叫作"两当"。"两当"最初是北方少数民族的服饰，后来传入中原地区。这种内衣的背部有后片，材质为织锦，色彩也比较丰富。

唐代以前，内衣的肩部都缀有带子，但从唐代开始出现没有带子的内衣，名叫"诃子"。宋代时把内衣称为"抹胸"。这种内衣穿在身上可以从胸部一直覆盖到肚腹，由于整个胸腹皆被掩住，因此也叫"抹肚"。

元朝时内衣叫"合欢襟"。这种内衣是从后向前系束，在胸前用一排纽扣或带子系结。

明代时把内衣叫作"主腰"。这是一种束身内衣，围在胸部，开口向前或向后，开口处缀有一排纽扣或系带。

清代时称内衣为"兜肚"。这是一种挂束在胸腹间的贴身小衣，一般为菱形。后来，兜肚演变为"小马甲"，再后来演变成今天的内衣——文胸。

一件小小的内衣就有如此多的别称，可见我国的传统民俗文化是多么丰富多彩。

知识链接

裤子的古称

最早的裤子叫作"胫衣"。春秋时期，人们穿的裤子只有两只裤管，没有腰也没有裆，与现在的套裤很像，穿时套在胫上，盖住膝盖以下的部分，因此得名"胫衣"。后来把裤子称为"绔"。绔，通

"袴",《释名·释衣服》曰:"袴,跨也,两股各跨别也。""纨绔"是指细绢做的裤子,多为富家子弟穿着,后来也借指富家子弟。

五、雨衣

雨衣发明得很早,根据文献记载,周朝时人们就已经使用雨衣了。最早的雨衣由蓑草制成,又称"蓑衣"。蓑草的表皮比较光滑,本身呈空心状,用它编制的雨衣能够防止雨水渗透,因此,在很长一段时期内蓑衣都很流行,只要外出遇雨,人们就穿蓑衣。

随着时代的进步,有了比蓑衣进一步的雨衣,是用丝绢等纺织品涂上油以后制成的,称为"油衣""油帔"。

除蓑草、油绢外,古代也以粗麻、棕丝等材料制作雨衣。棕丝是棕榈树皮上的一种纤维,用其编织成的雨衣俗称"棕衣"。油葵叶也很适宜做雨衣,用这种材料制成的雨衣主要由农夫、渔人穿用,仕宦之家多用油衣,取其质轻。

明代以后,雨衣的制作越来越考究,使用的材料也多种多样。贵族男女的雨衣,常用一种柔软而不渗水的高级玉草编织而成,称为"玉针蓑"。

六、丧服

古人常用"五服"表示亲属关系的亲疏。其实"五服"指的是五种丧服。《古今事物考》说:"五服之制,原于夏,备于周,一曰斩衰三年,二曰齐衰三年……三曰大功九月,四曰小功五月,五曰缌麻三月。""五服"具体指的是:"斩衰""齐衰""大功""小功""缌麻"。

"斩衰"用很粗的生麻布做成,古代习俗:穿这种丧服服丧三年,用于臣、子、妻、妾为君、父、夫服丧;"齐衰"用缝边的较粗的生麻布做成,用于为高祖、曾祖、祖父服丧,为祖父服丧的服丧期为一年,曾祖为五个月，高祖为三个月。其他三种丧服用于为其他亲属服丧，其中"大功"由粗麻熟布做成，用于为祖父系亲属服丧，服丧期为九个月；"小功"用稍粗的熟麻布做成，用于为曾祖父系亲属服丧，服丧期为五个月；缌麻用细的熟麻布做成，用于为高祖父系亲属和母系亲属服丧，服丧期为三个月。

七、鞋子

鞋子的历史相当久远，早在距今五千多年前的仰韶文化时期，就已经出现了用兽皮缝制的最原始的鞋。

古人对鞋的称谓主要有"舄""屦""屣""履""屐""靴"等。

"舄"是有多层底子的鞋，下层底为防潮的木制厚底，内装木楦，楦中有凹槽，用来填充松软之物；上层底冬天用皮，可以保暖；夏天用葛，便于透气。古人常在正式的场合如祭祀、朝觐时穿这种鞋。

"屦"是汉代以前对鞋的称呼，本指用麻或葛制成的单底鞋，后来泛指各类鞋子。

汉以后称鞋为"履"。履也是鞋类的总称。相传东汉叶县令王乔曾用神道之术把尚方所赐之履变成两只野鸭，因此又称鞋为"履凫"。

"屐"在唐朝以前是旅游时所穿的鞋，有平底和装齿两种。如谢公屐就是前后齿均可拆卸的木屐。据说此鞋由南朝诗人谢灵运发明，他在旅游登山时常穿这种鞋：上山时去前齿，留后齿；下山时去后齿，留前齿，便于行走。宋朝以后，"屐"成为防雨的雨鞋，在雨雪天做套鞋使用。

"靴"指连筒鞋，本是北方少数民族所穿的。此鞋一般由皮革制成，穿时紧束在小腿上。相比于舄和履，靴子便于在草地上行走，适合骑射，而且靴筒较高，利于保暖。战国时，赵武灵王推行胡服骑射，靴子也随之传入中原，逐渐成为广受青睐的一种服饰。

知识链接

不同类型的鞋

弓鞋：古代女子缠足后所穿的鞋子，由布或丝绸制成。因鞋尖上翘如弓而得名。有平、高底多种样式，上面饰有刺绣和珠玉等。

芒鞋："芒"是一种草本植物，茎皮耐水耐磨，唐代以后常被人们采来编织鞋履，编出的鞋就叫"芒鞋"。这种鞋穿着轻便，是外出游玩时的常备之物。

绣花鞋：古代女子盛装时配的鞋，因鞋帮上绣有人物、花鸟等吉祥图案而得名。女子结婚之时，必会着一双大红绣花鞋。

八、簪子

簪子是古代男女常用的首饰，呈单股长针状，最初用来绾束头发。

先秦时期，称簪子为"笄"。最早的笄由竹、木、石、玉、骨等材料制成。商代时，笄的种类与佩戴形式就已多样化，到了周朝对插戴方式有了具体规定，笄的佩戴遂制度化。秦汉以后，笄改称为"簪"，制作时开始运用金银等贵重材料，工艺也变得越来越繁复考究，逐渐跨入奢侈品的行列。

簪子在古代有很多称谓，"玉搔头"是其中一种。据说汉武帝在其宠爱的李夫人宫里时，忽然头皮发痒，就拿起李夫人头上的玉簪搔起头来。皇帝的任何举动都被认为是神圣的，所以嫔妃们就把玉簪称为"玉搔头"。从此这个称谓流传了下来，并普遍应用在古诗文中，如白居易《长恨歌》曰："花钿委地无人收，翠翘金雀玉搔头。"

"玉燕"是一种形似飞燕的玉制钗，也叫"燕钗"。《洞冥记》载：汉代时，有神女赠给汉武帝玉钗，汉武帝转赐给赵婕妤。玉钗传至汉昭帝时期，有宫女想要打碎玉钗，没想到玉钗却化为玉燕飞到天上。后宫于是纷纷学做此钗，称为"玉燕钗"。

知识链接

步　摇

步摇是古代妇女常用的首饰之一，多用黄金屈曲成龙凤等形状，在上面缀以珠玉。步摇最早出现在汉代的宫廷中，当时是附在簪钗上的一个花枝状饰物，花枝又垂以琼玉，走动时珠玉自然摇曳，因此得名"步摇"。戴步摇者行动要从容不迫，使垂珠伴随身上的玉佩发出具有节奏的声响，所以步摇又被人称为"禁步"。

九、戒指

戒指是套在手指上的圆环形装饰物，北方民间俗称"手镏子"。在史书中戒指还有更多的称谓，如"指环""约指""手记""代指"等。

我国妇女戴戒指相传始于商朝末年，《物源》记载："纣（王）作翠翘、金钿、指环。"大概是因为商纣王荒淫无道，后人便把这小小奢侈品的发明权归在他的名下，但实际上这并不可信。

有文字可稽考，在我国汉代初年，宫廷里流行戴"指环"。沈约《俗说》记载："晋哀帝王皇后有一紫磨金指环。"唐代时称戒指为"约指"。大约在明代，出现了"戒指"一词。

戒指在古代不仅是一种饰物，还是宫廷妇女用以避忌的标记。《五经要义》上说："古者，后妃群妾御于君，作当御者，以银环进之，娠则以金环退之。进者著右手，退者著左手，本三代之制，即今之戒指也。"后宫嫔妃在接受君王"御幸"时，都要经过女史登记，由女史事先发放金、银两种指环。一般用银环，若是有身孕或碰上经期不能接受"御幸"，则戴金环。可见，戒指在宫廷生活中充当"肃戒"之具，起到提示和禁戒的功能。后世把指环称为"戒指"就是来源于此。

至于把戒指作为订婚的信物，典籍上说这种习俗是从西域传入的。

《晋书·西戎传》载："大宛俗，娶妇先以金同心指环为聘。"后来民间世代相袭，就演变成了男女结婚互赠"婚戒"的传统。

手镯的称谓

手镯是古代女性最重要的腕饰，原称"手蠋"，因为其造型卷曲成环，与一种叫"蠋"的昆虫相似。后来"蠋"字讹写为"镯"，就变成了"手镯"。手镯在古代有个别名叫"跳脱"。宋代计有功《唐诗纪事》载：有一天唐文宗考问群臣："古诗里有'轻衫衬跳脱'，有谁知道'跳脱'是什么东西吗？"群臣都答不上来。文宗说："跳脱就是今天的腕钏。"

十、玉佩

玉佩也叫"佩玉"，是我国古代非常重要的一种配饰，《礼记·玉藻》曰："古之君子必佩玉。"古人对玉佩有着多种称呼。

玦：环形而有缺口的佩玉。《史记·项羽本纪》记载："范增数目项王，举所佩玉玦以示者三。"

佩环：玉制的环形佩饰物。古代妇女挂在身上，走动时会发出声响。柳宗元《小石潭记》曰："隔篁竹闻水声，如鸣佩环，心乐之。"

琼琚、琼瑶、琼玖：精美的玉佩。《诗经·卫风·木瓜》曰："投我以木瓜，报之以琼琚。"

琪琚：玉佩，也指玉佩相击声。孟郊诗曰："喃喃肩经郎，言语倾琪琚。"

璜佩：泛指玉佩。"璜"是一种半璧形的玉。韩愈诗曰："班行再肃穆，璜佩鸣琅璆。"

瑽珩：玉佩的别称。王融诗曰："逶迤冕服。有锵瑽珩。"

第二节　饮食称谓

一、谷物

谷物是稻、小米、玉米、大豆、高粱、甘薯等作物的总称。

1. 稻

我国是世界上最早种稻的国家，在距今七千多年前的河姆渡文化时期就开始栽培水稻，至殷商时代，稻谷已跃为五谷之首。稻的种类繁多，可分为籼、粳、糯三大类。籼稻古时称"秾"，粳稻称"秔"，糯稻称"秫"。

2. 小米

小米即粟米，是我国北方地区的主粮之一。粟米是禾本科植物粟的果实。"粟"含继续之意，粟米为谷之续，故有此称。古代称粟为"禾""谷""稷"，今北方通称为"谷子"。去壳后叫"小米"。

3. 玉米

玉米是明代时由美洲传入我国的，《巩县志》称为"玉麦"。"玉米"之名始见于明代徐光启《农政全书》，因其籽粒光洁如玉而得名。籽粒如玉般光滑圆润，且紧密排列如同石榴，所以又有"玉榴"的美称。玉米的茎叶与芦苇相似，穗外有总苞包裹，因此又叫"苞米""苞芦"。民间俗称"棒子"，因其形态与捶布棒相似。

4. 大豆

大豆在我国的栽培历史极为久远，古时称为"菽"，是重要的五谷之一。《汉书》中说："菽者稼最强。古谓之尗，汉谓之豆，今字作菽。菽者，众豆之总名。然大豆曰菽，豆苗曰藿，小豆则曰荅。"

5. 高粱

高粱是我国北方地区普遍种植的粮食作物。古代指粟的优良品种，籽实也称粱，为细粮。该植物最先由蜀地民族种植，所以在古代被称为"蜀黍"。

6. 甘薯

甘薯是薯类植物的总称，因富含淀粉、味道甘甜且可充饥而得名。该植物在明朝时由西域引入我国，因此也称为"番薯"。其块根外附深红色表皮，所以也叫"红薯"。

知识链接

五 谷

我国古代有"五谷"之说，最初指五种主要的谷物，后来泛称粮食作物。"五谷"之名最早出现在春秋战国，《论语·微子》载："四体不勤，五谷不分。"历代以来对"五谷"的解释不同，常见的说法有：稻、黍、稷、麦、菽；麻、黍、稷、麦、菽；麻、黍、稷、麦、豆；稻、稷、麦、豆、麻；粳米、小豆、麦、大豆、黄黍；等等。

二、面条

面条是水煮的面食，据史料记载起源于汉代，迄今已有近四千年的历史了。

面条在东汉时叫作"煮饼、水溲饼"，因为面条要在水中煮熟，所以得名。魏晋时期称为"汤饼"，宋代黄朝英《缃素杂记》载："余谓凡以面为食具者，皆谓之饼……水瀹而食者呼为汤饼。"它是把面粉用水和匀后，撕成片状，丢进汤内煮熟。由于和好的面是死面，比较硬，所以古人又把面条称为"汤中牢丸"。面条也叫"托"，意思是一手托着面，一手往锅里撕面片。

南北朝时称面条为"水引""馎饦"。到了唐代，人们不再用手托面，而是直接用刀切，因此这时的面条被称为"不托"。当时有一种过水凉面，名叫"冷淘"，风味独特，受到杜甫欣赏，称其"经齿冷于雪"。宋代时称面条为"索饼""索面""湿面"。明代时称面条为"温淘"，与"冷淘"相对，也有"汤饼"的说法，不过一般是指现在的"热汤面"。

三、饺子

饺子是深受我国北方人喜爱的传统特色食品。饺子源于古代的"角子"，原名"娇耳"。相传它是西汉名医张仲景发明的。

据说有一年冬至，张仲景从外地返回老家南阳。行至白河岸边时，遇到当地暴发风寒，许多人都病倒了，耳朵也冻烂了。张仲景心里十分难受，于是就留下来为百姓医治。他让弟子在南阳东关的一块空地上搭起医棚，在棚里架起大锅，放入羊肉和祛寒药熬煮，煮好以后把肉捞出来切碎，用面皮包成耳朵状，下锅煮熟后分给病人吃。这种耳朵状的食物就是"娇耳"。人们吃完娇耳后，不仅治好了风寒，烂耳也康复了。为了表示庆贺，以后每年大年初一，人们都仿照娇耳做过年的食物，也就是后来的饺子。

"饺子"在其漫长的发展过程中，又产生了许多其他称谓。唐代形象地将其称为"汤中牢丸"；元代称为"时罗角儿"；明代称为"粉角"；清代称为"扁食"。

四、馒头

馒头是将面粉发酵后蒸制成的半圆形食品，俗称"馍馍"，方言中也叫"饽饽"。

现在的馒头，传说始于诸葛亮。据宋代高承《事物纪原》记述，诸葛亮率领大军征讨孟获，渡过泸水时，有部将对诸葛亮说："蛮地流行邪术，我们也要遵循当地风俗向神灵祈祷。祈神的风俗是杀人后把人头作为祭品上供，才能得到神灵的护佑和帮助。"诸葛亮觉得这个风俗既野蛮又残忍，便没有遵从，而是命人把羊肉、猪肉掺和在一起拌成馅儿，在外面裹上一层面，做成人头的样子，当作祭品。由于这是蛮地的风俗，所以就把这种食品称为"蛮头"，后来在流传的过程中发生讹误，"蛮"变成了"馒"，"蛮头"也就成了"馒头"。

馒头也叫"蒸饼"。晋代以后，有一段时间，人们把馒头称作"饼"。由于馒头多用笼屉蒸熟，所以也叫"笼饼"。唐代以后，馒头的形态变小，当时有"玉柱""灌浆"的叫法。到了宋代，有馅的饼都叫作馒头。宋仁宗赵祯在位时期，因"蒸"与"祯"音近，人们为了避讳，呼"蒸饼"为"炊饼"。宋代的馒头种类相当丰富，有羊肉馒头、蟹黄馒头、糖馅馒头、笋肉馒头等，最著名的是太学生才可享用的"太学馒头"，临安城的市场上甚至打出了"太学馒头"的招牌。到了清代，馒头的称谓出现分野：北方物产不如南方丰富，于是偷工减料，去掉了馒头里面的馅儿，无馅者称为"馒头"，有馅者称为"包子"。南方则继续沿用诸葛亮发明的馒头的形式，有馅无馅者都叫作"馒头"。

 知识链接

何谓"双弓米"？

宋代陶谷《清异录》载：宋代阳翟人单公洁家境清贫，每次有亲戚朋友来访，吃饭时他都说："请啜少许'双弓米'。"什么是"双弓米"呢？其实"双弓米"只是日常食用的粥而已。单公洁爱面子，羞于说出"粥"字，便使用拆字法代之。后来，"双弓米"就成了粥的代称。

五、汤圆

汤圆是一种糯米食品，在我国由来已久，相传起源于唐代。

据说唐朝时，一些产棉区的农民会在元宵节的前一天用糯米粉或面粉做成棉花形状的粉果，把这些粉果插在田里的草把上。第二天，一家人到田里烧香祭祀，祈求棉花获得丰收。祭祀结束以后，大人把粉果分给小孩吃，有的地方还把粉果丢入面汤，全家一起吃。后来，这种粉果被人们命名为"汤圆"，并在里面加入美味的馅儿，成为人们过元宵节时最喜爱的食品。

宋代时，元宵节吃汤圆之风更盛。当时汤圆的做法多种多样，或实心或带馅儿，馅儿有豆子、白糖、山楂、各种果料等，食用时煮、煎、蒸、炸皆可。对汤圆的称谓也很丰富：由于汤圆一般用糖做成，所以被称为"糖元""乳糖元子"；汤圆的形状为圆形，因此有"团子""圆子"之称；因为煮这种食物时，其在锅里又浮又沉，所以人们称其为"浮圆子"。

明清时期，因元宵节习吃汤圆，人们就把汤圆称为"元宵"。清富察敦崇《燕京岁时记》中说："市卖食物，乾鲜具备，而以元宵为大宗，亦所以点缀节景耳。"

现在，人们多称"汤圆"，但也常用到"元宵"的说法。

 知识链接

火锅的别称

火锅是我国民间最受欢迎的冬令饮食方式之一。其名称由来与食用方法有关。食用火锅时，先在锅下生火，等到锅中汤水沸腾后，把

食材投放到锅里，边煮边吃，所以称为"火锅"。火锅在古代也叫"古董羹"，因为涮火锅时食材落入锅中会发出"咕咚"的声音。粤人称广式火锅为"打边炉"，实际上是"打甂炉"的讹误，"打"指的是涮的动作，"甂炉"指的是瓦盆。最早的广式火锅不用金属锅为容器，而是用小瓦盆来煮食，因此得名。

六、油条

油条也叫"油炸桧""油炸鬼"，这个称谓起源于宋代。

南宋时，民族英雄岳飞被奸臣秦桧和他的妻子王氏施计杀害于风波亭。老百姓都对秦桧夫妇深恶痛绝。

当时，风波亭的旁边有一家卖油炸食品的店铺。店老板炸食品的时候，忽然听说岳飞被秦桧、王氏设计害死，怒火冲天，随手从面盆里抓起一块面团，捏成一男一女两个小人，把它们背靠背粘在一起，扔入油锅，嘴里还不停地大喊："吃油炸秦桧啦！"周围的人们听到他的喊声，马上就明白了他的意思，于是蜂拥而上，有的帮店老板捏小人，有的帮着吆喝，还有的吃起"油炸桧"。其他店铺见状，也纷纷跟着效仿。就这样，整个临安城做起了"油炸桧"，并很快风行全国。"油炸桧"流传到现在已经改名叫"油条"，不过有些地区仍称为"油炸桧"或"油炸鬼"。

七、豆腐

豆腐是我国传统的豆制品，是将豆类磨成豆浆加热，点盐卤或石膏凝固而成的。

相传豆腐发明于汉代。传说淮南王刘安为了寻求长生不老之药，招募各方名士在八公山上炼丹。他的门下有个食客叫祁老大，负责磨豆汁育丹苗。有一天，祁老大不小心把豆浆和石膏弄混了。豆浆和石膏融合后，马上凝成白色的块状物，刘安见了感到好奇，就试着尝了一口。味道很特别，刘安连称"离奇"。因"离奇"谐音"黎祁"，后来人们就把豆腐称为"黎祁"。

也有人认为豆腐是东晋诗人陶渊明首创制作的。陶渊明字元亮，所以有人把豆腐叫"陶元亮"。

豆腐在历史上还有许多别名，有的是方言中的叫法，如闽南人称豆腐为"刀呱"，浙江一些菇民称豆腐为"水欢"，成都人称豆腐为"水板""水判""水林"，湖南苗族称豆腐为"佗合"。

豆腐的别名也与其特征有关。豆腐由豆浆制成，一般为白色，切成方块状，因而有"玉乳""白玉""寒浆""方璧""羊酪"等美称。

逸闻逸事也是豆腐别称的来源。《清异录》记载：五代时，青阳县县丞时戢廉政爱民，生活中从来不吃肉，每天只吃几块豆腐，故青阳县人都把豆腐叫作"小宰羊"。又如王志坚《表异录》载，元代司业孙大雅嫌豆腐之名不雅，于是改称"菽（豆）乳"。

 知识链接

臭豆腐的雅称——青方

臭豆腐雅称"青方"，这个称谓始于清代。康熙年间，有个叫王致和的安徽人，在北京前门外延寿街开了一家豆腐店。有一天，王致和做豆腐做多了，剩下一些没有卖出去。当时正值大夏天，豆腐不能久放，他便把剩下的豆腐切成小块，晾晒后加盐加花椒封在了坛子里。转眼到了秋天，他忽然想起这坛豆腐，于是赶紧取出来。打开坛盖一看，豆腐变得色泽清淡，散发着臭味。王致和想丢掉又舍不得，随口尝了一块，发现味道鲜美，而且越吃越香。他又送给邻居们尝了尝，大家都说口味不错。由于这种豆腐散发臭味，人们就管它叫臭豆腐。后来有人讳臭，便给它取了一个雅号——青方。

八、茶

中国是茶的故乡，种茶、喝茶已有几千年的历史了。纵观茶史，古人对茶的称呼可谓数不胜数。

唐朝以前，古书中多称茶为"荼"。唐代时，人们将原来表示茶的"荼"字减去一笔，而成"茶"字。陆羽撰写《茶经》时，已一律采用"茶"字。

除了"荼"，唐代以前对茶还有诸多异称，陆羽《茶经》写道："其名，一曰茶，二曰槚，三曰蔎，四曰茗，五曰荈。"

"槚"指的是苦荼。晋代郭璞《尔雅注》说："早采的是荼，晚取的是茗，也叫荈，蜀人称之苦荼。"

"蔎"是古时四川西部对茶的称谓，扬雄《方言》说："蜀西南人谓荼曰蔎。"

此外，"荈诧""葭萌""水厄""皋芦""瓜芦"亦是茶的别名。

茶还有不少美称、雅称、戏称或者喻称。总的来看，这些称谓主要因茶的形色味、功效以及人们的感受等得名，有的包含有趣的典故。

1. 以形色味命名

月团图：唐宋时茶做团饼状，诗文中常以月喻其形，故有此称。

绿乳：绿茶泡出的水为绿色，故名。

鸟嘴：嫩茶头状如鸟嘴，因此得名。唐代郑谷诗曰："吴僧漫说鸦山好，蜀叟休夸鸟嘴香。"

玉爪：嫩芽泡开后形似爪尖，故名。杨万里诗曰："蒸水老禅弄泉手，隆兴元春新玉爪。"

草中英：茶为诸草中芬芳且有益于人者，故有此称。唐代郑愚诗曰："嫩芽香且灵，吾谓草中英。"

苦口师：茶水总是带点苦味，因此被称为"苦口师"。这个别名来源于晚唐诗人皮日休之子皮光业的故事。《清异录》记载：有一天，皮光业的中表兄弟请他品尝新柑，并设宴款待。皮光业一到门下，就急着要茶喝，完全无视新柑。下人奉上一大杯茶水，皮光业手持茶碗，信口吟诗道："未见甘心氏，先迎苦口师。"从此，"苦口师"就成了"茶"的雅称。

2. 以功效命名

不夜侯：茶能提神驱困，故称。胡峤《飞龙碉饮茶（句）》诗曰："沾牙旧姓余甘氏，破睡当封不夜侯。"

涤烦子：茶有去疲劳、除烦恼之效，故称。相传这个雅称的由来与常鲁公的一段异国之行有关：唐德宗时，监察御史常鲁公奉命出使吐蕃，烹茶于帐中。吐蕃王问他："这是什么？"常鲁公回答："涤烦疗渴，所谓茶也。"后来，人们就把茶雅称为"涤烦子"。

消毒臣：茶能清热解毒，故有此称。这个称谓的由来也涉及一个典故。南唐尉迟偓《中朝故事》记载：唐武宗时，李德裕说天柱峰茶能消酒肉之毒，命人煮茶一杯，浇在肉食上，用银盒密封，后肉化为水。由此人们把"消毒臣"作为茶的代称。

3. 以感受命名

清友：古人以茶为友，把品茶、喝茶当作一种雅事，故有"清友"之名。唐代姚合品茶诗曰："竹里延清友，迎风坐夕阳。"

清风使：唐代卢仝曾饮茶七碗，后产生飘飘欲仙之感："惟觉两腋习习清风生，蓬莱山，在何处？玉川子，乘此清风欲归去。"后来，人们雅称茶为"清风使"。

4. 以典故命名

酪奴：《洛阳伽蓝记》载，南北朝时，王肃在南齐特别爱喝茶，不食羊肉和奶酪。后来他投靠了北魏，才有吃羊肉和酪粥的习惯。有一次，北魏孝文帝问他："奶酪和茗茶比起来怎么样？"王肃答道："它只配给奶酪做奴婢。"以后，"酪奴"就成了茶的别称。

除上述称呼外，茶还有其他名称，如"云华""森伯""瑞草魁""余甘氏""水豹囊"等。

丰富多彩的称谓反映了茶文化的博大精深，说明茶已经与古人的生活、文化融为一体。

九、酒

我国酒文化亦十分悠久。早在远古时代，人们就与酒结下了不解之缘。酒因其美味而受到不少人的钟爱。尤其是古代骚人墨客几乎个个爱饮酒，并在酒兴来时挥洒墨汁，赋予了酒种种或文艺或有趣的别名。

有的别称得名于发明者。相传酒是由夏朝的杜康发明的，因此以"杜康"代称酒。曹操《短歌行》曰："何以解忧，唯有杜康。"《洛阳伽蓝记》中记载，河东人刘白堕善于酿酒，人饮他酿出的酒后经月不醒，后便以"白堕"作为酒的别名。

原料、颜色、盛器亦是酒别名的由来。古人常用一种叫"屠苏"的阔叶草来酿酒，因此称酒为"屠苏"。苏轼诗曰："但把穷愁博长健，不辞最后饮屠苏。"酒在没有过滤之前，表面浮有绿色泡沫，故称酒为"碧蚁""绿醅"。有的酒液呈金黄色，因此有"金波"之称。饮酒时，人们习惯把酒盛在壶中或杯里，故称酒为"壶觞""壶中物""杯中物"。陶渊明诗云："天运苟如此，且进杯中物。"

酒的功能也是其别称的来源。酒能使人忘掉忧愁烦恼，给人带来欢乐，故古人把"欢伯""忘忧物"作为酒的代称。汉代焦延寿有"酒为欢伯，除忧来乐"句。古代诗人常借酒激发诗兴，扫除忧愁，所以把酒叫作"钓诗钩""扫愁帚"。饮酒过量，会使人失去理智，变得癫狂，因此酒有"祸泉""狂药"等称呼。佛教认为饮酒不能修成正果，称酒为"魔浆"，并禁止僧人饮酒，但一些僧人并不遵守清规戒律，常常偷饮，为了避讳，把酒称为"般若汤"。

源自传说和典故的别称有"鲁酒""清圣""浊贤""流霞""顾建康""青州从事""平原督邮""天禄大夫"等。

"鲁酒"出自《庄子》,据载,战国时,鲁国献薄酒给楚国,引发了一场战争,后世遂以"鲁酒"泛称薄酒。

"清圣""浊贤"源于东汉。曹操主政后,因饥荒禁止人们酿酒饮酒,有私自饮酒者不好直言"酒"字,便称清酒为圣人,浊酒为贤人。后"清圣""浊贤"成为酒的代名词。

"流霞"源自神话传说。相传河东人项曼都入山学仙术,饥渴时饮流霞一杯,数月不饥。后用"流霞"指代美酒。

"顾建康"本是人名。《梁书》记载,南朝齐梁时,顾宪之任建康令,政治清明,百姓和乐,京师饮酒者得好酒,辄呼"顾建康"。后以"顾建康"指代美酒、清酒。

"青州从事"是美酒的隐语,"平原督邮"是劣酒的隐语。《世说新语·术解》记载:桓温手下有一主簿,善于品酒。桓温每次得到酒,都让他先品鉴。如果是好酒,主簿就说是"青州从事",如果是劣酒,就说是"平原督邮"。有此称谓是因为,青州有个地方叫齐郡,平原有个地方叫鬲县,"齐"谐音"脐",指好酒的酒力可下沉到脐部,"鬲"谐音"膈",表示劣酒的酒力只能到达膈膜处;"从事""督邮"皆为官名,"从事"是美职,"督邮"是贱职。

"天禄大夫"出现在隋朝。汉代时,人们把酒称为"天之美禄",即天赐的福禄。到了隋朝末年,王世充对诸臣说:"酒能辅和气,宜封天禄大夫。"从此,"天禄大夫"成了酒的雅称。

"曲秀才"之名出自唐代郑綮《开天传信记》载:唐代道士叶法善与官员聚会,正欲饮酒,闯进一少年,自称曲秀才,高声谈论。后少年如风一般消失不见。叶法善以为是妖魅,等到他再来时,就用小剑去击刺。少年坠于阶下，化为酒瓶，装满美酒，其味甚佳，众人皆醉。后来就以"曲秀才"作为酒的别称。

"女儿红"的由来

女儿红是浙江绍兴传统名酒，属于酒类中的黄酒。关于它的由来，还有一个有趣的故事。相传古时候绍兴有个裁缝，妻子怀孕后，他买来两只陶坛，把酿好的酒装在坛里，准备等儿子满月时用来招待亲友。谁知妻子生了个女儿，裁缝一气之下把两坛酒埋在了地下，也不宴请客人了。转眼间女儿长大要嫁人了，老裁缝这才想起那两坛酒来，于是赶紧挖出来宴请客人。喜酒清澈醇厚，客人们赞不绝口，纷纷向裁缝讨教酿酒技术。此后，绍兴就形成了一种风俗：只要有女儿的人家，在女儿出生那天，父母就酿酒一坛或数坛，埋在地窖里，等女儿出嫁时，再取出来宴客或作为嫁妆送给男家。人们将这种酒称为"女儿酒"，也叫"女儿红"。家中有儿子的人家也效仿酿酒，待儿子中榜后，庆贺时饮用，这种就叫作"状元红"。

第三节　建筑称谓

一、旅店

旅店也叫旅馆，是供旅行者休息或住宿的场所。旅店在我国已有几千年的发展历史，它的存在形式及称谓也随着时代的变化而不断改变。

逆旅：我国历史上对旅店的最早称谓。逆旅出自《庄子·山水》，"宿于逆旅"，通常是指客舍、旅店。

驿传：商代时供传递文书的驿卒和宾客住宿的地方。

客舍：周朝时由官方创办的馆舍，主要供诸侯来往都城期间居住。

驿馆：战国时期供官员和传递文书的驿卒饮食住宿的处所，住宿时要求出示朝廷发给的证件，如"龙节""铜虎节"等。

客馆：战国时期为旅客提供的住所，设施相对完备，客房分有不同等级。

邸店：南北朝时期为行路旅客和商人提供的住处，不仅供食宿，还备有存货的货栈和交易场所。

驿站：唐朝时朝廷在水陆驿道上为宾客设立的馆舍，投宿时需持有一种叫"银牌"的旅行证件。

会馆：明清时期同乡人在外地设立的家乡旅店，接待的都是同乡人，住宿时给予优惠或者免费。

客店：明清时期的一种小型旅店，住宿者多为赴京赶考的贫寒学子。

番馆：清初由外国人在广州等地开办的旅馆，内部装潢豪华，与现在的宾馆十分相像。

鸡毛店：清代最低级的旅店，住宿者为贫苦流民。店内不设被褥，只用鸡毛取暖，故而得名。

 知识链接

古建筑型制称谓

宫：帝王的住所。也叫"宫阙""九重"。

殿：高大堂屋。

堂：四方且高的建筑。

宅：居住地方。

室：房间。

厢：正房两侧房屋。

二、戏院

戏院是供戏剧演出的场所。现在所谓的戏院，在古时有很多名称。

戏院在我国的历史可以追溯到东汉。当时洛阳城演出西域"百戏"的场地名叫"平乐馆"，可以视为我国的第一座戏院。

隋朝时，隋炀帝喜欢看戏，每年正月初一到十五，都会诏令全国艺人到洛阳演出，命百官沿路搭棚，绵延十多里，号称"戏场"。

到了唐代，出现了一种可避风雨的戏台，叫作"乐棚"。唐玄宗时，命人在长安城梨园教习戏曲，此后"梨园"成为戏院的别称。

宋代戏剧艺术发达，在都城汴梁和临安出现了许多大型戏院，称作"瓦舍"、"瓦肆"或"勾栏"。为什么叫"瓦舍"呢？"瓦"指"瓦合"，"舍"指"瓦解"。人们来看戏时聚合成群，看完戏后各自分散，因此戏院有"瓦舍"之名。"勾栏"的由来与戏台的特征有关。古时戏台周围装有若干个木栏杆，因此把"勾栏"作为戏院的代称。

元代仍沿用"勾栏"之名，但增加了后台，称为"戏房"。到了清末，戏院的设施又有所改进，内部建有楼座，并开始供应茶点，因此又把戏院叫作"茶园""茶楼"。

三、佛寺

佛寺是佛教僧侣供奉佛像、佛骨，进行宗教活动并住宿的地方。佛寺在中国历史上的称谓非常繁多，这里仅介绍汉地佛寺的一些叫法。

刹：佛寺一般都有在堂前立刹（幡竿）的风俗，因此得名。

兰若：梵语"阿兰若"的简称，本指安静而适合修行的地方，后成为佛寺的代称。

道场：梵文"Bodhimanda"的意译，指修习佛法的场所。隋炀帝曾下诏：天下佛寺皆称"道场"。

丛林：众僧聚居在一处，犹如很多棵树木丛聚在一起，因此用"丛林"指代佛寺。

伽蓝：相传，佛祖释迦牟尼涅槃后，其尸骨被火化，结成"舍利"，保存供奉在浮屠（塔）内。为了便于礼佛，在浮屠前修建殿堂，名为"伽蓝"，别称"僧院"。后就用"伽蓝"来称呼佛寺。

萧寺：南北朝时，梁武帝萧衍笃信佛教，被称为"佛心天子"。他在位期间大举修筑佛寺，在他的带动下，南朝建寺之风盛行，梵宫琳宇遍布江南大地。梁武帝曾令书法家萧子云在寺院的墙壁上用飞白体书写"萧寺"二字，轰动一时。后"萧寺"成为佛寺的一个别称。

莲境：莲花圣洁不染，是佛教的象征物。佛教典籍记载，释迦牟尼本是迦毗罗卫国的王子，降生之时，王宫的水池里开出大如车盖的莲花。此外，佛像、菩萨像常被雕刻成"莲花坐式"——左脚放于右大腿，右脚放于左大腿，脚心向上，身姿宛若一朵莲花；佛像底座呈莲花状，名为"莲座""莲台"；佛和菩萨的手上往往拈着一枝莲花。由于莲花与佛教的深厚渊源，人们把佛寺称为"莲境"。

四、窗

窗是我国传统建筑的重要构件这一。今天的"窗"，在古代常以"囱""牖""向""轩"称之。

"囱"是窗最早的名称。在小篆字形中，我们可以看到"囱"的外形像一个天窗。古人初建房屋时，把灶设在室内，为了把烧火煮饭或者取暖产生的烟气排出室外，同时也为了采光透气，就在房屋的顶上凿出一个洞，这个洞就是原始的"窗"，即"囱"，而不是现在所说的"烟囱"。古人称烟囱为"灶突"。后来，在"囱"字上面加个"穴"字头，就构成形声字"窗"，用来称呼天窗。

先秦时期，人们多用"牖"称呼窗，而很少使用到"窗"字。《说文解字》说："牖，穿壁以木为交窗也。"段玉裁注："在墙曰牖，在屋曰囱。"由此可知，"牖"指的是开在墙壁上的木窗。

"向"本来是对朝北开的窗子的称谓，《说文解字》说道："向，北出牖也。"后来人们对其进行引申，成为窗的泛称。

"轩"最初指官员乘坐的一种车子，前顶较高，后带帷幕，两侧有窗，也被引申为窗的意思。孟浩然有句诗曰："开轩面场圃，把酒话桑麻。"这里的"轩"指的就是窗。

我们现在常称窗为"窗户"，但在古代"窗户"指的是窗和门。《道德经》："凿户牖以为室。""户"即"门"的意思。老子的意思是说，开凿门和窗以后才能有房屋。后来，久经演变，到了今天，"窗户"一词就专门用来指窗了。

📚 知识链接

亭、台、楼、阁、廊、轩、榭

亭：有顶无墙的小型建筑。

台：高而平的土筑。

楼：两层以上的房屋。

阁：四周设栏杆回廊的楼。

廊：屋檐下的过道。

轩：有窗槛的长廊或小室。

榭：台上的木结构建筑，只有楹柱花窗，没有墙。靠水者名为"水榭"。

五、厕所

厕所是专供人们大小便的处所，虽然一向不登大雅之堂，但却是人类生活中必不可少的。古文献中记载的对厕所的别称有很多。

古代称厕所为"圂"。"圂"中为"豕"（即猪），可见早期的厕所与养猪的猪圈有着很大关系。实际上古代民间厕所确实常常依附猪圈而生，是猪圈边上的一个"小部件"。

春秋时期称厕所为"溷"，有"污浊"的意思。古人因不喜肮脏，便以"溷"的反义词"清"去指代厕所。《说文解字》云："厕，清也。""清"在古代与"圊"是一对古今字，因此民间多用"圊"来指代厕所。古时寺庙里被称作"圊头"的和尚，就是专门负责打扫寺内厕所的人员。

厕所往往建在较为隐蔽的地方，因此古人又称其为"偃"（同"偃"）或"庰"（同"屏"）。

此外，在一些风雅清净的场所，如寺庙中，对厕所的称呼一般都很优雅。比如佛寺内把向东的厕所叫作"东司"，向西的叫作"西净"，向南的叫作"登司"，向北的叫作"雪隐"。

人们对上厕所也有诸多雅称，称为"出恭""更衣""解手"，它们是怎么来的呢？

出恭：明朝科举考试时，考生如果中途要上厕所，必须领一块写有"出恭入敬"的牌，表示出入考场都要恭敬。后来人们摘用前两字，即"出恭"作为上厕所的代称。

更衣：东晋时，石崇、王恺经常斗富。石崇曾把家里的厕所修得富丽堂皇，并在厕所门外安排多个婢女，准备好扑粉、香汁、新衣等。当客人上完厕所，就穿上新衣。由此人们把上厕所称为"更衣"。

解手：据说明末清初，四川省因为战争和灾荒人口锐减，统治者下令从湖广地区移民。官兵怕湖广人逃离，用绳子把他们反绑起来，押送到四川。途中有人要大小便，就对官兵说："老爷，请解手！"就这样，"解手"成了上厕所的代名词。

第四节　器物称谓

一、筷子

中国人使用筷子，大约在三千年以前。这在人类发展史上，是值得骄傲的一项发明。

"筷子"在古代并不叫这个名字。先秦时期，"筷子"称为"梜"，也作"荚"，汉代时出现"筯"的称谓。唐朝时，"筯"与"箸"通用。此后一直到明清，都有"箸"的叫法。

"筷子"之名出现在明朝中后期的苏州。陆容《菽园杂记》载："民间俗讳，各处有之，而吴中为甚。如舟行讳'住'、讳'翻'，以'箸'为'快儿'，'幡布'为抹布。"吴地的船家忌讳说"住"，因为船停住了就没有生意了，"箸"与"住"谐音，也不吉利，因此反其意将"箸"改为"快儿"。又因为"快儿"多用竹子制成，所以在"快"字上加一个竹字头，形成了"筷"字，从而有了"筷子"的叫法。

二、镜子

镜子是日常生活中的必需品。我们今天使用的玻璃镜子是从西方传入的，在玻璃镜子出现之前，我国古代人民使用的多是由铜铸造而成的镜子。铜镜主要用于照出自己的面容，因此在古代被称为"鉴"，也叫"镜鉴"。宋代时为避宋太祖祖父赵敬的名讳，把"镜"字改为"照"，于是铜镜又被称为"照子"。

古代铜镜一般呈圆形，正面打磨光亮，背面雕镂菱花或零花状的六角形，所以镜子通常也被称为"菱花"。

"青鸾""秦镜"是镜子的代称。南朝宋刘敬叔《异苑》载，有人养了一只鸾鸟，三年不鸣叫，后悬镜照之，睹影而悲鸣。后遂用"青鸾""鸾镜"称呼镜子。《乐府诗集》载，汉代秦嘉妻徐淑赠秦嘉一镜，秦嘉赋诗答谢，传为佳话。因称镜子为"秦镜"。

"容城侯"是对镜子的拟称。唐代司空图《容城侯传》称镜为"容城侯"，名"金炯"，也名"寿光先生"。

三、屏风

屏风是置于室内用以挡风或隔断视线的用具，因具有避风功能而得名，也叫"屏围""屏幛"。

相传屏风是大禹趁着治水的闲暇发明创造的，不过并没有文献依据。有史可考的屏风最早出现在周代，那时将屏风称为"邸"。《周礼》曰："王大旅上帝，则张毡案，设皇邸。"讲的是周王祭祀上天的仪式。"毡案"是指铺有毡的坐榻；"皇邸"即"凰邸"，是以凤凰羽毛做装饰的屏风。周代的屏风也叫作"扆（yǐ）"，《礼记》记载，诸侯朝见周天子时，"天子负斧扆南向而立"。"斧扆"即上绣斧形图案的屏风。在屏风上绣斧形图案，目的是宣示武力，展现天子的威严。

汉代时将立在宫门外的屏风称为"罘罳（fú sī）"，意为"复思"，群臣朝见皇帝时，先在这种屏风外面停留一会儿，"复思"片刻，以便后面从容奏事。因为"罘罳"立在室外，需要抵御风雨袭击，所以往往用土石制成，类似于影壁。"罘罳"的称谓在王莽篡汉后被废止，王莽唯恐大臣"复思"汉朝，因此下令禁止使用。

魏晋以后，名士们之间开始流行"素屏"，也就是不加雕饰的屏风。白居易曾写过一首《素屏谣》，表现出对高洁品德的追求。

宋代时称屏风为"话私"。赵彦卫《云麓漫钞》载：宋代绍兴时宿直中官，用小竹编成屏风，罩以外衣，画风云鹭丝，名为"画丝"。后来有人将这种屏风尺寸扩大，用于酒席或野外止宿之处，可以挡风，改名为"挂恩"，又叫"话私"，意谓遮蔽可谈私事。

此外，历代对屏风的称呼还有"张容""画屏""屏𢈏"等。

四、伞

伞是我国首创的雨具，远在夏商周三代就已经出现了。《通俗文》曰："张帛避雨，谓之伞盖，即雨伞之用，三代已有之。"所谓"张帛避雨"，就是用布帛制作的雨伞。

先秦时，称伞为"簦"，这是一种有柄的笠，类似现在的雨伞。《孔子家语》说："孔子之郯，遭程子于途，倾盖而语。"这里的"盖"指的也是"伞"。

"伞"的名称首先出现在唐朝李延寿写的《南史》和《北史》中。此外，伞还有诸多其他称谓。伞可防太阳照射，因此有"日照"之名。《二刻拍案惊奇》卷十九："我在华胥国里是个贵人，今要一把日照也不能够了，却叫我擎着荷叶遮身。"这里的"日照"指的就是伞。

伞一般用油布或油纸制成，形状似圆盖，故称"油伞""油盖"。陈师道诗："转就邻家借油盖，始知公是最闲人。"

江南吴地忌讳"伞"有"离散"之谐音，遂称其为"竖笠"。

"高密侯"是对伞的戏称，因为伞的形状如山。宋代宋敏求《春明退朝录》载：江南人周则年轻时地位卑贱，以造雨伞为生，后来与皇帝成为亲戚。皇帝开玩笑说："不是我使你富贵，是'高密侯'提携了你。"

五、灯

在我国，用灯具照明的历史十分悠久，对灯具的称谓也相当繁多。

登：瓦豆，是目前所知的最早的灯具。《尔雅·释器》载："木豆谓之豆，竹豆谓之笾，瓦豆谓之登。"

凤灯：一种灯制如凤形的灯，故称。柳永《少年游》词："绮席阑珊，凤灯明灭，谁是意中人。"

玉灯、玉釭：精美用玉装饰的灯。范成大诗："金鳞喷香烟龙蟠，玉灯九枝青阑干。"

油盏：油灯。

青灯：灯光青荧，故称。韦应物诗曰："坐使青灯晓，还伤夏衣薄。"

银釭：指银灯，对灯的美称。萧绎《草名》诗："金钱买含笑，银釭影梳头。"

明昭使、开晦公子：灯能照明，驱除黑暗，故有此戏称。

西明夫人：对灯的拟人戏称。《异闻录》：杨穆在昭应寺读书，见一红衣女子，自称被明皇封为"西明夫人"，经查验，红衣女子乃是径幡中灯。

紫明供奉：对灯的拟人称呼。《清异录》载：唐武宗独自在琉璃灯下看书，很晚才就寝，王才人问："官家今日以何消遣？"唐武宗回答："与紫明供奉相守，熟读《尚书·无逸篇》数遍。"后来就称琉璃灯为"紫明供奉"。

孔明灯

孔明灯是一种利用热空气比重较轻能上升的原理制成的纸灯，据说是由三国时的诸葛亮（字孔明）发明的。当初，诸葛亮被司马懿围困在平阳，无法派兵出城求救。诸葛亮算准风向，用会飘浮的纸灯笼系上求救的消息，放飞出去，之后果然脱险。后来人们就把这种灯笼称为"孔明灯"。由于此灯能飘浮在天空中，所以也叫"天灯"。

六、锁

锁是古人为保护财产而发明的、用钥匙才能打开的闭合装置。自古至今，锁的称谓几经演变。

早期的锁叫作"键"，《说文解字》中说："铁锁门键也。"可见，锁最初的用途只是锁门。锁至晚到宋代才有了现在的名称。《宋史》记载："扃门户箱箧之具，使人不得开者，古谓之键，今谓之锁。"这时锁的功用开始"多元化"了，除了用于锁门，还用来锁箱和箧（小匣子）。

古代的锁常做成鱼形，这种鱼形锁称为"鱼钥"。

锁还有一个拟称，叫"叉手铁笼"。《清异录》记载：石守信掌库奴萧云，曾夜开库私取钱币，仓皇失锁所在，不敢明言，只说不见叉手铁笼。因此就以"叉手铁笼"作为锁的别称。

七、扇子

在古代，扇子有很多别名。扇子产生之初，被称作"箑"或"翣"，这与早期扇子的材质有关，那时常用竹子和羽毛制作扇子。

魏晋时期，扇子被雅称为"扬仁风"。相传这与当时的宰相谢安有关。有一年，谢安好友袁宏要到外地任职，临走时，谢安送了把扇子给他。聪明的袁宏当即明白了朋友的意思，对他说："我到任以后，必会廉洁公正，弘扬仁义之风。"此后，人们就给扇子取了一个"扬仁风"的雅号。

从功能上看，人们还给扇子起了"凉友""招风""主风神""持风使"这样的雅号。古代有诗曰："净君扫浮尘，凉友招清风。"诗中用"净君"指代扫帚，用"凉友"指代扇子，文雅得体。

具体到不同类型的扇子，古人对其也有不同的叫法。就团扇来说，有"便面""障面""纨扇""宫扇""合欢扇"等多种称呼。其中有的出自古诗词。西汉班婕妤作《团扇歌》："裁为合欢扇，团团似明月。"这是团扇得名"合欢扇"的由来。唐代诗人王建《调笑令》中有："团扇，团扇，美人并来遮面。"从此团扇有了"便面""障面"的雅号。

明清时期流行使用折扇，折扇在当时被称为"怀袖雅物"。"怀袖"，是说它小巧，开合方便；"雅物"是因为文人喜欢在扇面上题诗作画，使它具有优雅的文学色彩。

 知识链接

手杖的别称

手杖在古代被称为"扶老"。扶老本是我国南方一种枝干两面对生的竹子，适合制作手杖，因此手杖有了"扶老"这个雅号。陶渊明《归去来兮辞》中有"策扶老以流憩"，这里的"扶老"就是手杖。在古代，手杖不单是老人的"手足"，还是尊老敬贤的标志。汉代规定，七十岁老人要"援之以王杖"。这种杖"端以鸠为饰"，鸠是一种不噎的鸟，取老人安全之意，故称手杖为"鸠杖"。

第五节　交通称谓

一、路

路是伴随着人类活动而产生的。自古以来，对"路"的称呼五花八门。

上古时期把路叫作"康衢"，"康衢大道""康庄大道"都是指宽阔平坦、四通八达的道路。西周时，人们把通行三辆马车的路称为"路"，通行两辆马车的路称为"道"，通行一辆马车的路称为"途"。秦始皇时，修筑了最早的国道，称为"驰道"，意思是天子驰车的道路。唐代筑路万里，名为"驿道"。元代称"大道"。

"康衢""驰道"都是对大路的称呼，对小路也有诸多称谓。走牛马的乡间小路叫作"畛"；供牛、马及人行走的小径称为"牵牛蹊"；长满青草苔藓的小路叫作"青径"；曲折的小路叫作"曲径"。

对不同地方的道路也有不同叫法。如田间的路叫作"阡陌"；城市里窄而小的路叫作"巷"，串联民居的小路叫作"胡同"；高山绝壁之间凿孔架木而成的道路叫作"栈道""阁道"。

知识链接

盘缠的由来

我国古代习惯把路费称为"盘缠"。我国古代的主要货币是中间有孔的金属硬币，常用绳索将一千个钱币穿起来，穿钱的绳索叫作

"贯"。古人出远门办事或探亲时，都要带上笨重的成串的铜钱。由于这些铜钱是盘起来缠在腰间的，所以就把路费叫作"盘缠"了。

二、车

有了路就有了车。车是我国古代重要的交通工具，它的发明和应用对推动社会进步有重大意义。自古及今，根据车的特点赋予了车种种不同的称谓。

轮：车轮是车不可或缺的部件，可以视为车的标志，因此古人以"轮"作为车的代称。梁简文帝《长安道》曰："椎轮抵长乐。"

朱轮：古代王侯显贵所乘之车常用红漆车轮，故作为车的代称。左思《咏史》诗曰："朱轮竟长衢。"

轩辕：原指车辕，后用作车的代称。《史记·苏秦传》记载："前有楼阙轩辕，后有长姣美人。"

轨辙：原指车轮行过的痕迹，后用来代指车。《水经注·滑水》记载："（小陇山）岩嶂高险，不通轨辙。"

盖：古代车上多设伞盖，后以"盖"代指车。后又延伸，将华丽的车称为"华盖"，将飞驰的车称为"飞盖"。曹植《求通亲亲表》载："出从华盖，入侍辇毂。"杜甫《送卢十四弟侍御护韦尚书灵榇归上都二十韵》诗曰："眼冷看征盖，儿扶立钓矶。"

三、轿

轿是一种由人抬着走或由骡马驮着走的交通工具，一般开有窗牖，左右各有一根长竿。因其外形与车相似，又平稳如桥，故而得名。

轿子是由"步舆"发展而来的。"步舆"是汉魏时期出现的一种人抬的代步工具，形制为一块长方形的木板，四角有把手，平时由四人提着把手抬着乘者行走。到了唐代，"步舆"由手提变为肩抬，形状也改造为车厢样式，同时添加了各种装饰，乘坐起来更为舒适。这种改造后的交通工具叫作"肩舆""肩舁"等，意为扛在肩上的车厢，也就是后来的轿子。

轿子在古代的名称可谓五花八门，有以下几种常见称谓。

轿子一般由木板制成，"版"与"板"同，故称轿子为"版舆"。竹制的轿子叫"竹舆""编舆""笋舆""篼舆"。

轿子乘坐起来比较舒适，不像马车有时会有颠簸之感，故人们也称它为"逍遥子""食舆"。

"兜子"是对一种简易轿子的称呼。这种轿子没有轿厢，只有用布或竹篾制成的座位，比较简陋，乘坐者多是平民百姓。

"腰舆"是一种用手挽的轿子，其高度仅到腰部，因此得名。

此外，"凤子""担子""檐子"等也是对轿子的称谓。

四、船

船是一种水路交通工具，在石器时代就出现了最早的船。古诗文中对船的称谓颇多，既有高雅正统的学名，又有形象风趣的别名。

舟：船的通称。

棹、楫：本指划船工具，后用作船的代称。徐彦伯《采莲曲》："春歌弄明月，归棹落花前。"

舟楫：船的泛称。孟浩然《望洞庭湖赠张丞相》诗曰："欲济无舟楫，端居耻圣明。"

艇：小船的泛称。

舸：大船的泛称。《三国志》载："又豫备走舸，各系大船后。"

舫：本指竹木筏，后用来称呼小船。白居易《琵琶行》曰："东船西舫悄无言，唯见江心秋月白。"

　　兰舟：船的美称。李清照《一剪梅》曰："轻解罗裳，独上兰舟。"

　　一苇：小船的代称。《诗经·卫风·河广》载："谁谓河广，一苇杭之。"

　　舴艋：小船很轻快，像小虫一样，故称其为"舴艋"。

　　鹢首：古代常在船头画鹢鸟像，因此作为船的代称。张衡《西京赋》曰："浮鹢首，翳云芝。"

 知识链接

桥的称谓

　　北梁：在北边的桥。古代多指送别之地。南齐诗人谢朓《隋王鼓吹曲·送远曲》写道："北梁辞欢宴，南浦送佳人。"

　　跨虹：指拱桥。南北朝诗人庾信《奉和司水看治渭桥》写道："跨虹连绝岸，浮鼋续断航。"

　　独梁：独木桥。西汉文学家刘安《淮南子·缪称训》写道："故若行独梁，不为无人，不兢其容。"

第六章

经济文化称谓

第一节　工农称谓

一、钱

说起"钱"的别称，首先要从"钱"字谈起。"钱"最初是一种农用耕具，形状像铲，类似"大"字，由金属制成。先秦时期，"钱"常常用作实物交换的媒介，后来金属货币就是模仿农具"钱"的样子制作的。到了秦始皇时期，"钱"的本义已经消失，而发展成货币的统称。虽然"钱"可以用来称呼各种货币，但在不同历史时期它还有着一些有趣的别称。

汉代时人们把钱叫作"邓通"。邓通本是汉文帝的臣子，因为替汉文帝吮吸过脓疮而得宠，被赐予铜山，准许其私自铸钱，后来便称钱为

"邓通"。

"钱"又名"青蚨"。青蚨是一种昆虫，刘安《淮南万毕术》中有"青蚨还钱"的传说：青蚨母子分离后仍会聚在一起，把它们的血分别涂在不同的钱上，留下涂子血的钱，花出涂母血的钱，或者留下涂母血的钱，花出涂子血的钱，花出去的钱都会再飞回来，因此用"青蚨"称钱。

"货泉"是王莽改制后出现的称呼。王莽篡汉后，对刘氏十分反感，因为"钱"字有"金、刀"，而繁体"刘"字正好由"卯、金、刀"组成，于是改称"钱"为"货泉"。"泉"的古代读音与"钱"相同，货币就像泉水一样流通，故用"货泉"指称钱币。后来，又有人把"泉"字拆开，分成"白、水"两字，把钱称为"白水真人"。

晋人称钱为"阿堵物"。"阿堵物"是六朝时的口语，指"这个"。据说西晋的王衍自命清高，对钱十分憎恶，素来不提"钱"字，唯恐掉了自己的身价。他的妻子郭氏多次想办法让他说出"钱"字，都没有成功。一天夜里，郭氏突然想出一个好法子，趁着王衍熟睡，用铜钱把床围了起来。她以为王衍醒了以后下不了床，必会说出"钱"字。第二天早上，王衍睡醒，看见床周围的铜钱，就把婢女喊来，指着钱说："举却阿堵物（把这些东西拿走）！"于是，"阿堵物"就成为钱的别称流传于世。

"孔方兄"也是晋代时出现的对钱的叫法。西晋时，鲁褒在《钱神论》中对当时社会上的拜金主义进行了深刻揭露，讽刺贪财者见钱"亲之如兄，字曰孔方"。古钱币一般都是内方外圆，鲁褒所说的"孔方"即"内方"，也就是指的钱。后来人们便戏称钱为"孔方兄"，也称"方兄""家兄"。

"上清童子"的称呼产生于唐朝。相传唐太宗时，中书舍人岑文本到山中避暑，遇到一个自称"上清童子元宝"的人，二人聊得十分愉快。分别时，岑文本把童子送出山亭。没想到刚出亭子，童子就在墙下消失了。岑文本当即命人掘地，最后找到一枚铜钱，他这才醒悟，原来"上清童子"是铜钱名，"元宝"是指黄金或白银制成的货币。后世据此把"上清童子"作为钱的雅称。

唐人也称钱为"王者"，典出李亢《独异志》：唐玄宗时有个富人叫王元宝。有一次，唐玄宗召见王元宝，问他家里有多少财产。王元宝回答："我把一匹细绢挂在南山的一棵树上，南山的树木都挂完了，我的细绢还没有用完。"时人遂以"王者"作为钱的别称。

钱还有一个特别奇怪的名字，叫"没奈何"。这个称谓出自南宋张俊的事迹。张俊早年时力主抗金，战功卓越，后来为了保全富贵，投靠秦桧等人，并大肆聚敛财货。他担心盗贼偷取家中银两，便让人将每千两白银熔成一个大球，名曰"没奈何"，意思是谁也拿它没办法。就这样，"没奈何"成了钱的别名。

此外，"赤侧""错刀""官板""精神"等也是钱的别称，鉴于篇幅有限，就不再一一介绍了。

 知识链接

"铜臭"一词的由来

人们常用"铜臭"来讥讽那些眼里只有钱的人。"铜臭"这个词是怎么来的呢？这里面有一个典故：东汉时有个叫崔烈的人，用500万钱买了一个司徒官职。司徒是朝中的高官，掌管国家的军政大权，并担负辅佐皇帝的重任。人们知道这件事后对崔烈议论纷纷，不过当着他的面谁也不敢说什么。一天，崔烈问儿子崔钧："我位居三公，外面的人是怎么议论我的？"崔钧如实回答："他们都嫌您有铜臭。"古代钱币是用铜铸成的，"铜臭"指的是铜钱的气味。后来人们便以"铜臭"来讽刺以钱买官的人或者把钱看得很重的人。

二、纸币

纸币又叫钞票。"钞"字出现的时代甚早，唐朝时就把卖田地的卖约和经官府盖印的证据称为"田钞"，把官府的其他文件称为"文钞"。

有人认为"钞"源自唐代的"飞钱"。不过更多学者认为纸币始于北宋的"交子"。"交子"诞生后，有的地方称其为"铁缗钞"，"铁"是交子的本位，一缗指一千文。

除了交子，宋代时流行的纸币还有"会子""关子"，此外称作钞的纸币也有很多，如"陕西钱钞""两浙盐钞""河北见钱钞"等。

金代的纸币叫"交钞"，元明两代的纸币叫"宝钞"，如"至元宝钞""大明通行宝钞"等。

明代中期以后，随着工商业的逐渐发展，汇兑业务也渐渐变得发达，出现了"汇票"之称，"票"字的使用开始多起来。

清代初期，曾发行一种叫"钞贯"的纸币。之后民间相继产生了"钱庄""票号"等金融信用机构，发行"照票""凭票"等作为领取现金的凭证。到了咸丰年间，太平天国农民起义爆发，清政府为了筹集镇压起义军的费用，解决财政危机，发行"大清宝钞"，代替制钱和"户部官票"，从而产生了"钞票"一词，于是"钞票"成为纸币的代称。

 知识链接

存钱罐为什么叫作"扑满"

存钱罐别名"扑满"。这是个非常古老的称谓，可以追溯到西汉。《西京杂记》载：汉武帝诏令寻访贤才，年近七十的公孙弘被推举为贤良。公孙弘的旧友邹长倩知道公孙弘家贫，就赠送给他许多东西，其中有一枚"扑满"。"扑满"只有入口没有出口，蓄满钱后"满则扑之"，因此得名。邹长倩是借"扑满"告诫公孙弘"聚敛而不能散将有扑满之败"。公孙弘为官后，时刻谨记"人臣病不俭节"的道理，"家无所余"，正合"扑满"之寓意。

三、工资

现在，人们把按月支取的劳动报酬称为"工资"，也叫作"薪水"。

其实"薪水"这个称呼在古代就有使用，不过它最初并没有"工资"的意思，而是指打柴汲水。《南史·陶潜传》记载："汝旦夕之费，自给为难，今遣此力，助汝薪水之劳。"陶潜的儿子每天的花费很大，生活难以为继，所以陶潜专门派了个仆人过来，帮他打柴汲水。这里的"薪水"即"打柴汲水"之意。因为柴和水都是生活中不可缺少的，所以"薪水"逐渐发展为日常生活开支的意思，如《魏书·卢昶传》中说："如薪水少急，即可量计。"其中的"薪水"指的就是日常费用。

东汉以前，官员的俸禄通常都是粮食、布帛等实物，唐朝到明清时期，俸禄的形式以货币为主。古代官员的俸禄有多个别称，如"月钱""月给""月薪"等，明代时称为"月费"，后改称"柴薪银"，意思是帮助官员解决柴米油盐等生活开支的费用。

到了近现代，各个岗位上的工作者每月获得的工资相当于古代的"月费""月俸"，主要用来应付日常的生活花销，所以，人们便把工资称为"薪水"。

四、合同

合同是为了明确双方当事人各自的权利和义务而订立的具有法律效力的文书。合同的历史十分悠久，早在上古时期人们进行商品交换时，就已经有了合同的雏形。

合同在古代有着多种多样的名称。

周朝时，人们称合同为"质要""判书"。"质"是作为保证的人或物，"要"是约的意思，"质要"指买卖货物签订的契约。"判书"是双方要承担责任的凭证券契，双方各执一份。

春秋战国时期，出现了"傅别""质剂""书契""约剂"等称呼。《周礼》列举"经邦治"的措施时说道："听（处理）称责（放债）以傅别""听卖买以质剂""听取予以书契"。

"傅别""质剂""书契"，主要是在经济活动领域对交易双方进行约束。"傅别"为借贷契约，是处理债权纠纷的凭据，它的形式是在券书中间书写一个"中"字，然后剖成两份，双方各执一半以便核对。"质剂"属于买卖契约。用长木片书写的契约叫"质"，用来购买牛马之类；用短木片书写的契约叫"剂"，用来购买兵器珍异之物。"质剂"的形式是，在同一券契上书写内容相同的一式两份合同，再从中间分开，双方各执一份。"书契"是财物所有权发生转移的凭证，形式是将文书内容一式两份写在两份券书上，双方各执一份。

"约剂"是诸侯国之间结盟时的盟书，在发生争端或诉讼时用作证据。

到了汉朝，始称凭证券契为"契"。"契"是合同的总称。

唐代时开始出现"合同"之名。此后，合同的各种称谓在历朝都有使用。

五、赋税

我国税收自古有之，但历代对税的叫法不相一致。

夏代时称为"贡"，商代时叫作"助"，周朝时名为"彻"。"税"的名称始见于春秋鲁宣公十五年（公元前594年）实施的"初税亩"。之后产生了"赋"的称谓，到汉代时有"口赋""算赋""更赋"等名称，后来又改称为"租"。隋唐五代时期,将口税称作"庸",宋代产生了"粮"的叫法,明代则叫作"响",清朝有"津贴""捐输"之用。上述均是古代田亩税的称呼。此外还有"耗""羡余""平余""漕折"等名目。

历代叫作"税"的也有许多,如唐朝的"间架税"、清朝的"牙税"和"当税"等。

六、算盘

算盘是我国古代一项重要的发明。在阿拉伯数字出现之前,算盘是世界上广为使用的计算工具。

算盘的历史颇为悠久,究竟是何人何时发明了它,现在已经难以考证。不过可以知道它的发明源自算筹。在算盘产生之前,古人计算时都是利用小木棍,称为"算筹"。用"算筹"计算叫作"筹算"。后来将算筹改为用"珠盘"进行计算,把珠子放进盘里表示要加的数,取出盘内的珠子表示要减的数。之后又把珠子穿起来,并列地连排起来,称为"珠算"。这时的"珠算"其实已经是算盘的称呼了。东汉徐岳《数术记遗》载:"珠算控带四时,经纬三才。"北周甄鸾注云:"刻板为三分,位各五珠,上一珠与下四珠色别,其上别色之珠当五,其下四珠各当一。"可见汉代时就已经有算盘了,只是形制与近现代的有所差异而已。

"算盘"这一名称出现在元代。《元曲选·庞居士误放来生债》里有:"闲着手,去那算盘里拨了我的岁数。"

约在明朝初年,算盘逐渐流行,并走入普通人的生活。当时算盘的规格已基本确定,万历年间柯尚迁所著的《数学通轨》描述了13档算盘图:上2珠,下5珠,呈长方形,四周为木框,内有轴心,俗称档。档中央用一根横梁隔开,运算时定位后拨珠运算。这种算盘奠定了后来各种规格算盘的基础。

16世纪以后,算盘先后传入日本、朝鲜、东南亚等国家和地区,受到广泛欢迎。

知识链接

石油一名的由来

　　秦汉时期，我国劳动人民就已经发现并使用石油。《汉书·地理志》记载："高奴县有洧水可燃。"这里所说的"洧水"，指的就是石油。唐代段成式《酉阳杂俎》将石油称为"石脂水"。古籍中还有称石油为"石漆""泥油""火井油"的。宋哲宗时，沈括著成《梦溪笔谈》，首先用到"石油"这一名词，他说："鄜延境内有石油。"因为这个名称形象易记，所以后世就沿用了下来，直到今天仍在使用。

七、店铺

　　现在一般把店铺叫作商店，但在古代并无"商店"之说，人们常以其他词汇称呼店铺，主要有：

　　肆：店铺的统称，在上古时代就有这个称谓。《周礼》曰："正其肆，陈其货贿。"

　　店：商店的通称，约产生在汉代以后。李白诗云："风吹柳花满店香，吴姬压酒唤客尝。"

　　铺：规模较小的商店的通称，唐代时就已出现，后代沿用之。《韵会》载："铺，贾肆也。"

　　坊：对某些店铺的称谓，如茶坊。《东京梦华录》载："茶坊每五更点灯博易。"

　　庄：规模较大或做批发生意的商店，如酒庄、布庄。

　　号：商店的代称。《老残游记》记载："找了一家汇票号，是个日升昌字号，汇了八百两，寄江南徐州家里去。"

市肆：城市中的商店。《汉书·食货志上》记载："开市肆以通之，设庠序以教之。"

市廛：街市上的店铺。西晋左思《蜀都赋》记载："亚以少城，接乎其西，市廛所会，万商之渊。"

行铺：铺子、商店。《水浒传》第一〇三回写道："那行铺人家，那个肯赊半文？"

知识链接

市场的称谓

市场是进行商品交易的场所，古称"市"，也叫"市井"。《公羊传·宣公十五年》注："因井田以为市，故俗语曰市井。"市根据营业时间不同而有不同的称谓：早上做买卖的叫"早市""朝市"，《水浒传》第二一回写道："却是卖汤药的王公来到县前赶早市。"夜间做买卖的叫"夜市"，《东京梦华录》记载："夜市直至三更尽，才五更又复开张。"

八、当铺

当铺是收取抵押品而借款给人的店铺，在我国古代到处都有。

当铺起源于一千多年前的南北朝时期，当时称为"质库"。《南史·甄法崇传》记载，质库最初皆由寺庙经营，后来达官贵族也多有开设。

到了唐宋，典当业日益发达。唐朝当铺称为"质库"，唐玄宗时有些高官贵族开设质库，从事商业与高利贷剥削。宋代当铺称"长生库"，陆游《老学庵笔记》记述："今寺僧辄作库，质钱取利，谓之'长生库'。"当时官府和富商大贾纷纷经营以物品做抵押的放款业务。抵押物品不仅包括金银珠玉钱货，甚至还包括奴婢、牛马等有生命之物。长生库的放款时限短，利息高，还任意压低质物的价格，所借款项如果到期不还，则没收质物，因而导致很多人家破产。

元代称当铺为"解库""解典库""解典铺"。典当放债的利息极高，典当者中有许多无钱赎当的，质品都被当铺吞没。

明朝除用旧称外，还产生了"当铺""典铺""典当"等名称。当时商人经营的范围相比以前更加广泛，除普通百姓受剥削外，有的富有之家也因典当而濒临破产。

清朝时，当铺更为普遍，乾隆时北京已有当铺六七百家，利息苛重，而且如果不能按期回赎即成死当，质品没收。

第二节　文学称谓

一、经、史、子、集

"经、史、子、集"是我国古代的图书分类法，也叫四部分类法，发源于隋唐时期。

经部亦称"甲部"，指记述儒学家说的典籍。西汉以后，历朝历代把儒家思想作为正统，因而称儒家经典著作为"经"，如《诗经》《尚书》《周礼》《孝经》均属于经部。

史部也称"乙部"，指记载历史兴衰、人物生平和建制沿革的著作。早在四千多年前，我国就有了关于历史的记载。国别体、编年体、纪传体等史书都属于这一类，如《国语》《战国策》《史记》《汉书》《资治通鉴》等。

子部也叫"丙部",指记录诸子百家及其学说的书籍。春秋战国时期,思想大家层出不穷,每个学派都积极发表自己的主张,儒学、哲学、法学、兵学、农学、名学、医学、天文学等十分发达。各家著书一种,因为此类典籍次于经书而成一家之言,所以被后世统称为"子书",如《孟子》《韩非子》。道教、宋明理学、清朝的考据学相关著作也都在子部之列。

集部别名"丁部",指收集一个或几个作家作品的著作。属于一人所有的称为"别集",汇编数人的作品称为"总集",收录诗歌的集子称为"诗集"。如《漱玉集》《全唐诗》等均属于这一类。

"经、史、子、集"只是四大部类,它们的下面还有若干子目,这里不再详细介绍。

二、书签

书签是为记录阅读进度而夹在书里的小片。书签在古时候并不叫现在的名字,而是称为"牙签"。"牙签"起源于春秋战国时期,最初由竹片制作而成,每当读书人需要暂时停下阅读时,就会在卷轴书的一端插上"牙签",以便后期接着查看。随着卷轴书发展为册页书,"牙签"的用途也增大了,材质由竹片变为牛骨薄片或厚纸板。宋代以后,读书人对"牙签"越来越讲究,常常在上面书写座右铭之类的句子。现在在书签上印刻诗词警句、名人格言等,就是缘于此。

三、稿酬

现在把作者向出版单位投稿获得的报酬,称为稿酬或稿费。但是在古代并没有稿酬一说,那时候的人们称稿酬为"润笔"。

"润笔"的叫法出自隋朝的一个典故。《隋书》记载,有一次,隋文帝让朝中的一个官员起草诏书,另一位官员在旁边开玩笑说:"笔干了。"一个叫郑译的官员乘机说道："不得一钱，何以润笔。"因"润笔"之称曲折含蓄、形象生动，此后，文人们便将为别人作诗文书画得到的报酬通称为"润笔"。近代报纸业兴起以后，人们逐渐用"稿酬"取代"润笔"，来指代投稿取得的费用。不过，"润笔"作为一种雅称，仍然有所使用。

四、书籍

现在我们把书籍称为"图书"，在古代是如何称呼书的呢？

古人对书籍的称谓有很多，大都与书籍的特点有关。

汗青、青简、韦编：在纸张没有普及之前，古人以竹木简作为主要书写材料。书写前，先把竹木简放在火上烤，去掉水分，这个程序称为"汗青"。竹木简烘干后，再在上面书写，并用皮绳（古称"韦"）编缀起来。因此把书籍称为"汗青""青简""韦编"，其中"汗青"还可作为史书的代称。

帛：帛是稍晚于简牍而流行的书写材料，也用作书籍的泛称。

尺书：古代经书和法律书籍用二尺四寸简策，其他书籍用一尺二寸简策，简称"尺书"。

卷：古代的书往往分卷，所以用"卷"指代书籍。"手不释卷"的"卷"即指图书。杜甫诗曰："读书破万卷，下笔如有神。"后人用"万卷"代指数量惊人的书。

芸帙、芸编：纸书易遭虫蛀，古人为了防止虫对书的咬噬，常在书里放芸香，后遂将"芸帙""芸编"作为书籍的代称。

书田：古人以耕田喻读书，因此称书为"书田"。宋王迈《送族侄千里归漳浦》诗曰："愿子继自今，书田勤种播。"

丹铅：古代点校书籍时，常用丹砂和铅粉。明代杨慎曾著《丹铅录》，考辨诸书异同。后来便用"丹铅"指代经过点校或考证的书籍。

灾梨枣：比喻不好的书籍。古代用梨木、枣木刻书，古人认为用来刻质量差的文章，是让梨枣木受灾，故有此称。

千钟粟、黄金屋、颜如玉：宋真宗《劝学文》记述："富家不用买良田，书中自有千钟粟；家居不用架高堂，书中自有黄金屋；娶妻莫恨无良媒，书中自有颜如玉。"意谓读书人只有读书考取功名才是出路，封建社会常用这些来代称书籍。

汗牛充栋：柳宗元《陆文通先生墓表》载："其为书，处则充栋守，出则汗牛马"。意思是藏书堆满屋子，充塞栋梁间，让牛马运送，牛马都累得大汗淋漓。后来用"汗牛充栋"形容极为丰富的藏书。

 知识链接

书店在古代叫什么

书店最早被称为"书肆"。"书肆"之名始于西汉，是当时长安街上经营书本典籍的专业市场，扬雄的《法言》中就有关于"书肆"的记载。汉代以后，书店又陆续产生了"书栈""书林""书铺""书棚""书堂""书屋"等别称。到了宋代，书店被称为"书坊"。"书店"一名最早见于清朝乾隆年间。近代时，书店也叫"书局"。

五、书的类别

原本：第一次写成或刻成的书本，相对于增订、修改、重刻、改版而言。

副本：同一书籍抄出的复本，同书同一来源的另一本子，叫作副本。旧时藏书家得到罕见图书，依样重写，也称为副本。

异本：同书的另一来源的本子，称作异本。

抄本：凡是抄写、誊写、抄录、誊录、摹写的书，都叫作"抄本"。

现在比较常见的是明清时期的抄本。

　　刻本：刻印而成的书。雕版印刷术产生以后，刻书大量涌现，不少书商、私家和一些官府都刻印图书。以时代划分，有宋、元、明、清刻本。以地域而言，有浙江、福建、四川等地刻本。

　　拓本：从石碑上拓印下来的纸本。

　　善本：书籍精加校勘，错误较少者，称为"善本"。旧刻本、精校本、精抄本、手稿、旧时拓印的碑帖等一般也叫作善本。

　　孤本：仅存一本别无可求的书，指某书的某一刻本，在世间只有一份流传。其他如未刻的手稿、碑帖的旧拓本，只存一份的也叫孤本。

　　珍本：凡不常见或不容易得到的文献以及具有历史、艺术、科学价值的古旧图书，均叫"珍本"。

　　影写本：覆在原书上影写而成的书本，酷似原本，十分精工。

　　套印本：几种颜色套印的书本，最早是朱墨两色套印，明代以后发展为三四色甚至五色。

　　百衲本：用不同版本的残卷零页配合或汇印而成一部完整的书本。"百衲"取意于僧人的百衲衣。

六、书信

　　自古以来，人们都有写信的传统。尤其是在古代，书信是传递信息的重要媒介。古人对书信有着各种各样的称谓。

　　书信的别称与书写材料有着直接关系。

　　在没有纸张的年代，人们一般把字写在简和札牍上。简是用竹木削成的狭长的条，木质的为木简，竹质的为竹简。札和牍都是用木头削成的片，比简要宽，其中牍又比札宽。由于札和牍相对宽大，能写更多的字，所以不超过百字的信都写在札、牍上，如果字数很多，一片札或牍写不下，就把信写在简上，然后用皮绳把每一片简编串起来，这种编串起来的简叫作"册"。

因为书信是写在简、札、牍上的，所以称书信为"简""书简""札""书札""牍""简牍"等。依此类推，亲手写的书信叫作"手简""手札""手书"。简的长度按照规定不超过一尺，所以书信又有"尺牍"之称。简短的书信称为"寸札"。

从战国开始，丝织品成为古人书写的主要材料。当时的丝织品有帛、缯、素、缣等种类，故而写在丝织品上的书信被称为"帛书""缯书""素书""缣书"。缣、帛用于写信时，长度一般在一尺左右，因此书信又有"尺素"之称。此外，用缣、帛书写的信也叫"帖"，如王羲之的《快雪时晴帖》就属于书信。

写在纸上的信则称为"笺"。南北朝以来，信纸上一般印有八行竖线。故而"八行书"又成为书信的别称。

书信的别称还与书写工具和书信的包装形式有关。用毛笔写在木札上的书信，称为"笔札"；用翰墨书写的书信，称为"书翰"。书信投递时要装进封套里，书信的封套在古代叫作"函"，所以称书信为"函""信函""函札"。来信称作"来函"，官方的书信称作"公函"。函套是用两块鲤鱼形状的木片制成的，喻鲤鱼顺水而游的意思，所以又称书信为"鲤鱼""双鱼""双鲤""鱼书"等。古乐府《饮马长城窟行》曰："客从远方来，遗我双鲤鱼，呼童烹鲤鱼，中有尺素书。"由此衍生出"鲤鱼传书"的故事。书信的封套口古称"缄"，信件装进封套后，要进行封口，故称书信"缄札"。

与书信性质有关的书信别称，有"家书""乡书""竹报""飞书"等。"家书""乡书""竹报"，都是家庭成员之间往来的书信，其中"竹报"取"竹报平安"之意。"飞书"也叫"飞条"，指下级给上级或平级间的匿名信，因"无根而至，若飞来也"而得名。

在书信的往来中，又产生了其他称呼。一般尊称别人的来信为"华

章""华翰""兰章""损书",称酬答的书信为"报章"。此外,书信还有
"启"的称谓,表示陈述的意思。

鸿雁传书

　　在我国古代,除了"鲤鱼传书"的故事,还有"鸿雁传书"的说
法。"鸿雁传书"典出苏武牧羊的事迹。汉武帝时,中郎将苏武奉命出
使匈奴,遭到对方扣押。他拒不变节,最后被流放到北海(今贝加尔
湖)边牧羊。十几年后,汉昭帝即位,与匈奴和亲,派使者来到匈奴
境内,要求接回苏武。匈奴君主谎称苏武已经去世。当年随从苏武一
起出使匈奴的官员常惠,将苏武的情况秘密告诉汉朝使者,并让使者
对匈奴君主说,汉帝打猎时射到一只从北方飞来的大雁,雁的脚上系
着一封帛书,上面说苏武没有死,正在北海牧羊。匈奴君主听后十分
惊奇,只好把苏武放回汉朝。后来,人们根据这个故事,把书信称为
"雁札""雁书",把传递信件的投递员称为"鸿雁"。

七、诗

诗是我国最古老的文体,有"文学之祖"之称。

在古代,诗可以配乐歌唱,也可不配乐,配乐者也叫"歌""歌诗",
不配乐者则只称为"诗"。诗既可以歌也可以咏,所以又有"歌咏"之名。

古代诗歌以唐代为界,分为古体诗和近体诗两种。唐代以前的诗称为
古体诗,又叫作"古风""往体",不讲对仗、押韵,形式较自由,句式可
长可短。古体诗以五言和七言居多,其中五言古诗称为"五古",七言古
诗称为"七古"。

近体诗也叫今体诗，是唐代形成的格律诗体，对字数、句数、平仄、对仗、押韵都有严格的规定。近体诗包括律诗和绝句。律诗根据诗句字数的不同而有不同的叫法，如五言句者称为"五律"，七言句者称为"七律"。绝句别称"截句""断句""绝诗""小律诗"。每首只有四句，一般有五言、七言两种，简称"五绝""七绝"，也叫"短调""长调"。

知识链接

诗人雅号

诗圣：杜甫的诗展现着现实主义情调，具有较高的思想性和艺术性，被尊为"诗圣"。

诗魔：白居易写诗异常刻苦勤奋，常常"酒狂又引诗魔发，日午悲吟到日西"，故有"诗魔"之称。

诗鬼：李贺的诗构思巧妙，瑰丽新奇，世传其有鬼才，故有"诗鬼"之名。

八、词

词是起于唐五代、盛于宋代的一种合乐歌唱的文体。词一开始并不称为词，而是有很多叫法。

词本来是配乐的歌词，所以起初被称为"曲子""曲词""曲子词"。配乐歌唱，其音动听，故又有"琴趣"之称。如欧阳修的词集名为《醉翁琴趣》，黄庭坚的词集名为《山谷琴趣》。

就配音乐而言，词渊源于乐府诗。乐府是西汉时设立的音乐机关，后来演变为一种诗体名称，指由音乐机关采集、创作的乐歌。由于词最初也是和乐演唱的，所以就把词称为"乐府"，也叫"乐章"，如苏轼的词集叫

《东坡乐府》，贺铸的词集叫《东山乐府》等。

词发展到后来逐渐跟音乐分离，成为诗的别体，因此有人把词称为"诗余"。现存最早的词谱《诗余图谱》就把词叫作诗余。

词的句式长短不一，因而又有"长短句"的称谓。如秦观的词集名为《淮海居士长短句》，辛弃疾的词集名为《稼轩长短句》。

九、诗人

"诗人"一词，战国时就有了。《楚辞·九辩》说："窃慕诗人之遗风兮，愿托志乎素餐。"这是诗人最早的提法，指的是《诗经·伐檀》的创作者。此后，诗人便成为两汉人习用的名词。

六朝以后，社会上很看重屈赋，认为上不类诗，下不类赋，仿效者甚多，于是就把楚辞体诗的作者或诗人称为"骚人"。李白《古风》："正声何微茫，哀怨起骚人。"

从战国到盛唐，"诗人""骚人"都是极为尊贵的称号。

宋代以后，又出现"墨客"一词，常与"骚人"一起使用，用于指诗人、作家等风雅的文人。

此外，"风人""诗客"也是诗人的别称。风，指古代民歌。《诗经》中收录的很多诗都是"风"，因此把诗人称为"风人"。《花间集·序》中把唐末五代时文人所作之词称为"诗客曲子词"，故以"诗客"作为诗人的雅称。对年老的诗人则可尊称为"诗翁"。

十、序言

序是一篇文章或一部书的前言，也叫作"引"。将它放在正文之前，主要是说明著书目的和经过，或介绍与本书有关的问题及作者情况等。

"序"分为自序和他序两种，他人作序一般包括对作者和作品的评价等。

为文章或书籍作序,早在春秋战国时代就已经开始。在晋代以前,"序"通常都是放在正文后面,如《史记·太史公自序》。到了晋、南北朝时期,"序"才被移到正文之前。宋代时,苏东坡将"序"改写为"叙",相传这是苏氏讳"序"字的缘故。现在人们写前言时,常将"序""叙"混用。

序在古代也被称为"弁言"。弁是古代男人戴的一种帽子,由于序言冠于篇卷的前面,所以有"弁言"之称。

与序相对的是"跋",一般放在正文后面,主要评述正文内容或对正文做补充说明。

第三节　书法绘画称谓

一、笔

笔作为古代广泛使用的书写工具,备受文人雅客的青睐。历史上,"笔"被赋予了许多别称,其中一些广为流传。

毫、管:毫是制作笔头用的尖毛,管是做笔杆用的竹管,故称笔为"毫""管"。

翰:翰指鸟的羽毛,古代有用羽毛制作笔的,故称笔为"翰"。

毛锥:笔的外形像锥子,因此得名"毛锥"。

聿、不律:古代楚人称笔为"聿",吴人称笔为"不律"。

宝帚:南唐时,后主李煜的弟弟李从谦爱好书法,把宣城诸葛笔称为"翘轩宝帚",士人简称为"宝帚"。后来,"宝帚"成为笔的别称。

龙须友：晋代时，郄诜博学多才，在举贤考试中名列第一，拜谢毛笔说："龙须友使我至此。"因把"龙须友"作为笔的代称。

毛颖、中书君：唐代诗人韩愈曾将毛笔拟人化，写了一篇《毛颖传》，"毛颖"即指毛笔。《毛颖传》中说，毛颖长期担任"中书令"，被皇帝称为"中书君"。后世由此把"毛颖""中书君"作为毛笔的代称。

管城子：《毛颖传》记载，秦始皇时，蒙恬率军攻楚，驻扎在中山，捕获了大量兔子，"拔其豪，载颖而归，献俘於章台宫，聚其族而加束缚焉……赐之汤沐，而封诸管城，号曰管城子"。大意是说，把兔子的毛拔下来捆扎在一起，清洗干净，插入管城（竹管）里。因此称毛笔为"管城子"。

尖头奴：北魏太武帝时期，尚书令古弼因头颅上尖下圆，像毛笔的笔尖，被太武帝称为"笔头"。有一次，太武帝到河西狩猎，让古弼送一些良马，结果古弼送去一批劣马。太武帝震怒，骂古弼是尖头奴。后来人们便把"尖头奴"作为笔的戏称。

二、墨

墨是古代书写、绘画不可缺少的用具。相传墨是由西周时期的邢夷发明的，他被后世尊称为"墨祖"。墨在几千年的使用过程中产生了许多别称。

古代的墨通常做成圆形，计数单位为"丸"。后人因墨色乌，形如丸，所以称其为"乌丸""烟丸"。

人们常常在墨中加入珍珠、金粉、冰片等，制成药墨。用药墨书写出来的字能够防蛀、防腐。或是因为药墨贵重如金，人们给墨取了个"乌金"的别名。

宋代以前，人们常用松烟制墨，称"煤"，故唐宋时称墨为"宝煤""霜煤""香煤"，也有"漆烟""松滋侯""黑松使者"的雅称。如果墨中有麝香，则称为"麝煤""龙麝"。唐墨有用龙香剂制成者，故墨又叫"龙香剂"。

河北易县古称易州，自唐代开始以制墨闻名于世，不仅宫廷用墨产自这里，徽墨也是从这里发源。因此，古人送给墨一个拟人化的称谓——易玄光。"玄光"指墨黑而有光。

墨雅称为"龙宾"。《云仙杂记》载：有一天，唐玄宗见御案墨上有一小道士，如蝇而行，叱之，小道士即呼"万岁"，自称是墨精"龙宾"。后世因此把"龙宾"作为墨的代称。

"墨"还有"洙泗珍"的美称。古时，洙水、泗水由山东泗水县北合流而下，到曲阜北又分为二水，洙水在北，泗水在南。春秋时期，孔子居于洙水、泗水之间，聚徒讲学。所以后人就用"洙泗"称呼儒家。墨在古代是读书人的珍爱之物，因此墨被雅称为"洙泗珍"。

 知识链接

煤的称谓

煤是黑色固体矿物，主要成分为碳、氢、氧、氮。上古时人们曾用煤来写字，称为石墨。后来北方人将"墨"念成"煤"，从此就有了"煤"的称谓。

煤在古代有许多别名。《山海经》中说："女床之山，其阳多赤铜，其阴多石涅。"据考证，这里的"石涅"就是煤的称谓。《孝经援神契》载："王者德至山陵，则出黑丹。"《拾遗记》载："焦石如炭。"它们提到的"黑丹""焦石"也是煤的古称。此外，对煤的叫法还有"乌金""燃石""石炭"等。

三、纸

纸是古代书写的主要材料。历代文人学士爱纸惜纸，给纸取了许多优雅的称呼。

纸的历史十分悠久，西汉时就已经发明，当时的纸为小幅薄纸，称"赫蹏"。

纸以麦秆为原料，故又名"麦光"，苏轼《和人求笔迹》诗曰："麦光铺几净无瑕。"楮树皮也可用来造纸，因此称纸为"楮"。韩愈《毛颖传》将纸拟人化，称为"楮先生"，简称"楮生"，均成为纸的代称。也有称"楮待制""楮知白"的，也是拟人称谓，如《广群芳谱》："楮待制初名藤，及长为世用，更名知白。"

纸一般为方形，洁白如絮，故有"方絮"之称。造纸技术提高后，纸面洁白平滑，因此称纸为"滑砥方絮"。"砥"含"细腻"的意思。

纸也称作"云肪"。肪，脂肪，也色白，故名。宋代米芾《寄薛郎中绍彭》诗："象管钿轴映瑞锦，玉麟棐几铺云肪。"

纸如书田，可供笔耕，所以又有"文亩"之名。

"好畤侯"是对纸的戏称。宋代苏易简《文房四谱》称纸为"楮知白"，说其被蔡伦寻得，贡于皇帝，因功勋卓著受封"好畤侯"。好畤是秦朝时的县名，宋代时多产纸。

此外，纸还有"界道中郎将""统军万字军"的称谓。因纸上画有界格，犹如把守关口的宿将，不准字写出格外，故有"界道中郎将"之称。纸上写文，长达万言，如同万军布阵，故称"统军万字军"。

四、砚

砚通称"砚台"，是写毛笔字时磨墨用的文具。砚在我国有着五千多年的悠久历史，历代文人或收藏家在使用和欣赏砚的过程中，留下了许多耐人寻味的名字。

砚的历史可以追溯到仰韶文化时期，那时的砚制作得十分粗糙，故称砚为"研磨盘"。

砚也叫"瓦砚"。秦汉时期，修建宫殿用的砖瓦多采用澄泥制法，后来有人用这些砖瓦来制造砚台，故得名"瓦砚"，亦称"砚瓦""瓦头砚"。

古人把书斋和客座中的各种砚台视为珍品，并以友相称，故砚台有"砚友"之称。

唐代时，砚又有了"即墨侯"的叫法。唐代文嵩的《即墨侯石虚中传》将砚拟人化，说砚名石虚中，字居默，因功受封即墨侯。此后，人们便把"即墨侯"作为砚的代称。

宋代苏轼曾为歙砚作《万石君罗文传》，文中说罗文因"助成文治，阙功茂焉，封万石君"。从此，"万石君"就成了砚的别称。

砚还有"墨海"之名。相传上古时期，黄帝得到了一块美玉，雕琢成砚台，名叫"墨海"。后因此称砚台为"墨海"。

砚台还有许多其他称谓，如"墨池""砚池""润色先生"等。

五、甲骨文、金文

甲骨文和金文都是殷商时期出现的文字。

甲骨文是我国最早的汉字形态，因刻在龟甲兽骨上而得名。甲骨文最早发现在河南省安阳城西北的小屯村，这里曾是商朝的都城。它所记载的大都是当时统治者在祭祀、狩猎、征战时占卜日期、事件及其结果等相关内容，所以也称"甲骨卜辞""殷墟卜辞"。清末国子监祭酒王懿荣是最早发现并确认甲骨文的人。

金文最早出现在商代末期，西周时极为流行。这是一种铸造在青铜器上的文字，字体整齐遒丽，古朴厚重。因周代将铜称为金，所以得名"金文"，也叫"铭文""金鼎文""吉金文字"。它记载的主要是当时祀典、诏书、征战、赐命、围猎、盟约等活动或事件的情况，是当时社会生活的真实写照。传世的有铭文的钟鼎彝器很多，知名的有毛公鼎、王孙钟、大盂鼎、散氏盘、宗周钟等。

六、五书

书法上习惯将篆书、隶书、楷书、行书、草书称为"五书"。

篆书也叫"篆字"，分为"大篆"和"小篆"。大篆为周代史籀所创，笔画雄强而凝重，风格典丽而峻奇。小篆是秦代通行的字体，秦始皇统一中国后，实行"书同文"，在大篆的基础上进行简化形成小篆，作为官方文字。

隶书始创于秦代，由篆书演变而成，普遍使用于汉魏。据说这种字体是由一个叫程邈的徒隶（犯人）发明的。程邈因得罪了秦始皇，被关在监狱里，他看到狱官用篆书写字很麻烦，就化繁为简，化圆为方，将笔画改曲为直，将"连笔"改为"断笔"，创造出一种新的字体。秦始皇看后十分欣赏，赦免了他的罪，还封他为御史，并将这种字体规定在官狱中应用。由于程邈做过徒隶，这种字体最初又是专供隶役使用，所以就把这种书体称为隶书。隶书的产生使汉字从线条化转为笔画化，更便于书写，是中国书法史上的重大变革。

楷书形成于汉末，成熟于魏晋时代，全盛于隋唐。它由隶书演变而成，形体方正，笔画平直，可作楷模，故名"楷书"，也叫"正书""正楷""真书"。直到今天依旧通行。

行书是介于草书和楷书之间的一种字体，据说是由东汉的刘德升所创。行书中近于楷书的称为"行楷"，近于草书的称为"行草"。

草书是隶书通行后的草写体，有"章草""今草""狂草"等类型。

七、中国画

中国画简称"国画"，是对中国传统绘画的总称。在古代，并没有

"中国画"或"国画"之说，这是近现代以来为了区别于外国绘画才有的名称。

中国画在古代有着不同的称谓，最常见的是"丹青"。丹青，原指丹砂和青䨼两种矿物质燃料。丹砂为正红色，青䨼为蓝绿色，因为这两种矿物不易褪色、变易，所以备受画者青睐，被用作绘画颜料。后来，人们就用"丹青"来指代中国的绘画。

绘画还有几个优美的别名。画有形而无声，因此被称为"无声画"；有形无声并富有诗意，所以被称为"无声诗""有形诗"。宋代张舜民《画墁集》曰："诗是无形画，画是有形诗。"

第四节　音乐称谓

一、笛

笛子是我国传统音乐中最古老、最常用的管乐器，其历史可以追溯到新石器时代。

最初的笛子是骨制的，四千多年前，笛子的制作材料变为竹子。由于用天然竹材制成，所以也叫"篴"。"篴"也是一种竹子的名字。

汉代以前，笛一般是竖吹的。张骞出使西域后，横笛传入我国，也称"横吹""横管"。

笛子还有其他称呼，如"嶰竹""柯亭竹""茵于"等，这些别称均与传说故事有关。《汉书·律历志》载，黄帝曾命伶伦取嶰谷之竹制作乐器，因此称箫笛等乐器为"嶰竹"。"柯亭竹"的由来与蔡邕有关。干宝《搜神记》中说，蔡邕发现柯亭的椽子为良竹，于是取来制作笛子，果然声美。后来就用"柯亭竹"称呼笛子。"茵于"出自神话故事。相传晋代时，绿珠善吹笛，其父亲梁伯有一天上山打柴，听到美妙的笛声。空中有仙人让梁伯回家，吩咐绿珠喊一声"茵于"，以传授给她笛曲。后梁伯照办，绿珠果得十五曲。于是就把笛子称为"茵于"。

二、箫

"箫"是一种编管乐器，源于远古时期的骨哨，新石器时代开始以竹制作。《风俗通》说："舜作箫，其形参差，以象凤翼。"早期的箫用十六根竹管编排而成，竹管参差不齐，插在格子里，底部封蜡，叫作"排箫"。箫管不封底，视之如洞者，叫作"洞箫"。

古人做箫笛常用紫竹做原料，所以把"紫玉"作为箫笛的代称。

现在横吹的单管箫，是在汉武帝时由西域传入中原的，又叫"羌笛"。这种乐器最初只有四个按孔，到了西晋时发展为六个按孔，与今天的箫十分接近。唐代以后，箫专指"竖吹的笛"，即"横吹笛子竖吹箫"，因此箫也叫作"竖吹"。

三、筝

筝是我国传统的弹拨乐器，在战国时期广泛流行，秦国尤盛，因此又被称为"秦筝"。《史记·李斯谏逐客书》记载："夫击瓮、叩缶、弹筝、博髀而歌呼呜呜，快耳目者，真秦之声也。"

关于筝的得名有两种说法：一种源于传说。相传战国时，秦国有一个人善奏瑟，他的两个儿子都想将瑟占为己有，这个人只好把瑟一分为二，制成一种新的乐器。由于是兄弟相争的产物，这个新的乐器就被命名为"筝"。另一种说法认为，筝是因其发音而得名。东汉刘熙在《释名》中说："筝，施弦高，筝筝然。"筝因"施弦高"而发音"筝筝然"，因此得名。

四、瑟

瑟是我国古代的弦乐器，用木制作而成，形似古琴。瑟的历史十分悠久，相传是在伏羲时代发明的。

传说最早的瑟有五十弦，因而以"五十弦"作为瑟的代称。《史记·封禅书》记载，伏羲曾让仙娥素女弹奏五十弦瑟，因素娥弹得过于悲伤，伏羲不想让她继续弹下去，但又忍不住想听，于是就把瑟从五十弦变为二十五弦。此后"二十五弦""素女弦"就成了瑟的代称。

古时候也把瑟称为"洒"，因为古人认为瑟的发音如同洒水一样，十分密集。

云和本是山名，因盛产琴瑟而闻名，所以就以"云和"代称瑟。

"文鸱"亦是瑟的别名，《致虚杂俎》载："瑟曰文鸱，笙曰采庸，鼓曰送君，钟曰华由，磬曰洗东，皆仙乐也。"

五、琴

琴是我国最古老的弹拨乐器之一，相传和瑟一样也发明于伏羲时代。在我国古代，琴、棋、书、画是一个人文化素养的体现，也被视为文人雅士修身养性的必由之径。其中，琴以清、和、淡、雅的特性，在四者中居于首位。

古代对琴的称谓十分繁多，主要有：

七弦：这是根据古琴的弦数定名的。古琴有七弦，故称"七弦"。

瑶琴：古人认为琴所奏出的音乐如同天上瑶池之乐，所以得名。

丝桐：古琴以丝为弦，多用桐木制成，故有此称。

桐君：桐木为制琴材料，故戏称琴为"桐君"。

峄桐：峄山南坡所产桐木，制作的古琴质量上等，声音清亮，故称"峄桐"。

焦桐：汉代的蔡邕擅长弹琴、制琴。吴地有人曾用桐木烧火做饭，蔡邕听木裂之声知是好材料，于是讨来制琴。做出的琴音色极美，因琴尾之木已焦，故称"焦尾琴"。后因此称琴为"焦桐"，也叫"爨下余"。

鸣丝：古琴拨弦丝而后得声，故称为"鸣丝"。

玉振：古琴弹奏时金声玉振，故名。

鹤轸：相传春秋时期师旷善鼓琴，曾引玄鹤来舞。故把"鹤轸"作为琴的代称。

三尺桐：也称"三尺琴"。相传上古时期神农氏曾以桐木制琴，长三尺六寸六分，故称。

钟的别称——蒲牢

钟是古代的一种打击乐器，也是一种报时之器。古人常在钟上铸蒲牢的形象。蒲牢是传说中生活在海边的猛兽，或曰是龙的九个儿子中的一个，其吼声非常洪亮。在钟上铸其形象，是希望钟声响亮。后来，"蒲牢"成为钟的代称。

六、琵琶

琵琶是我国传统的弹拨乐器，有四弦，琴身为梨形，横抱用拨子弹奏。这种乐器最早由波斯经我国新疆传入中原地区。

琵琶本称"批把"。刘熙《释名》记载：批把是骑在马上弹奏的乐器，右手指法向前推称作"批"，右手指法向后挑称作"把"，所以取名"批把"。

大约在魏晋时期，因琵琶弹碰琴弦时发出悦耳的碰击声，犹如两玉相碰，遂将"批把"改名为"琵琶"。

"琵琶"还有"怀风""绕殿雷"的称谓。南朝齐诗人王融有《咏琵琶》诗，内有"抱月如可明，怀风殊复清"之句，南陈后主因用"怀风"代称琵琶。明代陈继儒《珍珠船》记载：五代时期，冯道的儿子善弹琵琶，以皮为弦，周世宗令其弹奏，认为弹得甚好，赞叹不已，于是称琵琶为"绕殿雷"。

七、二胡

二胡是我国乐器家族中主要的弓弦乐器，表现力极高，唐代时就已经开始流传，至今已有一千多年的历史。

二胡发源于我国古代北部地区的奚部落，那时叫"奚琴"。因为古称北方少数民族为胡人，所以也叫"胡琴"。唐代时，胡琴传入中原地区，因为江南一带流传最多，因此也称"南胡"。到了宋代，取名为"稽琴"。明清时，胡琴已经传遍大江南北，成为民间的主要演奏乐器。到了近代，将其更名为"二胡"。有此称谓与其形制有关。这种乐器为琴筒木制，筒一端蒙以蟒皮，张两根金属弦，因有两根弦，故名"二胡"。

八、箜篌

箜篌是我国古代的弹拨乐器，分为卧箜篌、凤首箜篌、竖箜篌三种形制。

传说箜篌起源于汉代，是由一个姓侯的乐人所作，因演奏时发出"坎坎"的声音，所以也称"坎侯""空侯"。唐代杜佑《通典》上说："汉武帝使乐人侯调所作，以祠太一。或云侯晖所作。其声坎坎应节，谓之坎侯。"这里提到的"坎侯"即箜篌，而且是箜篌中的卧箜篌。卧箜篌流行于唐代，14世纪以后，就渐渐失传了。

凤首箜篌因以凤头为装饰而得名。这种箜篌在东晋时由印度传入我国中原，明代以后从社会上消失。

竖箜篌是东汉时从波斯（今伊朗）传入我国的，又叫"胡箜篌"，后来在发展的过程中也慢慢失传。

第五节　杂艺称谓

一、围棋

围棋是我国传统棋类运动之一，相传由上古时期尧帝所发明。围棋在春秋战国时期就有文字记载，隋唐时传入日本、韩国，现在已经流传到欧美各国。

围棋在历史上有许多有趣的别名。

围棋的棋盘是方的，棋盒和棋子都是圆形的，于是有人称围棋为"方圆"。棋盘上的线条纵横交错，就像地图、河网一样，因此围棋又被称为"吴图""河洛"。

围棋有黑白两色棋子，黑子如乌鸦，白子像白鹭，故称围棋为"黑白"。由于棋子多用玉石做成，棋盘用楸木制作，故称围棋为"玉楸枰"，这里的"枰"指的是棋盘。

围棋也叫"坐隐"，这是因为棋手对弈时思想集中，诸事不闻，就像隐居一样。由于下棋时烦恼和忧虑皆抛之脑后，故围棋也被称为"忘忧"。此外，因为下棋时沉默不语，只用手指运筹棋子斗智斗勇，所以把"手谈"作为围棋的代称。

围棋还有一个知名的雅称，叫"烂柯"，这个称谓出自古代的神话传说：西晋时，樵夫王质去山中打柴，遇见两个仙人在下围棋，于是在旁边观看起来。一局还没有看完，斧柯（斧柄）便已经朽烂，只剩下铁斧。后因称围棋为"烂柯"。

除上述称呼外，"略阵""围猎""坐藩"等也是围棋的别名。

象　棋

象棋也是一项具有悠久历史的棋类活动。在战国时期，就有关于象棋的记载，不过那时象棋只是少数贵族的专利。秦汉时，象棋已经颇为流行，当时名叫"格五"。魏晋南北朝时，将象棋称为"象戏"。当时象棋的形制已比较完备，为象棋的最终定型奠定了基础。唐朝时，出现一种"宝应象棋"，有王、军师、马、象、车、兵六种棋子，与现在流行的象棋极为相似。宋代时在"宝应象棋"的基础上进行改造，出现了与今天体制、规则相同的象棋，在民间流传下来，沿用至今。

二、拔河

拔河是我国民间古老的游戏之一，是以人数相等的双方对拉一根粗绳来较量力量强弱的娱乐运动。

拔河的历史可以追溯到春秋时期。文献记载，鲁班在楚国游历时，为楚国制造了一种名叫"钩强"的兵器，发生战争时可以用它钩住敌人的战船捕捉敌军，平时则用它训练士兵"退则钩之，进者牵之"。这种军事训练，可以视为拔河运动的最早形式。

后来六朝时，拔河被称为"施钩"，隋朝时被称为"牵钩"。到了唐代，"牵钩"已经演变为一种角力比赛，地点由水上转移到陆地，并改钩为绳，由于其起源与河流有关，因此改称"拔河"。当时，拔河运动开始进入兴盛期，不仅朝廷喜欢组织拔河比赛，民间也流行拔河运动。据记载，在今河南省南阳一带，几乎每年元宵节都要举行隆重的拔河比赛。

直到今天，在学校等场合还流行拔河运动。

滑　冰

滑冰在古代叫"冰戏"或"冰嬉"，其最早的文字记载见于《宋史·礼志》："（皇帝）幸后苑，观冰嬉。""冰嬉"运动延续了几个朝代经久不衰，到了清朝已成为民间普遍的文体娱乐活动。

三、足球

足球是具有世界性的体育运动，这项运动的发源地在中国。通常认为，中国人至少在距今5000多年前的新石器时代就有了足球游戏，只不过那时的足球是用石头做的。

真正意义上的足球诞生在战国时期，用草或毛制成，在当时叫作"鞠"。踢足球则称为"踏鞠""蹴鞠"。《史记·苏秦列传》记载，苏秦入齐国临淄说服齐王连横抗秦，看到城内一派繁荣景象，市民奏乐、下棋、玩耍、蹴鞠。

到了汉代，足球改用熟皮制造，内装毛发，因此被称为"鞠"。当时还出现了专门用于蹴鞠的场地，称为"鞠城"，并且球场的两端各设六个球门，用砖筑成拱形或直接在地上挖圆洞，名叫"鞠室"，以进球多少为胜负。足球运动不仅是一种游戏，还成为训练军士的一种方法。相传骠骑将军霍去病率军攻打匈奴时，作战间歇曾在塞外设球场，亲自带领将士参加足球比赛。

唐代时，开始把动物的膀胱装进皮球充当球胆，吹满气后再使用，这种充气的皮球在当时叫作"气毬"，与如今的足球已经差别不大。当时所设的球门也大为改进，用两根柱子张挂大网，以踢进多者为胜，这与现代足球的球门已十分相似了。

到宋代时，足球运动发展到了高潮，宋太祖赵匡胤、宋太宗赵匡义都爱踢足球。《宋太祖蹴鞠图》就描绘了赵匡胤兄弟与大臣赵普、石守信等六人踢球的情景。宋徽宗也极爱踢足球，曾作诗赞扬蹴鞠。此外，宋代的老百姓也十分热爱蹴鞠活动，在宋代铜镜、陶器上常常可以看到男女踢球的图像。

 知识链接

游　泳

游泳古称"游水""水戏""水嬉"，俗称"泅水"。这项运动起源于原始社会的渔猎生活，春秋时已十分流行，是锻炼身体和练习水上军事技能的内容。《诗经》曰："就其深矣，方之舟之；就其浅矣，泳之泳之。"游泳活动中，最惊险壮观的要数游龙门和弄潮儿。"游龙门"，就是在黄河最狭窄的地方——龙门游泳；"弄潮儿"，就是在钱塘江潮水里游水作戏。

四、摔跤

摔跤是一种较量力量与技巧的对抗性运动，在我国起源甚古，原始社会末期就已出现。

相传摔跤起源于蚩尤所在的九黎族。据说蚩尤的族人头上长着角，耳鬓旁长着剑戟，在与黄帝作战时，他们模仿动物角斗的样子，以头上的角抵人，称为"角抵"，也叫"角力""角牴"。在西周至春秋战国时期，角抵是一种国家军事训练项目，《礼记·月令》中记载："孟冬之月……天子乃命将帅讲武，习射、御、角力。"秦汉之后，演变为娱乐性的体育活动。《汉书·武帝纪》："元封三年春，作角抵戏，三百里内皆来观。"

魏晋南北朝时，随着少数民族内迁，实现了民族大融合。中原摔跤受到少数民族摔跤的影响，具备新的特点，形成一种新的摔跤形式，称为"相扑"。根据敦煌石窟发现的相扑图，可以看到当时摔跤的具体景象：比赛时双方袒裸上体，短裤赤足，头发梳成直立的双髻。这种打扮与今天日本相扑的打扮相同。

隋唐以来，摔跤活动更为风行。据《隋书》记载，隋朝多在正月十五元宵节举行摔跤比赛。唐朝除了元宵节，还在秋季的中元节举行，比赛时，左右擂鼓助阵，优胜者获奖而归。

到了宋代，称摔跤为"争交"，优胜者可获得奖品甚至官位。当时摔跤比赛开始具备比较完整的规则和制度，每场比赛分三个回合，比赛期间不许抓住"棍儿"和拽起"挎儿"，但可以"拽直拳""使脚剪""拳打脚踢"，这与今天日本的相扑规则基本一致。此外，在宋代，"争交"比赛还有女选手上场，公共场所还时常举行赌彩的"露台争交"比赛，可见当时"争交"活动非常兴盛。

清代时设有"善扑营"，专门训练贵族青年摔跤，为王公贵族表演，或与回族、蒙古族摔跤手比赛，称为"官跤"。在民间举行的摔跤则称为"私跤"。

近代至现代，摔跤运动也比较流行，不少人以表演摔跤为职业。

摔跤在少数民族中也极受欢迎，不同民族对摔跤的称谓因语言和发音的不同而有所差异，如满族称"布库"，蒙古族称"搏克"，维吾尔族称

"切里西",藏族称"北嘎"。

知识链接

跳　绳

　　跳绳是一种在环摆的绳索间做各种跳跃动作的体育游戏,对它的记载最早见于唐代李百药所著的《北齐书·幼主记》:"游童戏者,好以两手持绳,拂地而却上,跳且唱曰:'高末。'"跳绳在古代叫作"白索""绳飞",这两个称谓的由来与跳绳的特点有关,当绳索摆动时,白光一片,只见绳飞,不见人影,因此得名。

五、高跷

　　高跷是民间流传已久的体育娱乐活动,据说是模仿传说中长股国人的形象而创造的。

　　《山海经》记载:"长股之国在雄常北,披发,一曰长脚。"长股国人双腿长,下海捕鱼很方便。后来,一些渔夫便心生仿效之意,在脚上绑木棍增加腿的长度,以便涉较深之水进行捕鱼。以后,高跷逐渐演变为一种娱乐项目。其形态是用两根细长木,上面设一木支托,表演者脚踩木托,用绳将腿绑在木上,手持道具,表演历史故事或神话传说,并配有唢呐、锣鼓等伴奏。

　　对高跷最早的记载是在春秋时期,《列子》记述:宋国有名兰子者,用长其身体一倍的两根木条绑在足胫上去见宋元君。当时并无"高跷"之名。较早的对高跷的称谓出现在汉代,当时叫"跷技"。北魏时称高跷为"长趫",南朝时称为"长跷",宋代时称"踏跷",到了清代才称"高跷"。清代孙雄《燕京岁时杂咏》记载:"高跷秧歌夸捷足,群儿联臂欲升天。可怜立脚无根据,局蹐终朝傀偏牵。"

民间对高跷也有诸多称呼，有"脚把""拐子""柳木腿""高脚马"等多种地方性称谓。

 知识链接

灯　谜

灯谜是一种民间的古老的娱乐活动，最早出现在宋朝。它是把谜语写在彩灯上让大家猜度，因此得名。旧时，每年正月十五元宵灯节，有逛灯市、猜灯谜的习俗，一直延续至今。灯谜在古代也叫作"灯虎"。在灯谜界，把灯谜命题创作称为"与虎谋皮"，即根据选定的谜底与谜目，配制谜面，因此灯谜又称"灯虎"，也叫"文虎"。猜灯谜就叫"射灯虎"。

六、风筝

风筝是我国一种传统娱乐器具，至今已有两千多年历史。风筝最早叫作"木鸢"，传说是鲁班受鹰鹞在空中盘旋的启迪而发明的，墨子也曾制作木鸢放飞蓝天。

汉代时开始有"纸鸢"的叫法。西汉初年，韩信剖篾扎成架子，用纸糊成鹞子，用线牵引，乘风放飞入空，因此有"纸鸢"之名，也叫"鹞子""纸鹞"。

唐朝时，人们别出心裁地在纸鸢的头部安装竹笛，轻风一吹，发出乐器"筝"的声音，遂叫"风筝"。唐代诗人高骈《风筝》诗道："夜静弦声响碧空，宫商信任往来风。依稀似曲才堪听，又被风吹别调中。"

北宋以后，风筝开始在民间流传，明清时期，放风筝已成为民间的普遍活动。后来，风筝又流传到世界各国，对科学技术的发展产生了深远影响，如美国科学家富兰克林利用风筝证实云中带电，发明了避雷针，莱特兄弟用风筝研究飞行，最终制成了飞机。现在，风筝不仅作为一项娱乐项目受到人们的喜欢，而且在大气研究、天气预报中具有重要的实用价值。

 知识链接

踢毽子

毽子古称"抛足之戏具"，是一种在圆形底座上插鸡毛做成的游戏器具。踢毽子古称"打鸡"，也叫"踢箭子""踢燕子""蹀鞬"。踢毽子起源于汉代，南北朝和隋唐时开始盛行，有十二岁儿童能够一气踢五百下者。宋时踢毽子更为普及，产生了多种踢法和各种名目。清代踢毽的技艺已相当高，不仅能用脚，还可以用头、肩、背、胸、腹等部位接毽，当时有"杨柳青，放风筝；杨柳紫，踢燕子"的民谣。

七、京剧

京剧是我国影响最大的戏曲剧种，被誉为"国粹"。

京剧形成于清代。乾隆以来，昆曲、弋阳腔、秦腔等先后进入北京，受到观众的热烈欢迎。后"四喜""春台""和春"三个徽班入京，与"三庆班"合称"四大徽班"，盛极一时的昆曲、京腔（弋阳腔入京后演化得名）、秦腔等逐渐冷落。1830年，湖北楚调（汉剧）亦入京。汉剧与徽剧出自同一源流，因此常常一起演出，声腔上相互结合。后来，徽班吸收和融合昆曲、梆子、京腔的精华，对剧目、音乐、服装、身段、化装等进行改革，同时结合北京地区语言风俗习惯，逐渐形成新的剧种，这就是京剧，当时称为"皮黄"，也叫"京调"。

京剧中的人物角色称为"行当"。主要有"生、旦、净、丑"四大行当，这些名称的来由是：

生：本是生疏的意思。旧时老生为行当之首，是整个演出的台柱，要求其演技纯熟，故反其意而取名为"生"。

旦：本指旭日初升，是阳气最盛之时。旦角表演者为女性，属阴，因此反名为"旦"。

净：本指清洁干净。净角都是满脸涂彩的大花脸，看起来不干不净，也是相反取名。

丑：十二生肖中，丑属牛，牛性笨，所以丑就是笨的意思。而演丑角的人，都要求聪明伶俐，若是笨拙如牛是难以胜任的，因此其名称也是反其意而取的。

知识链接

票　友

京剧中，会唱戏而不专业以唱戏为生的爱好者称为"票友"。相传，清代一些八旗子弟常常凭借朝廷发给的"龙票"到各地演唱子弟书，为朝廷做宣传。于是，人们便把业余演员叫作"票友"。据说旧时中国戏曲界有许多知名票友，其唱腔、演技和扮相皆胜过台上正角。票友的业余演唱，称为"走票"。有些票友最终会走上职业演员的道路，称为"下海"。

八、木偶戏、皮影戏

木偶戏、皮影戏都是我国历史悠久的戏剧形式，都是由演员在幕后操纵表演的。

在古代，木偶戏也称"傀儡戏"，"傀儡"是用木头做成的偶人。据说周代时就有了木偶表演。传说周穆王从昆仑打猎归来，有一位叫偃师的工匠，亲自制作木偶人表演歌舞，受到周穆王的赏识。不过，木偶真正做戏剧性的表演，大约是汉代以后的事。《通典》记载："窟垒子作偶人以戏，善歌舞，本表家乐也，汉末始用于嘉会。"三国时，已有偶人进行杂技表演，隋代开始用偶人表演故事。唐宋时期，木偶的制作更为完美，种类也变得丰富。宋代有"水傀儡""悬丝傀儡""仗头傀儡""药发傀儡"等。明清以后，木偶戏遍及全国。旧时北京就有挑担的民间艺人走街串巷演木偶戏的，称为耍"乌啾啾"。艺人用一根扁担将一方箱式的小舞台支撑起来，四周围以幔布，自己在里面敲锣打鼓，又演又唱，颇见功夫。

皮影戏又称"影子戏""灯影戏""土影戏"，发源于西汉时期的陕西。它是用灯光照射兽皮或纸版雕刻成的人物剪影，通过白色隔亮幕布的反射来表演故事。表演时，艺人一边操纵戏曲人物，一边配乐演唱。宋代吴自牧《梦粱录》载："京师初以素纸雕镞，自后人巧工精，以羊皮雕影，用以彩色装饰，不致损坏。"可见宋代的皮影已经非常精致工巧，而且在民间颇为流行。如今，我国一些地区也经常表演皮影戏。

知识链接

"郭秃"的由来

在古代，木偶戏有个有趣的诨号，叫"郭秃"。其实，郭秃本来是一个人的绰号。《颜氏家训》上说，东汉以前有个姓郭的人，因为生病变成了秃头。他为人滑稽，善戏谑，被人们戏称为"郭秃"。后来，人们以郭秃的形象制作木偶进行表演，轰动一时。从此，"郭秃"就成了木偶戏的一个称呼。

第七章

动物称谓

第一节　昆虫称谓

一、蝉

蝉是一种鸣虫，栖息在植物的枝干上。蝉的得名与它的蜕变方式有关。蝉的幼虫孵化出来以后马上就钻入地下，经过几年的时间才破土而出，完成蜕化，变为成虫。因其生长过程几经变化，因此得名。

蝉在古代有着多种多样的别称，据统计，蝉的古称不下三十种。

在《诗经》中，蝉又称"螓""蜩""螗"；在《尔雅》中，蝉名叫"蜋蜩""蝘蜩""蜻蜻"；在《方言》中，蝉称为"蛉姑""蟪蛄"；等等。

蝉的叫声听起来好像"蜘蟟，蜘蟟"，所以人们便把"蜘蟟"作为蝉的别称。今天则称为"知了"。

蝉也叫"齐女"。晋代崔豹《古今注》记载，齐国王后因心生怨愤而死，化身为蝉，飞到齐国王宫的树上嘶鸣，声音凄切。此后，人们就把蝉称为"齐女"，也叫"宫魂"。

此外，蝉还有"稍迁""仙虫""蟪蛄""玄鬓"等名称。

二、蚊子

蚊子是传染疾病的害虫。它的得名与身体特征有关。蚊子中有一类白纹伊蚊，俗称"花脚蚊子"，其腿上有花纹，所以古人便以"文"给所有的蚊子命名。

蚊子在历史上比较早的称谓是"蜹"。《说文解字》载："秦晋谓之蜹，楚魏之蚊。"

"白鸟"是蚊子的另一个别称。李时珍《本草纲目》："蚊子。一名白鸟，一名暑蚊。"早在春秋时期，就有"白鸟"之名。梁元帝萧绎《金楼子》记载，齐桓公忧"白鸟"饿而未饱，开翠纱之帐，使蚊进入。这里的"白鸟"指的就是蚊子。

此外，蚊子还有一个有趣的名字叫"黍民"。《古今注》记述，从前河内人见有人马数千万形如黍米，在河中游动往来，于是和家人用火烧之，结果发现"人"都是蚊蚋，"马"都是大蚁。由此人们称蚊蚋为"黍民"，称大蚁为"元驹"。

三、蟋蟀

蟋蟀俗称"蛐蛐儿"，是一种好斗的昆虫。它的名字的由来与叫声有关。蟋蟀的发声是通过摩擦双翅完成的，因发出塞塞窣窣的声响而得名。

"蟋蟀"之名出现得很早，在《诗经》中就有"蟋蟀在堂""十月蟋蟀"之句。在正名之外，蟋蟀还有许多其他称谓，其名称之多，可以说是各类昆虫中最多的。

蟋蟀最常见的异名是"促织"。在北方，蟋蟀多在秋季成熟，古代的妇女听到蟋蟀的叫声，就知道秋天来临了，于是抓紧时间织布缝衣，因此蟋蟀有"促织"的别称。陆游诗曰："布谷布谷能劝耕，促织促织能促织。"因古代"趋""趣"通"促"，故蟋蟀又被称为"趋织""趣织"。

蟋蟀还有一个称谓，叫"蛬"，这是文献记载中最早出现的蟋蟀的别称，见于《尔雅》。后来"蛬"写成"蛩"，直到现在还以这个称谓指代蟋蟀。

方言中对蟋蟀有着不同的叫法，如楚人称蟋蟀为"王孙"，吴人称蟋蟀为"赚绩""才节"，上海人称蟋蟀为"财吉"，济南人称蟋蟀为"懒妇"。

除以上称呼外，蟋蟀还有"阴虫""蜻蛚""莎鸡""樗鸡""蛬秋""络纬""灶马"等异名。

四、蝈蝈

蝈蝈是一种类似蝗虫的昆虫，俗称"叫哥哥"，与蟋蟀、油葫芦并称为三大鸣虫。

蝈蝈很早就出现在了古代典籍里。早在两千多年前，我国第一部诗歌总集《诗经》和第一部辞典《尔雅》里就有它的影子，不过那时的名称并不是"蝈蝈"，而是叫"草虫""草蛩"。

"蝈蝈"之称真正出现是在明清时期，如曹雪芹《红楼梦》里就有"这是蝈蝈，这是蚂蚱"之语。而在这以前，蝈蝈往往被称为"螽斯""常羊""蟋子""咬怪""纺织娘"等。

"蝈蝈"的得名源于它的叫声。蝈蝈跟蟋蟀一样，也是靠摩擦翅膀发声。由于发出的声音听起来像"聒聒儿"，所以称其为"聒聒儿"，也叫"蝈蝈"。

五、螳螂

螳螂是一种古老的、好斗的昆虫。这种虫子喜欢挡在车轮前不避让，因此被称为"当郎"。"当"同"挡"，意为阻挡；"郎"原指年轻男子，由于螳螂舞动前腿、展开翅膀时的姿态犹如一名勇猛的男子，所以被称作"郎"。后来"当郎"逐渐写为"螳螂"。

螳螂前臂有斧能斫，前足呈镰刀状，故有"有斧虫""斫父""斫郎""刀螂"之称。其当辙不避，因此又被称为"拒斧""不过"。世人感慨螳臂当车的勇力，所以给螳螂取了一个美称——勇虫。《韩诗外传》中就载有螳臂当车的故事，说是春秋时期齐庄公外出打猎，遇到螳螂当道。

螳螂也叫"天马"。这是因为螳螂脖子修长，身体轻巧，抬头振臂，行走如飞，与马极为相似。

螳螂翼下红翅如同裙裳，故民间俗称其为"织绢娘"。

此外，螳螂还有"蚚蠰""螳蜋""食庞"等称谓，这都是古代方言中对螳螂的叫法。

第二节　禽鸟称谓

一、鸡

鸡是人类最早豢养的禽类之一，与马、牛、羊、狗、猪并称为"六畜"。

自古以来，鸡就有啼鸣报晓的习性。因鸡每天天不亮就为人们报时，所以得名"司晨""司夜""知时畜"。鸡报晓准时，人们夸它像不眠的烛火，燃尽黑暗，因此鸡又有"烛夜"的称呼。

雄鸡能长鸣，而"翰"有"长"的意思，故称鸡为"翰音"。又因为雄鸡身姿雄健，气势如都尉（武官），所以戏称其为"长鸣都尉"。

鸡的头上有红色的冠子，因此人们叫它"朱冠""花冠""戴冠郎"。

鸡属于十二生肖，对应地支中的"酉"，故被称为"酉禽""酉日将军"，如《抱朴子·登涉》载："酉日称将军者，老鸡也。"

"窗禽"之称源于晋代。相传晋人宋处宗买了一只鸡，把它放进笼子养在窗口，鸡能说人话，每天都和宋处宗谈论，而且鸡对事物颇有见解。宋处宗的言谈由此大有长进。后来就把"窗禽"作为鸡的代称。

鸡还有"钻篱菜"的雅号。素食者忌讳说"鸡"字，因为鸡经常钻篱笆，所以称其为"钻篱菜"，也叫"穿篱菜"。

二、鸭

鸭是中国古人很早就豢养的家禽。该鸟得名与其叫声"呷呷"有关。春秋时期晋国乐师师旷所撰《禽经》写道："鸭鸣呷呷。"

鸭分为家鸭和野鸭，家鸭古称"鹜"，野鸭古称"凫"。

"舒凫"是鸭的另一个别称，据清代考释名物专家郝懿行解释，鸭之所以有此称呼，是因为其行步舒迟。

鸭也称"左军"。这个名字的由来与鹅有关，鹅古称"右军"，鸭居鹅之下，故有"左军"之名。

宋代陶谷在《清异录》里提到鸭也叫"减脚鹅"，认为鸭与鹅十分相像，但是脚比鹅短很多，因此得名"减脚鹅"。

魏晋时期称鸭为"青头鸡"。关于这个称呼有个典故：公元254年，中领军许允与亲信谋划除掉司马昭，并替皇帝曹芳拟好诏书。当司马昭晋见曹芳时，优人云午等连声唱道："青头鸡，青头鸡。"青头鸡指"鸭"，谐音"押"，暗示曹芳赶紧在诏书上签字画押，诛杀司马昭。不料曹芳被吓破了胆，不敢执行计划。后来司马昭率兵进入洛阳，不久，司马昭的哥哥司马师废黜了曹芳。

三、鹅

鹅为雁形目鸭科动物。此动物鸣叫的时候发出"哦哦"的声音，故此得名。《本草纲目》上说："鹅名自呼。"

鹅是人类驯养的第一种家禽，由雁驯化而来，因此古人称其为"舒雁"。它们的腿部短小，走起路来歪歪斜斜，故又得名"兀地奴"。

古人还赋予了鹅一个特别的称号——右军。这个名字的由来与晋代书法家王羲之有关。王羲之官至右军将军，人称"王右军"。相传他十分喜欢养鹅，曾书写《黄庭经》一部，向一位道士换取一群白鹅。人们据此雅事，把"右军"作为鹅的别称。此外，因王羲之爱鹅，人们又称鹅为"羲爱"。

"白羽书生"是鹅的另一个雅称。志怪小说《续齐谐记》记载：阳羡的许彦在山中行走时，遇到一个书生躺在路边，说自己脚痛，请求进入鹅笼中。许彦以为对方在开玩笑，就打开了笼子。谁知那书生真的进入笼子，与两只鹅并排坐在一起。后世因以"白羽书生"作为鹅的代称。

四、鹤

鹤是中国古人崇尚的动物之一，在中国文化中是长寿、吉祥、高雅的象征。古人常常把鹤与神仙联系在一起，称其为"仙鹤"。其实除了"仙鹤"之名，"鹤"还有其他一些称谓。

传说鹤是长生不死的神禽，仙人多养鹤、骑鹤，故称鹤为"仙禽""仙羽""仙骥""仙驭"。又据说鹤为胎生，所以把鹤称为"胎仙""胎禽"。

《诗经》中有"鹤鸣九皋"之语。九皋指曲折深远的沼泽，是鹤常常栖息的地方，因此称鹤为"皋禽"。宋代陶谷《清异录·兽》提到，唐武宗李炎做颖王时，曾在园囿饲养多种动物，把其中惹人喜爱的十种动物列为"十玩"，并绘出了栩栩如生的十玩图。鹤就属于十玩之一，雅号"九皋处士"。由此，"九皋处士"成为鹤的美称。

鹤也被称为"轩郎"。《左传》记载：卫懿公爱鹤，曾让鹤乘坐轩车（大夫坐的车子）。后以"轩郎"作为鹤的别称。

此外，鹤还有"露禽""介鸟""赤颊""丹哥"等称呼。

五、燕子

燕子是以捕食昆虫为主的益鸟，喜欢在民居周围做窝。自古以来，燕子与人类的关系就颇为密切，在长期的相处过程中，我们的祖先赋予了燕子种种优美的称号。

燕子身披黑色羽毛，有"玄鸟"之称。相传殷商的祖先契，就是其母简狄吞吃玄鸟蛋而生。《诗经·商颂·玄鸟》："天命玄鸟，降而生商。"又因燕子的尾巴像剪刀，所以得名"玉剪"。

燕子属于迁徙鸟类，每年秋天从北方飞往南方过冬，春天再飞回北方繁殖，因此人们称它为"旅燕"。江南一带因燕子每年春社来，秋社去，称其为"社客""社燕"，春社、秋社分别指春天、秋天祭祀土神的日子。

燕子还有"海燕"之名。古人认为燕子产于南方，渡海而来，故称。

燕子常筑巢于屋檐或房梁下，因此得名"堂燕""梁燕"。

"意而""天女"的称呼源自传说故事。元代伊世珍小说《琅嬛记》记载：周穆王把隐者意而子接到灵卑宫居住，向他请教至道，后来又想让他做司徒。意而子很不高兴，认为周穆王污辱了他，于是化作燕子，飞入云中。后人由此称燕子为"意而"。《事物异名录》记载：古时有燕子进入人家，化身为女子，自称天女，因以"天女"称呼燕子。

此外，"乌衣""飞乙""游波""燕燕""燕婢"等也是燕子的别称。

六、乌鸦

乌鸦俗称"老鸹"，为雀形目鸦科动物。"乌鸦"名称的由来与其身体特征有关。此鸟通体黑色，粗看好像没有眼睛，所以古人称为"乌"。"鸦"的由来则与其叫声有关，《禽经》上说："鸦鸣哑哑，故谓之鸦。"就是说，乌鸦啼叫时发出"哑哑"的声音，故得名"鸦"。

乌鸦常栖息在神祠里，所以有"神鸦"之名。它们叫声响亮，十分孝顺，会报答父母的养育之恩，在父母年老飞不动时，觅食喂养，因此古人称其为"孝乌"。

乌鸦还有"仁乌"之称。相传春秋时期，介子推辅佐晋文公成就大业后，退隐于山中。晋文公为了逼迫介子推下山，便命令放火焚烧山林。有白色乌鸦绕烟鸣叫，聚集在介子推身旁，使火烧不到介子推。人们对乌鸦的举动赞不绝口，称它为"仁乌"。

乌鸦喜食腐肉，且叫声难听，向来被人们视作不祥之鸟，因此送了它一个"鬼雀"的称号。

古代也称乌鸦为"黑凤凰"。这个名字的来历颇为有趣。《清异录》中记载：礼部侍郎康凝出了名的惧怕老婆。有一次，他的妻子生病了，需要用乌鸦做药引，但当时刚下完雪，不好张网捕捉。他的妻子生气了，拿起荆条就要打他，吓得他急忙踩着泥水跑到郊外，用粮食粒做诱饵捉到一只乌鸦，这才平息了妻子的怒火。他的同事刘尚贤听说了这件事，调侃说："圣人把凤凰出现看作吉兆，你因为抓住乌鸦而免遭毒打，这只乌鸦可以叫作黑凤凰了！"后来人们根据这个故事，把"黑凤凰"作为乌鸦的代称。

七、鸽子

鸽子是一种多用途家禽，既可以用于肉食，也可以用于观赏，还可以充当宠物甚至信使。

鸽子在古代称为"鹁鸽"，这是根据其叫声命名的。花蕊夫人《宫词》曰："安排竹栅与巴篱，养得新生鹁鸽儿。"

唐朝时，人们开始利用鸽子传递信息。《开元天宝遗事》记载：唐玄宗时，宰相张九龄家养群鸽，每次与亲友通信，就把写好的信系在鸽子的脚上，让鸽子去送信，鸽子都能迅速地送到。张九龄十分喜欢这群信鸽，就送了它们一个爱称——飞奴。从此，"飞奴"成了鸽子的一个代称。

鸽子还有"半天娇""插羽佳人""人日鸟"等称呼。

"半天娇""插羽佳人"出自《清异录》："豪少年尚蓄鸽，号半天娇；以其蛊惑过于媚女艳妖，呼为插羽佳人。"

"人日鸟"之名与南唐的历史典故有关。南唐将领王建封粗鄙无文，却爱附庸风雅。有一次，他的族侄得到一篇讲述经营花草虫鸟的《动植疏》，王建封看到后十分喜欢，就请人代抄一份。文中有一段关于养鸽的文字，誊抄者书写时，不小心把"鸽"字拆分为三，误写成了"人""日""鸟"。王建封不辨正误，以为"人日鸟"就是鸽的名字，于是每到正月初七人日这一天，就命令厨房做一道烧鸽子，以为"人日"食"人日鸟"，正符合节令。后人根据这个故事，把"人日鸟"作为鸽子的代称。

八、杜鹃

杜鹃是一种吃害虫的益鸟，在我国古典诗词中常常可以看到。

杜鹃的得名与古代传说有关。相传古蜀国皇帝杜宇号望帝，死后魂魄化为杜鹃鸟，因此杜鹃以"杜"为名，或称"杜宇"，也叫"望帝""杜魄""蜀鸟""蜀帝魂"。

杜鹃在暮春时节不停地鸣叫，因其舌部和口腔上皮均为红色，古人误以为它啼得满嘴流血，因此称它"啼血""滴血"。古人觉得杜鹃的叫声类似"不如归去！不如归去！"所以又给它取名"子规"，即催归的意思。有时也叫它"思归"。杜鹃的叫声听起来像"布谷——布谷——"，因此得名"布谷鸟"。

杜鹃还有一个别称，叫"谢豹"。关于这个名字的由来，《禽经》解释说：杜鹃昼夜哀鸣，叫声最悲之时倒挂在树上，自呼"谢豹"。陆游《老学庵笔记》则给了另一种说法：吴人称杜鹃为"谢豹"。杜鹃初啼时，渔人得虾称为"谢豹虾"，市中卖笋称为"谢豹笋"。古代中国神话志怪小说集《树萱录》中的记载颇为有趣，说从前有一个人在成都一户姓谢的人家做客，谢家的姑娘看上了他，但是他听到杜鹃的叫声马上就走了。谢家的姑娘很生气，以后一听见杜鹃啼叫，就觉得是豹子在叫，让侍女拿着竹枝去驱赶，说："豹，你还敢在这里叫吗？"由此把杜鹃称为"谢豹"。

九、鹦鹉

鹦鹉是鹦鹉目众多攀禽的统称，因羽色美丽、善学人言而受到人们喜爱，常被人们当作宠物饲养。

鹦鹉善于学人类说话，就像婴儿学母亲说话一样，因此最早的时候古人称它为"鹦䳇"，后来叫作"鹦哥""辨哥"。

鹦鹉一般为翠绿色，所以得名"翠哥"。杨维桢《六宫戏婴图》诗："雕笼翠哥手擎出，为爱解语通心肠。"白色鹦鹉称"雪衣女"。据说唐玄宗天宝年间，岭南向宫中进献了一只纯白色的鹦鹉。这只鹦鹉十分聪慧，不仅能听懂人语，还能与人说话。唐玄宗和杨贵妃非常喜欢它，为它取名"雪衣女"。后来，雪衣女被老鹰袭击死去，唐玄宗和杨贵妃痛惜不已，下令在宫苑中为其建造墓冢，谓之"鹦鹉冢"。

鹦鹉多产自陇西，因此人们称其为"陇客"，也叫"陇鸟""陇禽"。

鹦鹉还有"阿苏"的称号。《玄怪录》记载：吴兴人柳归舜泛舟过洞庭湖，途中遇大风，被吹到君山，见鹦鹉群集，能说人话，各有称呼，有名"阿苏儿""武仙郎""凤花台"等。后以"阿苏"作为鹦鹉的代称。

"绿衣使者"是鹦鹉的另一个雅称。传说唐玄宗时期，长安豪民杨崇义被妻子刘氏和邻人李弇谋杀，县官到杨家勘察，杨家的鹦鹉忽然讲人话，告诉县官凶手是刘氏和李弇，案情因此大白。唐玄宗得知始末后，封鹦鹉为"绿衣使者"。由此，鹦鹉有了"绿衣使者"的别称。

十、鸳鸯

鸳鸯为雁形目鸭科动物，是爱情的一种象征，在我国古代文学作品中出现的频次很高。

鸳鸯一般栖息在河流弯曲之处，所以别称"河曲鸟"。它们的羽毛文彩缤纷，因此被称作"文禽"。

鸳鸯还有一个别致的称谓，叫"韩凭"。相传战国时期，宋国有一位叫韩凭的官员，他的妻子何贞长得十分漂亮。宋康王觊觎何贞的美貌，便将她强抢入宫。韩凭怨恨宋康王夺走自己的妻子，宋康王知道后，胡乱找了个罪名把韩凭抓起来，判处他去服兵役。韩凭忍受不了服役的艰辛和对妻子的思念，很快就自杀了。何贞得知丈夫去世后，也殉情而死。宋康王十分恼怒，命人将韩凭夫妇分别埋葬。不久后，两座坟上各自长出一棵大梓树，树上出现了一雄一雌两只鸳鸯，不停地悲鸣，音声感人。人们都说那对鸳鸯鸟为韩凭夫妇所化。由此典故，人们便称鸳鸯为"韩凭"，也叫"节木鸟"。

十一、猫头鹰

猫头鹰是鸮形目鸟类的统称，因头部长得像猫而得名。

在我国古代，猫头鹰被称为"枭"。这个名称的由来与猫头鹰的生活习惯有关。猫头鹰常成串地挂在树上，来恐吓其他鸟类，因此字形为"鸟"加"木"组成的"枭"。

古人又称猫头鹰为"鸱"，这是根据其叫声命名的。《本草纲目》："鸱，其声也。"

猫头鹰似猫而夜飞，故有"夜猫"之名。

民间传说，猫头鹰由母亲哺养，长大后会吞食自己的母亲，因此人们称它为"不孝之鸟"。

猫头鹰还被视为一种不祥之鸟。猫头鹰长相古怪丑陋，常栖息在墓地荆棘丛中，它们昼伏夜出，叫声阴森凄凉，十分恐怖，因此人们把它们当作厄运和死亡的象征，称其为"鬼车""魖魂""恶声鸟"等。

第三节　兽类称谓

一、猫

猫是古今常见的宠物之一，我国养猫的历史十分久远，大概从公元前11世纪的西周时期就开始了。古人称猫为"狸"。因为猫与狸在外形和一些生活习性上有共同之处，因此古人把二者混淆，当成了同一种生物，如《韩非子·扬权》载："使鸡司夜，令狸执鼠，皆用其能。"

猫也叫"虎舅"，这个称呼来自民间传说。相传老虎曾拜猫为舅舅，向猫学艺，故称猫为"虎舅"。

"衔蝉奴""昆仑妲己"也是古人对猫的称谓。明代王志坚《表异录》记载：后唐琼花公主养有两只猫，一只为白色，口衔花朵，另一只为黑色，尾巴雪白。琼花公主称这两只猫为"衔蝉奴""昆仑妲己"。

过去在民间，猫还有"天子妃"的美称。这个称呼的由来与武则天有关。据说武则天被立为皇后之后，要杀害原先的王皇后和萧妃。萧妃临死前咒骂道："愿武为鼠，吾为猫，生生世世扼其喉！"据此，人们认为猫是萧妃死后所化，称其为"天子妃"。

此外，猫还有"乌圆""雪姑""白老""蒙贵""女奴"等称呼。

二、象

象是陆地上最大的哺乳动物，它们性情温顺，智商很高，很早就与人类有了亲密接触。古人用它们来拉车、耕田，或者把它们投入战场。

象在古代有着不少别称，譬如：

封兽、大客：象的体形庞大，因此被人们称为"封兽""大客"，"封"即"大"的意思。南朝宋刘敬叔《异苑》载："彼郡（始兴郡）田稼常为象所困，其象俗呼为大客。"

钝公子：象的拟称。《清异录》记载，唐朝宰相陆象先的家人为了避其名讳，称象为"钝公子"。这个称呼也体现出象"体大迟钝"的特征。

长鼻将军：象的鼻子很长，因此人们戏称它为"长鼻将军"。

三、狼

狼是目前犬科动物中体形最大的物种。其性情凶残，常结群伤害禽畜。古人对狼的别称并不是很多，不过这些称呼却颇为有趣。

狼常当路取食，所以人们称它为"当路君"，晋代葛洪《抱朴子·登涉》记述："山中寅日，有自称虞吏者，虎也。称当路君者，狼也。"

狼还有一个"沧浪君"的雅称。唐代张读《宣室志》记载：开元年间，成都人张铤罢官返蜀，行到巴西时，受到巴西侯的邀请。同邀者还有白额侯、沧浪君等。众人饮酒作乐到半夜，皆醉卧于床榻。天快亮的时候，张铤忽然惊醒，发现自己躺在石龛之中，有一只巨猿躺在地上，乃巴西侯；一只狼卧于前，乃沧浪君。后因此称狼为"沧浪君"。

四、老鼠

老鼠是一种杂食性哺乳动物，爱啃咬东西，常传播疾病，自古以来都不招人喜欢。老鼠在我国古代有着许多别称，除了耳熟能详的"耗子"

外，还有"耗虫""子神""夜磨子""西阁舍人"等称呼。

老鼠为什么被称为"耗子"呢？据说这个称呼源于"鼠咬天开"的创世神话。相传宇宙初始，天地混沌一片，到处黑黢黢的，没有日月星辰，也没有花草树木、虫鱼鸟兽，更没有人类。有一天，在黑暗中诞生了一只小老鼠。它见周围又黑又冷，没有其他生灵，就决定咬开黑暗，引来光明。就这样，小老鼠使劲地咬了起来。不知过了多长时间，小老鼠终于把混沌咬出了一个窟窿。从此天地分开，地球上有了阳光，万物兴起。因老鼠消耗了天地始分时的混沌之气，且在子时活动最为活跃，因此得名"耗子"。

也有说法认为，"耗子"的由来与古代的赋税制度有关。后唐皇帝李嗣源有一次视察粮仓，听说粮食被麻雀、老鼠糟蹋，损耗巨大，于是下令征税时每石粮加收二升，名曰"雀鼠耗"。地方上的贪官污吏在收取赋税时，往往对百姓敲诈勒索，将"雀鼠耗"多收好几倍。百姓不堪重负，便将"损耗"他们粮食的贪官比作老鼠，并在缴税时当着他们的面把"附加"部分称为"耗子"。后来，"耗子"演变为老鼠的别称。

因老鼠不劳动而消耗米粮，与吃稻谷的虫子类似，所以人们又送了它一个"耗虫"的称号。

老鼠在十二生肖中排行第一，对应十二地支中的"子"，故人们称它"子神"。

老鼠经常在夜里磨牙和啃食东西，故又称它们为"夜磨子"。

"西阁舍人"的称呼来源于寓言故事。古代有个叫李知微的人，一天晚上他去文成宫游玩，看到几十个小人聚集在一棵古槐树下。其中有个穿紫衣的人，冠带严整，两旁侍立十余人。一个小人对紫衣长者说："请恩准我做西阁舍人。"另一个说："请让我做殿前录事。"还有说："我要当都尉。"又有说："我愿为主簿。"……紫衣长者默默点头。一会儿，大家都钻进一个洞穴去了。第二天早晨，李知微来到古槐树下，掘开洞穴一看，只见里面有十几只老鼠。由此人们称老鼠为"西阁舍人"。

五、老虎

老虎是当今体形最大的肉食性哺乳动物，人称"兽中王"。历史上，老虎有着不少别称，如"山君"、"於菟"（wū tú）、"李父"、"李耳"、"伯都"、"戾虫"、"大虫"、"寅客"、"黄斑"、"黄猛"、"白额侯"、"封使君"、"十八姨"等。

古人认为虎居于深山，为百兽之长，故叫老虎"山君"，也称"兽君"。

"於菟"是古代楚国人对老虎的叫法。说到这个称呼，在这里做个延伸。《左传·宣公四年》记载了一个典故，说楚国政治家令尹子文是个私生子，刚出生就被遗弃在云梦泽，由一只母虎哺育长大。因楚人称老虎为"於菟"，称哺乳为"谷"，所以令尹子文也叫"谷於菟"。

"李父""李耳""伯都"都是方言中对老虎的称呼。古书介绍，河南、河北一带称老虎为"李父"，江西、安徽等地称老虎为"李耳"，关东以西地区称老虎为"伯都"。

因虎性凶猛暴戾，所以有了"戾虫"之称。

"大虫"的叫法最早出现在晋代志怪小说《搜神记》中。老虎为什么被称为"大虫"呢？原来，在我国古代，人们把所有动物都叫作虫，并将虫分成五类：禽类为羽虫，兽类为毛虫，龟类为甲虫，鱼类为鳞虫，人类为倮虫。老虎属于毛虫类，体形巨大，且为毛虫之首领，而"大"恰好表示尊称，含"为首"之意，因而人们用"大虫"指代老虎。

"寅客"之称源于我国传统的生肖文化和纪年方法。虎在十二生肖中排行第三，对应十二地支中的"寅"，故得名"寅客"，也称"寅兽"。

老虎身上有黄色斑纹，所以被称为"黄斑"。十六国时期，为避讳后赵皇帝石虎的名字，将老虎称为"黄猛"。

与"黄斑"类似的称呼还有"斑子""斑奴""斑哥""斑寅将军"等。

其中"斑子"和"斑寅将军",还有着相应的传奇故事。唐朝志怪小说《广异记》记载:开元初年,一百多个巴人从陕西汉中前往西安伐木。来到太白庙前,见松树材质优良,便抢动斧头砍起来。一位老者阻止未果,于是登山高呼"斑子",不一会儿跑过来一群老虎,吃掉了巴人。"斑寅将军"出自唐代裴铏的文言小说集《传奇》:唐宣宗时,有一个叫宁茵的秀才住在大僚庄南山下。一天晚上,他正在读书,突然听见有人敲门,称是南山斑寅将军请见,于是将对方引到屋内,吟咏畅谈。互相告别后,宁茵才发现斑寅将军乃一只老虎。

老虎眼睛上翘,且眼睛上方有一块白色区域,所以常被称为"吊睛白额虎"。《宣室志》中说,张铤驻军四川时,曾在宴席上遇到一位"白额侯",经查验发现其由老虎变化而成,后世因此称老虎为"白额侯"。

"封使君"之名源于《述异记》。据说汉朝宣城太守封邵,有一日忽然变成一只老虎,吞吃当地的百姓。人们只要喊它"封使君",它就会离开不再回来。当时的人讽刺说:"无作封使君,生不治民死食民。"后来人们便以"封使君"作为老虎的代称。

"十八姨"的称谓出自《录异记》。传说嘉陵江边上住着一个五十岁左右的妇人,自称"十八姨",经常到别人家里教诲人们做好事,若是人们干了坏事,就会派"三五只猫儿"来巡检。每次跟人们说完话,她就会立刻离开,有时一转眼就消失不见。人们知道她是老虎所化,对她又害怕又敬畏。由此人们用"十八姨"来称呼老虎。

六、猴子

猴是灵长目一些动物的统称,它们行动敏捷,喜好群居。在我国古籍中,对猴子的称谓有许多,据《事物异名录》统计,有二十多种。

猢狲:民间俗称猴子为"猢狲"。这个名称的由来与猴子的行为举止有关。猴子生性好动,善于模仿,很多时候喜欢胡作非为,因此"猢"的字形为"犭"加"胡"；猴子的家族观念很强，子孙众多，故"狲"从"孙"。如《西游记》中就多次称孙悟空为"猢狲"。

马留：据说在马厩里养猴，可以辟马瘟，所以称猴为"马留"。

惺惺奴：猴子的长相像猩猩，故称为"惺惺奴"。

尾君子：唐朝方士郭休隐居在太山，饲养了一只猴子，此猴谨敬不逾规矩，名曰"尾君子"。后将"尾君子"作为猴子的雅称。

孙供奉：唐朝末年，唐昭宗养了一只猴子，能模仿大臣在朝堂站班。唐昭宗大喜，让猴子穿红色官服，并赐予"孙供奉"的称号。由此"孙供奉"成为猴子的代称。

孙慧郎：明朝时，胡惟庸养了十几只猴子，都穿着人的衣冠服饰。只要有客人前来，它们就拜跪揖让，端茶送酒，吹奏竹笛。人们称其为"孙慧郎"。后来就把"孙慧郎"作为猴子的别称。

 知识链接

"猕猴"一名的由来

猕猴是我国常见的一种猴类。猕猴在古代有着不同的称谓。《庄子》中将猕猴称为"狙"，将饲养猕猴的人称为"狙公"。猕猴喜欢用手掌摩脸，好像在洗沐一样，因此得名"沐猴"。后来人们把"沐"讹作"母"，又把"母"讹作"猕"，最终就变成了"猕猴"。

七、兔子

兔子是一种草食性哺乳动物。它的得名源于古人的错误认识。古人看到兔子有三瓣唇，以为它是从口中把孩子吐出来的，因此根据谐音为它取名"兔子"。

兔子也叫"卯兔",这是因为在十二生肖中,兔子排行第四,对应十二地支中的"卯"。

"缺鼻""扑朔"是根据兔子的形态特征命名的。兔子的上唇中央有一条裂缝,就像鼻子有穴一样,故称"缺鼻"。《木兰诗》中有"雄兔脚扑朔,雌兔眼迷离"句,"扑朔"指雄兔脚毛蓬松,后成为兔子的别称。

兔子擅长奔跑、跳跃,古人用"朴握"形容兔子跳跃的样子,后来"朴握"引申为兔子的代称。

兔在古代还有"明视"的雅称。"明视"原指宗庙里祭祀祖先所用的兔子,后来成为所有兔子的别称。

我国古代常将兔子和神话故事联系在一起,并赋予了兔子一些雅称。如民间传说月中有玉兔捣药,故称兔为"月精""月德"。又有后羿与兔神的传说:相传有穷国君主后羿在巴山猎获了一只兔子。兔子体形如驴,后羿感到惊异,就把它装进笼子里带回去,没想到途中兔子离奇逃遁了。到了晚上,后羿梦见一个身穿冠服如同君王的人,说自己是鹓扶君,掌管这一带的土地,后羿羞辱了他,他将借逢蒙之手惩罚后羿。第二天,逢蒙弑杀后羿,夺取了王位。从此便称兔为"鹓扶"。

兔子还有一个"菊道人"的雅号。《清异录》记载:吉祥僧刹有僧人诵念《华严》大典,忽然一只紫兔闻声而来,伏在地上不肯离去,随僧人坐起,听经坐禅。紫兔只吃菊花,喝清泉,僧人称其为"菊道人"。

第四节　家畜称谓

我国先民很早就驯化了马、牛、羊、狗等作为家畜。在与家畜长期的相处中,人们给它们取了很多的别名。

一、马

马在古人的生活中是非常重要的角色，农业生产、交通运输、军事活动都离不开马的参与。

马跟人一样，也有称谓。就年龄而言，两岁以下的马称为"驹"，三岁的马称为"䮙"，四岁的马称为"駣"。

就性别而言，雄马叫作"牡""骘""腾"，雌马叫作"牝""骒"。

就身高来说，八尺的马称作"龙"，七尺以下的马称作"騋"。

马在驾车时所处的位置不同，叫法也不一样，走在两旁的叫"骖"，走在中间的叫"服"。

马有劣马和良马之分。劣马又称"驽马""骀马"，良马的别称主要有"乘黄""苍龙""盗骊""骏骑""龙驹""骐骥""高足""千金骨"等。

马为十二生肖之一，对应地支中的"午"，因此有"午马"之称。

二、牛

牛在古代是人们生产生活的重要帮手，常用于拉犁、耕田、运输货物。古籍中关于牛的别称很多。

牛的年龄不同，叫法也不同。如刚出生的牛叫作"犊"，两岁的牛叫作"㸬"，三岁的牛叫作"犙"，四岁的牛叫作"牭"，八岁的牛叫作"犕"。

牛有雌、雄之分，公牛叫"牡牛""牯牛""牤牛"，母牛叫"牝牛"。

不同颜色的牛各有其称谓，如红牛称为"𤚥牛"，黑牛称为"㸼牛"，白牛称为"㹱牛"。

牛因生存环境差异而有不同的称呼。生活在水中的叫作"沈牛"；生长于沙漠的叫作"牥牛"；生存于山林的叫作"㸲牛"；在陆地上供人们耕作的叫作"耕牛"。

牛为十二生肖之一，与十二地支中的丑相对，故被称为"丑牛"。

养牛的牛圈一般很大，"圈"在古代叫"牢"，因此牛被称为"大牢"。

古时祭祀，常把牛、羊、猪作为祭品，如果三牲齐全，则称为"太牢"，后"太牢"成为牛的专称。

牛又被称为"觳觫"。觳觫本指因恐惧而颤抖的样子。《孟子·梁惠王下》记载，齐宣王曾见临宰之牛吓得觳觫，遂令免牛一死。后来就把"觳觫"作为牛的代称。

《清异录》称牛为"黄毛菩萨"。相传古时候有一个人个性耿直，十分固执，人称"撞倒墙"。此人非常不喜欢杀牛，见村里有人家在院里悬挂牛头牛脚，便对妻子说："天下人所吃的都是从黄毛菩萨身上获得的，最后却把它杀掉了，天理何在！"后因此把牛叫作"黄毛菩萨"。

牛还有一个雅称，叫"斑特处士"。《太平广记》载：唐宣宗大中年间，秀才宁茵居于大僚庄南山下。一日夜里，他正在院里读书，突然斑特处士叩门造访，于是开门延入。后宁茵发现斑特处士是一头牛。后世遂称牛为"斑特处士"。

三、羊

羊是羊亚科动物的统称，属于草食性哺乳动物。早在母系氏族公社时期，我国北方草原地区的人们就已经开始养羊。羊在与人类相处的几千年时光里，获得了不少优美的别称。

羊在古代是常见的祭祀用品，因为它们的毛比较柔软，祭祀时就把羊称为"柔毛"。

羊的颈部生有长须，"髯"有"胡须"之意，故戏称羊为"胡髯郎"，也拟称"长须主簿""髯须主簿""髯须参军"等。

羊也叫"独笋子"。《事物绀珠》上说，李栖筠家饲养的羊，名叫独笋子。后遂把"独笋子"作为羊的别称。

羊的另一个雅称是"珍郎"。这个称呼的由来与武则天有关。《清异录》记载，武则天好吃冷羊肉，有一次专门赐给张昌宗一些冷羊肉，并附上信札，上写："珍郎杀身以奉国。"据此，人们把羊称为"珍郎"。

羊还有一个"高山君"的称谓。《搜神记》上说：汉朝时，齐郡人梁文爱好道术。他家里有一座祭神的祠堂，里面的神座上挂设帷帐。有一天祭祀时，突然从帐中传出人声，自称"高山君"。此神人很能吃东西，给人治病也很有效果。后来神人醉酒，变成了一只羊，经调查乃袁公路家走失的羊。后"高山君"成为羊的别称。

"白石道人"也是羊的美称。这个称呼源自《神仙传》中的一个传说：相传魏晋时期，丹溪人皇初平入山牧羊，遇见一位道士，跟随他进入一座石室修道，久不归家。他的哥哥皇初起寻至石室，只看到白石，看不见羊群。皇初平喊一声"羊起"，周围的白石全都变成了羊。由此人们把"白石道人"作为羊的别称。

四、狗

狗是古人最早畜养的家畜之一，也是与古人关系最密切的动物之一。

在古代，狗最常见的称呼是"犬"，这个称谓今天仍在使用。除此之外，狗还有"地羊""豺舅""虎酒""守门使""韩卢""乌龙""黄耳"等几十种别称。

地羊：古代齐地称狗为"地羊"。《本草纲目》曰："犬，齐人名地羊。"

豺舅：相传狗是豺的舅舅，豺遇到狗，就做跪拜状，因称狗为"豺舅"。

虎酒：宋代黄休复《茅亭客话》记载，老虎吃狗之后，必有醉意，因而称狗为"虎酒"。

守门使：狗通人意，能守门护院，故有"守门使"之名。

韩卢：战国时韩国有黑色猎犬名为韩卢，矫健善驰，后将"韩卢"作为良犬的代称。《五灯会元》："直须狮子咬人，莫学韩卢逐块。"

乌龙：晋代张然有一条狗叫乌龙，曾奋不顾身地救主。后将"乌龙"作为狗的泛称。白居易《和梦游春一百韵》诗曰："乌龙卧不诿，青鸟飞相逐。"

黄耳：相传晋代陆机家犬黄耳通人性，能传书信，因以"黄耳"作为狗的代称。苏轼《过新息留示乡人任师中》诗曰："寄食方将依白足，附书未免烦黄耳。"

五、猪

猪是人们非常熟悉的家畜，位居六畜之首。猪的饲养历史十分悠久，从有文字开始，就有关于猪的记载。如《诗经》称猪为"豕"，《周礼》称猪为"豚"，《庄子》称猪为"豨"，《尔雅》称猪为"彘"。

猪根据种类的不同而有不同的称谓，如公猪叫作"豵""豭"，也称"牙猪"，母猪叫作"豝"。不同年龄的猪也各有其叫法，如六个月的小猪称为"豵"，一岁的猪称为"豝"，三岁的猪称为"豜"。

猪还有许多有趣的别名。猪的面部呈黑色，因此得名"黑面郎"。其以糟糠为食，故又有"糟糠氏"之称。宋代孙奕《示儿编》载："猪曰长喙参军、乌金。""参军"是古代的官职名，猪因嘴长，故有"长喙参军"的雅称。"乌金"之名始于唐代。《朝野佥载》载："拱州有人畜猪以致富，因号猪为乌金。"《太平广记》称猪为"鲁津伯"：相传古代北方曾有人向燕相进献猪，后猪被厨师烹煮。猪死后进入燕相的梦境，说："造化劳我以豕形，食我以人秽。伏军之灵得化，今始得为鲁之津伯。"因把"鲁津伯"作为猪的别称。

六、驴

驴是长相似马的哺乳动物，原产于非洲，秦朝时引入我国，并逐渐进入内地。古人主要用驴来耕地和拉车。在长期共处的过程中，古人给驴取了不少奇特、有趣的别名。

长耳：驴的耳朵很长，人们据此给它取了个"长耳"的名字，有时也戏称它为"长耳公"。王定保《唐摭言》写道："咸通中，上以进士车服潜差，不许乘马。时场中不减千人，虽势可热手，亦皆跨长耳。"

卫子：相传春秋时期，卫灵公喜欢乘坐驴车，后来人们便把驴称为"卫子"。也有人认为，驴叫作"卫子"是因为卫地多驴。还有一种说法是，晋代的卫玠好乘跛驴，当时的人为了讥讽他便称驴为"卫子""蹇卫"。

第五节　水族类和两栖类称谓

一、鱼

鱼类是脊椎动物，是软骨鱼纲和硬骨鱼纲动物的统称。鱼在古代是吉祥美好的象征，人们赋予了它们诸多美名。

鱼的身体由鳞保护，游动时由鳍推动，"鳞"和"鳍"是鱼重要的组成部分，因此古人称鱼为"鳞""鳍"，有时也称"锦鳞"。如沈约诗曰："百丈见游鳞。"

鱼往往同类相连而行，因此有"连行"之称。

"银刀""银花"是对银色小鱼的喻称。

古代僧人素食，讳言荤腥之名，称鱼为"水梭花"，因其往来水中，形似穿梭。

此外，不同品种的鱼也各有其别称。如鲤鱼脊中鳞有三十六片，故以

"三十六鳞"指代鲤鱼。相传仙人琴高乘赤鲤往来，故鲤鱼也叫"琴高"。鳊鱼的脑袋非常小，跟身体缩在一起，团成一团，古人称其"团头鳊"。鲨鱼在水里攻击别人时，常常扭曲身体冲撞对方的鱼，故名"鲛鱼"。

二、鳖

鳖是一种外形像龟的动物，因其爬行时像个跛子，所以得名。

古人认为鳖是鱼的保护神，鱼塘里只要有鳖，鱼儿就不会游到别的地方，就能健康地成长，因此称鳖为"神守"或"守神"。鳖的背部有椭圆形的坚硬甲壳，故又称"甲鱼"。

鳖生有四爪，江西等地称为"足鱼"或"脚鱼"。鳖的身体为圆形，金沙江一带称为"江团"，广东、福建等地称为"团鱼""圆鱼"。因鳖产于水中，肉鲜如鸡，所以又有"水鸡"的别称。

鳖也叫作"鼋"，如《西游记》中通天河的原主人"老鼋"就是一只大鳖。《清异录》中称鳖为"醉舌公"，意思是说鳖的味道鲜美，能把舌头醉倒。崔豹《古今注》将鳖拟人化，称其为"河伯从事"。民间俗语则称鳖为"爪鱼""脖长""霸王""边薄""山瑞鳖"等。

三、龟

龟是现存最古老的爬行动物。俗称龟为"王八"，这个名字的历史颇为悠久，可以追溯到西汉。《史记·龟策列传》载有八只乌龟之名，其八曰王龟，后遂用"王八"称呼乌龟。

在古代，龟被视为一种神物，人们常用龟甲进行占卜，以定吉凶，故龟又称为"先知君"。龟甲用于占卜，大小细琐，无不所知，所以龟又有"通幽博士"的谑称。

"龟"亦名"大蔡"。《淮南子·说山训》载："大蔡神龟，出于沟壑。"大蔡，据说是元龟（大龟）所出之地，后成为龟的别称。

龟的警觉性很强，感到威胁时，会把头尾和四肢缩入龟甲，因此有"藏六"之称。

龟的背甲呈黑色，"玄"为黑的意思，遂戏称龟为"玄衣督邮"。"玄夫"是大灵龟的雅称，韩愈《孟东野失子》诗曰："东野夜得梦，有夫玄衣巾……再拜谢玄夫，收悲以欢忻。""缁衣大夫"出自《史记》，据《龟策列传》记述，宋元王夜梦一人穿玄绣之衣，乘坐缁（黑色）车。醒来后，博士卫平告诉他说此人是龟。因称龟为"缁衣大夫"。

南朝《异苑》称龟为"元绪"。据书中记载，东吴孙权时，永康县有人入山捉得一只大龟，准备渡江献给孙权。夜间停泊时，一棵大桑树对乌龟呼喊道："元绪，发生了什么事？"后以"元绪"为龟的别名。

四、螃蟹

"螃蟹"简称蟹，属甲壳类动物。螃蟹在古代与文人墨客有着不解之缘，诗人们凭借对螃蟹的细微观察和丰富想象，赋予了它诸多生动优美的别称，颇堪玩味。

螃蟹一些别称的由来与其身体特征有关。

螃蟹有雄雌之分。雄蟹的肚脐呈尖形，称尖脐；雌蟹的肚脐呈圆形，称团脐。故称螃蟹为"尖团"。苏东坡有诗云："堪笑吴中馋太守，一诗换得两尖团。"

螃蟹生有八个步足，江、浙、沪一带的居民往往称其为"八只脚"，也叫"八足"。这八个步足只能向下弯曲，不能向外拐，所以螃蟹只能横行。人们常用"横行"比喻某人行动蛮横，不讲道理。历史上的夏朝皇帝桀，就以横行霸道著称。由于螃蟹横着走路，人们便称其为"桀步"。此外，螃蟹走路时会发出"郭索郭索"的声音，人们由此用"郭索"称呼螃蟹。

螃蟹身上披着甲壳，和古代穿戴盔甲的武士十分相似。古人常以"介士"指称武士，后来这个词语也成为螃蟹的别称。"介士"还可以同"横行"搭配，专指螃蟹。如《西游记》中提到，孙悟空跟随牛魔王来到碧波潭万圣龙宫，变化成螃蟹，自称"横行介士"。

古人认为螃蟹体内没有肠子，故称其"无肠公子"。这个雅号最早是晋代葛洪的手笔，《抱朴子》中说："称无肠公子者，蟹也。"

螃蟹自古以来都是餐桌上的美味，尤其是在古代，吃蟹常常与赏菊同时进行，被视为一种雅事。民谚曰："秋风起，蟹脚痒；菊花开，闻蟹来。"故螃蟹又叫"菊下郎君"。熟螃蟹甲壳内有橘黄色胶状物体，叫作蟹黄，味道鲜美，营养丰富，故戏称螃蟹为"内黄侯"。

螃蟹还有一个"长卿"的雅称，出自晋代干宝的《搜神记》：有一种螃蟹曾给人托梦，称自己叫"长卿"。后来人们便把"长卿"作为"螃蟹"的代称。

五、青蛙

青蛙属于两栖类动物，其名称的由来与叫声有关。青蛙鸣叫时，声音听起来像"哇哇"，因此得名。

青蛙在我国被称为"田鸡"，因其肉味如鸡。这种动物的皮肤多为绿色，故有"青鸡"之名。

青蛙还有"坐鱼"的称谓。叶绍翁《四朝闻见录》记载：黄公度在福建做官时，让厨师去买三斤坐鱼。厨师不知"坐鱼"为何物，问遍诸生也无人知晓。只有州学录林执善知道"坐鱼"，告诉厨师去买三斤青蛙。

青蛙后腿细长，便于弹跳，故而被称为"长股"。它能消灭害虫保护庄稼，对农田十分有利，因此又有"护谷虫"的雅称。

第八章

植物称谓

第一节　花卉称谓

自古以来，人们就有爱花的传统。古人对花卉的喜爱之情在对其的称谓中有着鲜明的体现。

一、梅花

梅花的古称非常多，常见的有"腊花""雪梅""雪友""清客""一枝春""玉面""玉玲珑""驿使""梅妻""木母""罗浮魂"等，这些称谓大多出自古诗文，将梅花的形象描绘得美丽动人。

腊花：梅花在冬季开放，尤其是腊月的梅花开得格外灿烂，因此得名。

雪梅、雪友：有的梅花颜色纯白，宛如白雪，因此得名"雪梅"。古人崇尚雪中赏梅，将梅比喻为雪的朋友，称其为"雪友"。宋代梅尧臣《读吴正重台梅花》写道："龙沙雪为友，青女霜作媒。"与雪有关的梅花的别称，还有"雪肌""香雪"等。

清客：对梅花的拟人之称。因梅花开于冷清的冬季而得名。姚宽《西溪丛语·十客》曰："梅花为清客。"

一枝春：南北朝时，陆凯与范晔是好友，曾从江南折梅一枝，寄给身在长安的范晔，同时赠诗一首，诗曰："折花逢驿使，寄与陇头人。江南无所有，聊赠一枝春。"后"一枝春"成为梅花的代称。

玉面、玉玲珑：梅花是高洁品质的象征。人们根据梅花的这一特质，为其取名"玉面""玉玲珑"，意思是说梅花像美人一样冰清玉洁，像玉一样洁白无瑕。

驿使：梅花属于早春花卉，人们将其视为报春之花。宋代陆游在《老学庵笔记》中说："草必称王孙，梅必称驿使，月必称望舒，山水必称清晖。"将梅花比喻为传信的驿使，后便以"驿使"称呼梅花。与此类似的称谓还有"寄春君"。

梅妻：对梅花的一种戏称。宋代诗人林逋隐居西湖孤山，不娶无子，种梅养鹤，人称"梅妻鹤子"，后以"梅妻"作为梅花的代称。林逋曾作咏梅名篇《山园小梅》，诗中有"疏影横斜水清浅，暗香浮动月黄昏"一句，描绘出了梅花倒映水中的神姿秀态，故又以"暗香""疏影"指代梅花。

木母："梅"的拆字。元代《湖海新闻夷坚续志》载，宋神宗问叶涛："自山路来，木公木母如何？"叶涛回答："木公正傲岁，木母正含春。"这里所说的木公指的是松树，木母指的是梅花。由是把"木母"作为梅花的别称。

罗浮魂：柳宗元《龙城录》载，赵师雄在罗浮梦到梅花仙子，醒后方知睡在梅树之下。因称梅花为"罗浮魂"。

花中十友、花中十二客

古代文人大多富有情趣，常与花木为伴，携之为友，待之如宾，并根据花木的品格赋予了它们诸多优美的雅称。除了耳熟能详的"岁寒三友"，还有"花中十友""花中十二客"等说法。

花中十友：兰花，芳友；梅花，清友；蜡梅，奇友；瑞香，殊友；莲花，净友；栀子花，禅友；菊花，佳友；桂花，仙友；海棠，名友；荼蘼，韵友。

花中十二客：牡丹，贵客；梅，清客；菊，寿客；瑞香，佳客；丁香，素客；兰，幽客；莲，净客；荼蘼，雅客；桂，仙客；蔷薇，野客；茉莉，远客；芍药，近客。

二、菊花

菊花是我国传统的名花，一直以来都受到人们的喜爱，人们还根据它的色泽、品质、价值，甚至结合自己的情怀，赋予了它诸多雅称。可以说，菊花在我国传统文化中已经不再是普通的自然之花，而是精神文化的一种象征。

菊花色泽多为黄色，故有"黄英""金英""黄蕊""金蕊"等称呼。其在农历九月开放，因此得名"九华"。菊花开在霜降之时，古人常用它的这一特性来记节令，如"霜打菊花开"。故称菊花为"节华"。菊花凌寒绽放，香气清幽，历来被视为坚贞不屈的象征，所以又有"寒英""冷香""傲霜""贞花"等别称。

菊花有"花中隐士"的美誉。这主要源于"隐逸诗人"陶渊明对菊花的偏爱。陶渊明厌倦官场世俗，向往悠然自得的田园生活，几次为官后毅然归隐。他种菊、赏菊、咏菊，因菊花获得精神上的愉悦，而菊花也因他得有"东篱""篱菊""陶菊"等雅称。

菊花与人们的饮食密切相关。古人很早就把菊花作为一种食用品，屈原诗云："朝饮木兰之坠露兮，夕餐秋菊之落英。"除了用于充饥，菊花还可以药用。据载，菊花有"耐老延年"之效，故人们又称菊花为"长生""延年"。

三、兰花

兰花是我国最古老的花卉之一，也是我国十大名花之一，历来被看作高洁典雅的象征。兰花与梅、竹、菊齐名，并称为"四君子"，有"空谷佳人"的美誉。

在古代，兰花有许多别名，如"国香""香祖""王者香""幽客""馨烈侯"等，无不包含着赞美之情。

国香的典故出自《左传·鲁宣公三年》，说的是郑文公的妾室燕姞梦见天神送给她一束兰花，告诉她说："我把兰花送给你，作为你的儿子。兰有国香，只要佩戴着它，别人就会像爱兰花一样爱你。"后来燕姞果然怀孕产子，就给儿子取名为"兰"，即郑穆公。此后，兰花得名"国香"，而妇女生男之兆则称为"兰兆"。

香祖之称见于宋代陶穀《清异录·草》载："江南人以兰为香祖。"把兰花置于如此崇高的地位，可见江南士人对兰花的喜爱。清代著名文学家王士禛尤其爱兰，曾将其诗文评论集取名《香祖笔记》，使兰花"香祖"的名称广为传播。

相比于国香、香祖，王者香的称呼历史更为久远，知名度也更高。传说王者香一名的由来与孔子有关。孔子率领弟子周游列国，宣传自己的政治思想，但没有一个诸侯采纳他的主张，只好郁郁而返。在从卫国回鲁国的路上，经过一个幽深的山谷时，孔子看见有芬芳的兰花独自开放，情不自禁地感慨道："兰花应当为王者散发香气，现在却独自繁茂，和荒草生长在一起。"于是停下车来，坐在地上抚琴而歌，"自伤不逢时，托辞于香兰"。从此，兰花就获得了"王者香"的雅号。

兰花的一个品性特点是"幽"。幽色、幽香的兰花常常生长在幽谷、幽林之中，所以人们称之为"幽客"。明代都卬《三余赘笔》说："张敏叔以十二花为十二客，兰为幽客。"显然，这是将兰花拟人化的雅号。

兰花不仅芬芳，而且是品格高洁的象征，因此得名"馨烈侯"。《清异录》中有一条记载：南唐保大二年（公元944年），中主李璟率群臣幸饮香亭，观赏新兰，诏苑令取沪溪美土拥培，并封兰花为"馨烈侯"。

四、荷花

荷花为多年生宿根水生植物，原产于印度，两千多年前引入我国。荷花因出淤泥而不染的高贵品质，受到不少文人雅士的赞颂。在古代，荷花名叫芙蓉、芙蕖，《尔雅》载："荷，芙蕖，别名芙蓉，亦作夫容。"此外，荷花还有藕花、菡萏、水芝、净友、溪客、君子花、水宫仙子、玉环等称谓。

藕花：荷花是莲藕的花，故名。李清照《如梦令》写道："兴尽晚回舟，误入藕花深处。"

菡萏：未绽放的荷花的别称。李商隐《赠荷花》写道："惟有绿荷红菡萏，卷舒开合任天真。"

水芝：曹植《芙蓉赋》将荷花比作水中的灵芝，故"水芝"成为荷花的又称。

净友：荷花洁净不染，故称。

溪客：荷花经常生长在溪流中，故以"溪客"作为其雅称。

君子花：北宋周敦颐《爱莲说》谓莲为花中君子，故把"君子花"作为荷花的代称。黄宅中《希濂堂留诗》曰："我爱君子花，遗花如甘棠。"

水宫仙子：荷花亭亭玉立于水面，就像一位仙子飘然而行，故名。张耒诗曰："水宫仙子斗红妆，轻步凌波踏明镜。"

玉环：宋代孙光宪《北梦琐言》载：唐僖宗中和年间，吴中人苏昌远遇到一位美丽的素衣女子，赠其玉环一枚。不久，苏家院中的荷花开放，花蕊中有一枚同样的玉环。后人因此把荷花叫作"玉环"。

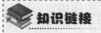

荷叶的别称

荷叶在古代有许多别名，如荷衣、荷扇、风盖、青钱、獭伞等。其中，关于獭伞的由来有着一个有趣的故事。据《搜神记》记载，有一只水獭变化成妇人模样，穿青衣，戴青伞，因被人追急，跳入水中，衣服和伞都化为荷叶。后因称荷叶为"獭伞"。

五、水仙

水仙是石蒜科多年生草本花卉，在中国已有一千多年的栽培历史。相传水仙花由传说中的凌波仙子化身而成，加上此花挺立于清波之上，花朵超尘脱俗，仿若仙子踏水而来，故美称其为"凌波仙子"。

水仙的根茎长得像大蒜、洋葱，因此有"雅蒜""天葱"之称。《长物志》中载："水仙，六朝人呼为雅蒜。""天葱"则是北宋时的叫法。

水仙花有单瓣的，也有重瓣的。单瓣者六裂而色白，中有黄色副冠，宛如浅杯，因此得名"金盏银台"。重瓣古称千叶，重瓣的水仙花，下部淡黄而上部淡白，没有杯状副冠，被称为"玉玲珑"。

水仙还有个特别的名字叫"姚女花"。相传古时有个姓姚的老妇人，一天晚上睡觉时梦见观星陨落，化为一株水仙，香气不凡。老妇人便拿起水仙吃掉了，醒来后生了一个女儿，这个女儿聪慧漂亮、才艺兼备，由此人们称水仙为"姚女花"。又因为观星也叫女史星，所以水仙得名"女史花"。此外，因为水仙像兰花一样幽香而清秀，所以被称为"丽兰"。

古人常将水仙和兰花合称为"夫妇花"。《集异记》中记载：河东人薛蒙幼时曾在窗前窥见一个素服珠履的女子在庭园徘徊，叹说："良人游学，难于会面，对此风景，能无怅然。"吟毕垂泪，隐入水仙花下。不久，兰花丛中幻化出一名男子，也吟道："娘子久离，必应相念，阻于跬步，不啻万里。"吟罢返回兰花丛中，消失不见。后世由此将水仙和兰花视为伉俪，称为"夫妇花"。

六、凤仙

凤仙花为一年生草本植物，六月到八月开花。此花盛开时，头、翅、尾、足均向上翘起，呈飘飘欲仙状，很像传说中的凤凰，因而得名"凤仙花"，也叫"金凤花"。

凤仙花在古代也被称为"指甲花""小桃红""透骨花""好女儿花""菊婢""急性子"等。这些称谓是怎么来的呢？

凤仙的花和叶可以染指甲。每当凤仙盛开的时候，年轻的女孩子就会摘取花瓣，捣碎后来染指甲。染出的颜色鲜红透骨，经年乃消。因此称凤仙花为"指甲花""小桃红""透骨花"。

"好女儿花"的别称则是由于避讳。宋光宗赵惇时，李后忌讳言"凤"，宫中便称凤仙为"好女儿花"。

"菊婢"的由来与古人的思想观念有关。在封建社会，不仅人有三六九等之分，花木也有高低贵贱之别。与菊花、牡丹、兰花等上品花卉不同，凤仙花由于对环境有着极强的适应性，在贫瘠的土壤中也能茁壮成长，因此被人们贬为贱品，称其为"菊婢"，意为菊花的婢女。对于凤仙花遭受的这一"冤屈"，宋人徐溪月十分不满，曾专门作诗为之鸣不平，诗中说："鲜鲜金凤花，得时亦自媚。物生无贵贱，罕见乃为贵。"

七、牡丹

牡丹是我国传统十大名花之一，有"花中之王"的美誉，清代时曾将牡丹列为国花。

牡丹花大而色绚，富丽堂皇，雍容华贵，人们因此称之为"富贵花"，用来表达对富贵的向往。因牡丹是高贵的象征，所以又有"贵客"的别称。

唐代以前，牡丹与芍药都被叫作芍药，唐以后为了将二者区别对待，称牡丹为"木芙蓉"。

牡丹还有一个称号，叫"火前花"。古代清明节有"禁火"的习俗，清明后一日始生"新火"。牡丹一般在清明节前开放，因此得名"火前花"。

牡丹亦叫"洛阳花"。相传唐朝时，一个寒冷的冬天，武则天要去上林苑游玩，命令百花火速开放，以供她观赏。百花不敢违逆，纷纷开出五颜六色的花朵，只有牡丹不开放。武则天震怒，下令把牡丹逐出长安，贬到洛阳。没想到牡丹刚到洛阳，立刻就绽放出娇艳的花朵。由此人们把牡丹称为"洛阳花"。武则天听说牡丹花开的消息，气急败坏，马上命人放火烧死牡丹。牡丹痛苦挣扎，最后被烧成了焦骨，但依旧不屈服，之后绽放出更加美丽的花朵。人们感慨牡丹的凛然正气，又送了它一个"焦骨牡丹"的美名。

"国色天香"是牡丹广为人知的雅称。李浚《摭异记》载：唐文宗在内殿赏花时，问程修己："现在京城传唱牡丹诗，谁的作品首屈一指？"程修己回答："中书舍人李正封的咏牡丹诗最佳，诗云：'国色朝酣酒，天香夜染衣。'"后因此誉称牡丹为"国色天香"。

八、芍药

芍药是芍药科芍药属的著名草本花卉，距今已有约五千年的历史。

芍药在历史上有很多别称雅号，最广为人知的名字恐怕是将离草。它之所以被称为将离草，源于《诗经·郑风》中"维士与女，伊其相谑，赠之以芍药"的记载。在周朝时，青年男女交往的时候经常用芍药做礼品或信物。传说有一对恋人感情深厚，以芍药花定下终身。但后来男子因为征战死在了战场，女子性情刚烈，情深不渝，抱芍药花面向恋人死亡的方向哭泣不止，最终因伤心过度亡于芍药丛中。女子的忠烈打动了世人，人们便以花比人，以后与恋人分别的时候，都赠送芍药，表示情义永存。所以后人称芍药花为"将离草"。

芍药的别名还与其花期、形态有着密切的联系。芍药开花较迟，大约在春末开放，所以人们称它为"殿春"。唐宋文人则称其为"婪尾春"，婪尾是最后之杯，"婪尾春"则意为春天的最后一杯美酒。唐朝时，人们将芍药与牡丹并称"花中二绝"，谓牡丹为"花王"，芍药为"花相"（花中宰相）。芍药花硕大艳丽，奇容异色，因此得名"娇容""绰约"。此外，由于芍药属于草本植物，没有坚硬的木质茎秆，看上去如同柔弱无骨的少女，所以也被称为"没骨花"。

九、月季

月季是我国的土生花卉，最早栽种于汉代，唐宋时期广为流行。月季虽然不如牡丹那样有名，也不像牡丹那样高贵，但它也凭借自己鲜艳的色彩、悠远的香气，赢得了"花中皇后"的美称。

月季的自然花期很长，能从8月开到次年4月，因此有"月月红""月月开""长乐花"等名称。清代李调元《南越笔记》中记载："花亘四时，月一披秀，故又名月月红。"因为月季花月月都开放，所以又被称为"月贵""月记"，大概取"月月珍贵""月月铭记"之意。

李渔《闲情偶寄》中称月季花为"断续花"。这是因为月季不像牡丹等花卉一夜之间全部开放，而是陆陆续续盛开的。

月季开放次数多，人们取其"情痴之意"，称之为"痴客"。

月季花有深红、浅红及白三色，每当花开时，三种颜色争奇斗艳，不是春光，胜似春光，故月季又有"胜春"之名。

月季在广东生长得最好，而广东有"长春之国"的美誉，因此称月季为"长春"。

"斗雪"是月季的另一个雅号。据说斗雪是月季中的耐寒品种，能开至下雪，后以"斗雪"作为月季的代称。

十、海棠

海棠花是我国传统名花之一，花开似锦，花形娇媚，素有"国艳"之誉，又被赞为"花贵妃""花中神仙"。

海棠花以四川为最甚，故有"川红""蜀客"之称。其中又以成都地区的海棠十分有名，因此称为"成都花"。

海棠花是游子思乡的象征，常表达离愁别绪，所以有"思乡草"的美称。它还有一个凄美的名字，叫"断肠花"。据说这个名称来源于爱情故事：相传古时候有一女子久候意中人不至，常落泪于北墙之下，后来墙下长出海棠花，花色艳丽，姿容娇媚，犹如女子。人们据此传说把海棠花称为"断肠花"。

第二节　竹木称谓

一、竹子

在我国古代，竹是君子的化身，是高风亮节的象征，千百年来，咏竹或者以竹喻人的作品难以计数。在不同的作品中，对竹的叫法不相一致，因此竹的别称有很多。据了解，竹子别称的由来主要与其颜色、形状、生长习性以及传说故事有关。

竹子一般为翠绿色，人们据此称它为"青玉""绿卿""绿玉君""碧虚郎"。如宋代陶谷《清异录》中记载："绿卿高拂，宿烟雾以参差。"

竹子属于多年生常绿植物，秋天不落叶，经冬也不凋，故有"不秋草""冰碧""寒青"等美称。如金代马天来《赋丹霞下寺竹》中写道："人天解种不秋草，欲界独为无色花。"

竹子劲直有节，寓意着崇高的气节，所以有"抱节君"的雅称。人们还称竹子为"贞筠"，用以比喻坚贞不易的节操。

竹子中空，故拟人称之为"虚中子"；枝干修长，因而有"修箭"的美名。

竹子往往<u>丛生</u>，长得十分茂密，所以又有"林篁""篁阵""郁离"等称呼。至于孤立生长的竹子，则称为"孤筠"。

对于新生的竹子，古人取名"初篁""龙孙"。陆游《夏日》："将雏燕子暂离巢，过母龙孙已放梢。"

此外，竹子也叫"此君""圆通居士"。"此君"之名出自《晋书·王徽之传》。据载，王徽之寄居一宅，命人种竹。有人问种竹缘故，王徽之指着竹子说："不可一日无此君！"后把"此君"用作竹子的代称。"圆通居士"源于《清异录》：比丘海光居于庐山石虎菴，夜梦一人身着斑衣，自称圆通居士，说愿舍身为菴中供养具。不久，窗外青竹生一笋，笋长成竹，被海光用为拄杖。后人由此称竹为"圆通居士"。

 知识链接

"斑竹"一名的由来

斑竹是生长在我国南方的一种竹子，据说它的得名与上古时期娥皇、女英的故事有关。娥皇、女英都是尧帝的女儿，都嫁给了舜。有一次，舜到长江一带巡视，不幸死在了苍梧之野。娥皇和女英听闻噩耗，便去南方寻找。她们站在湘江边上苦等丈夫的归来，落下的相思之泪挥洒在竹子上，成为竹身上的斑点。这种带有斑痕的竹子，就是"斑竹"，也叫"湘妃竹""潇湘竹"。

二、桂树

桂树属于木樨科木樨属植物，是一种常绿灌木或小乔木。它的叶子像"圭"，人们根据这个特征给它取名为"桂"。

桂树别名有很多。其纹理如犀，故叫"木樨"。桂树一般生长在山岭岩石之间，所以得名"岩桂"。

桂树开花时，芬芳扑鼻，香飘数里，因此有"七里香""九里香"等美称。

古代常将桂树与月亮联系在一起，有月宫吴刚伐桂等神话传说，故桂树也叫"仙树""月桂"。桂花则被戏称为"广寒仙"。

三、松树

松树在我国传统文化中与"菊、梅、竹"齐名，合称"四君子"。松树木质坚硬，寿命可达千年，常被人们视为长寿的象征，民间有"寿比南山不老松"的说法。松树还代表着坚强不屈的品质，人们常用"松心"比喻坚贞高洁的节操。正因如此，千百年来，人们爱松、敬松，给松树取了许多优雅的别名。

苍龙、枯龙：松树针叶苍翠，枝干盘虬如龙，故有"苍龙"之称。松树皮粗糙干燥，状如龙鳞，因此松树被称为"枯龙"。

五大夫：这个称呼的由来与秦始皇有关。据《史记》记载，秦始皇封禅泰山完毕，下山时遇到暴雨，于是跑到一棵大松树下躲避。事后，秦始皇感谢松树"护驾有功"，便封其为"五大夫"，也称"大夫树"。后来就把"五大夫"作为松树的雅号。人们也戏称松树为"苍官"。

苍髯叟：松树长寿，叶子苍然如髯，故有"苍髯叟"的称号。《山堂肆考》记载：晋代僧人法潜隐居于剡山，有人问他良友是谁，他指着松树说："苍髯叟。"

偃盖山：唐代冯贽《云仙杂记》载，茅山有一农夫见一使者牵一只白羊，问他居于何处，使者回答住在偃盖山。农夫跟随使者来到一棵古松下，使者突然消失不见。只见眼前松树果如偃盖（伞盖）。后遂把"偃盖山"作为松树的别名。

十八公：相传三国时，吴国的丁固梦见自己腹部生长一棵松树，醒后对人说："'松'可以拆分为'十''八''公'，是不是预示十八年后我将要被封为公爵？"后世因此典故称松树为"十八公"。

木中仙：《清异录》载，五代时道士张荐明隐居乐山，山上有古松十余株，张荐明指着松树对人说："我是人中之仙，此树是木中之仙。"因称松树为"木中仙"。

木长官：《杭州府志》载，潜牧岭上有古松一棵，盘根错节。曾有兄弟二人争吵不和，前往官府诉讼，夜晚憩于树下。天亮后，兄弟俩各自悔咎，于是和好而归，不再诉讼。人们据此故事给松起了个别名——"木长官"。

四、柳树

柳树是我国分布范围最广的植物之一，属于杨柳科落叶乔木。它的得名源于古人伐木的方法。

古时候科技并不发达，劳动工具制作得相当简陋，要想砍伐粗大的树干并不容易，但伐取树枝则容易得多。在长期伐木的过程中，人们逐渐发现，柳树被伐过的枝干，茬口处还可以生出新的枝条，而且新枝通直，使用起来更加方便。于是，人们伐木时就把树干保留下来，以便能够不断地利用枝条。"柳"字与"留"字同音，"柳树"就是"留树"，表示保留树干以便再次利用的一类树。

柳树在古代也叫"杨柳"。据说这个名字的来历与隋炀帝有关。唐代传奇小说《开河记》记述，隋炀帝即位之后，昭告天下要开凿通济渠，虞世基提议在堤岸栽种柳树，隋炀帝采纳了他的意见，并亲自种柳，还赐柳树姓杨，享受与帝王同姓的殊荣，此后柳树就有了"杨柳"的称谓。

柳树的枝条细长柔韧，呈现出较大弧度的下垂，故柳树有"垂杨""垂柳"之称。

柳树在初春发芽，是春天最早吐绿的树木之一，可以视为春天的一种象征。杜甫有"漏泄春光有柳条"的诗句，后人据此称柳树为"漏春和尚"。

当柳叶长得非常茂盛时，远远望去，就像笼罩在一片烟雾中，因此柳树又被称为"烟柳"。

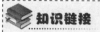

柽柳的别称

柽柳是柳树的一种，据文献记载，此树能预知天气变化。当天上快要下雨时，这种树最先知道并做出反应，并且它还可以抵抗严寒而不凋零，被人们誉为树中的圣人，取名"雨师"。柽柳一年开三次花，花穗长二三寸，颜色粉红，如同蓼花，因此得名"三春柳"。又因嫩枝纤细、悬垂，故而被称为"垂丝柳"。

五、柿树

柿树在我国已有三千多年的栽培历史。柿树在古代也称为"枾树"。"枾"原指砍木头时落下的碎片，由于柿树的果实在树上成熟以后会自动掉落，类似木头的碎片，所以柿子被称为"枾"，柿树即称"枾树"。

柿树有一个优雅的别名，叫"凌霜侯"。据说这个称呼的由来与明太祖朱元璋有关。明代张定《在田录》记载，朱元璋早年遭遇饥荒，乞讨途中路过一个叫剩柴村的地方。此时他已有两天没有吃东西，饿得发昏之时，忽然看到一座荒宅里有一棵柿子树，树上挂满了成熟的霜柿。他马上过去摘了十个，吃完后才继续赶路。后来他做了皇帝，有一次领兵又经过剩柴村，见那棵柿树还在，就把身上的赤袍脱下来挂在上面，并封柿树为"凌霜侯"。这在果木中称得上独占鳌头的封号了，一时传为美谈。

六、银杏树

银杏树是一种落叶乔木，是现存种子植物中最古老的孑遗植物。

银杏树的名字出现在宋初，得名与其果实的形态、色泽有关。此树的果实形状类似小杏，果核颜色为白色，因此被称为"银杏树"，也叫"白果树"。

银杏树相比其他树种，生长速度慢，寿命却极长，因此被叫作"公孙树"，有"公种而孙得食"的含义。

银杏树的叶子既像鸭掌，也像飞蛾，所以此树又有"鸭脚树""飞蛾树"的别称。

第三节　水果称谓

一、梨

梨是人们喜爱的美味果品之一。古时候，对梨的称呼主要有"蜜父""玉乳""宗果""快果""百损黄""文林郎"。

梨的果肉为乳白色，汁液丰沛，味道甜美，因此得名"蜜父""玉乳"。由于其营养丰富，所以被奉为"百果之宗"，简称"宗果""果宗"。《宋书》中就有"百果之宗"的记述：南朝时，宋朝的张敷小名叫"查"（山楂），他的父亲张邵小名叫"梨"。有一次，宋文帝对张敷开玩笑说："山楂和生梨哪一个好？"意思是说：你跟你父亲谁更有学问？张敷回答说："梨为百果之宗，山楂怎么能和梨相比呢！"

梨属于寒凉水果，"梨"与"利"谐音，"利"有锋利的意思，古代医者认为梨就像一把利刀，食之如同吞刀，会损害人的身体，故称其为"快果"。又认为吃梨一益百损，吃枣百益一损，于是把梨称为"百损黄"，把枣称为"百益红"。

"文林郎"的称呼源自宋代。相传蒲中产好梨，唐太宗时有凤栖息在梨树上，后来长出的梨果肉细腻，红颊玉液，因此得名"凤栖梨"。到了宋代，另有一家产出新的品种，集众梨之美，又超过了凤栖梨。有人把这种梨进献给朝廷，得官文林郎，因此以"文林郎"作为梨的美称。

二、杨梅

杨梅是江南地区著名的水果，果实如圆球，绛红带紫，甜中带酸。杨梅的名字取自果实的形状和味道。《本草纲目》中说，杨梅的外形像水杨子（水杨梅，成熟时有紫红色球球），而味道像梅子，因此得名"杨梅"。

杨梅也叫"君家果"。《世说新语·言语》载，晋代的孔坦去拜访一户杨姓人家，主人用杨梅款待他，孔坦说："此是君家果。"故把"君家果"作为杨梅的代称。

"日精"是杨梅的另一别称。唐冯贽《云仙杂记》引《湘潭记》载：陆展郎中见到杨梅，感叹说："此果恐是日精。"遂以"日精"称呼杨梅。

杭州西湖附近有杨梅岭，旧时盛产杨梅，有红、白两种，多为僧人食用，故杭州人称其为"圣僧"。吴地、越州亦产杨梅，人称当地杨梅为"吴郡星郎""楞梅"。

此外，杨梅的别称还有"朱梅""朱红""龙睛""骊珠"等。

三、荔枝

荔枝为亚热带水果，产于我国两广、福建、四川等地，与香蕉、菠萝、龙眼并称"南国四大果品"。荔枝最早叫作"离枝"。因为该水果不能离开枝叶，采摘的时候必须将树枝一并摘下，与果树分离，故称"离枝"，后因谐音，得名荔枝。

荔枝生于旁枝，因以"侧生"作为其代称。果实重而不沉水，故有"水浮子"之名。果皮开裂、粗糙，所以有"皴皮"的称号。果皮为鲜红色或紫红色，故被称为"红罗""红云""丹荔""绛衣娘"。果肉呈半透明凝脂状，宛如水晶，因而有"水晶丸"的美称。

荔枝还有一个有趣的别名，叫"妃子笑"，这个称呼的来历与杨贵妃有关。据说杨贵妃喜爱吃鲜荔枝，唐玄宗每年都派人驰马从岭南传送荔枝到京城。杨贵妃吃到荔枝后喜笑颜开，所以人们就把鲜荔枝称为"妃子笑"。杜牧《过华清宫》中就有"一骑红尘妃子笑，无人知是荔枝来"的描述。

四、樱桃

樱桃属于温带水果，分布在我国辽宁、河北、山东、河南、陕西、甘肃等地。樱桃的食用历史十分悠久，在距今七千多年的河南省新郑裴李岗文化遗址中，就曾发现人们吃剩的樱桃核。

樱桃最早叫作"莺桃""含桃"，因为莺鸟喜欢含食这种果实，故称。《礼记·月令》："羞似含桃，先荐寝庙。"

樱桃的个头较小，形状像桃子，圆润如珠，因此被称为"樱珠子""珠颗""珠樱"。杨万里《樱桃》诗："摘来珠颗光如湿，走下金盘不待倾。"其颜色多为深红或浅红，故有"朱桃""朱樱""朱果"等称呼。

此外，"牛桃""荆桃""石蜜""麦英"等也是古人对樱桃的称谓。

五、阳桃

阳桃是一种产于热带地区的水果，我国广东、广西、台湾、云南等地均有栽培。

阳桃的得名与其原产地有关。此水果并不是我国原有的，而是晋代时从外国传入的，因为口感与蜜桃相类而被称为"洋桃"，后来讹误为"阳桃"、"羊桃"或"杨桃"。

阳桃也叫五敛子。晋代嵇含《南方草木状》中说：五敛子，果实像木瓜一样大，黄色，果皮和果肉又脆又软，味道极酸，表面有五道棱，如同刀刻一般。南方人称"棱"为"敛"，因此得名。清代阮元有诗曰："谁知五棱桃，清妙竟为最。"

六、苹果

苹果在我国有两千多年的栽培历史。古称苹果为"奈""林擒""来禽""苹婆""频婆"等。

"奈"的称谓最早出现在西汉，司马相如《上林赋》中说："楟奈厚朴。"这里的"奈"被多数学者确认是中国的绵苹果。

据说苹果成熟时节，其鲜美香甜的味道能招来林中飞鸟，故称苹果为"林擒"，也叫"来禽"。据记载，汉武帝居住的上林苑扶荔宫，就栽植有"林擒"。

"苹婆"和"频婆"由梵语音译而来，不过在印度，"频婆"并不是苹果的意思，而是另一种水果的名称。

"苹果"的名称出现得较晚，始见于明代。王象晋《群芳谱》中就有关于苹果的记载，书中说苹果产于北方，其中山东、河北两地所产苹果质量最佳，生的时候为青色，熟的时候半白半红，或全为红色，其香味在很远的地方就能闻到。不过明代对"苹果"一词使用得还很少，"苹果"一称到清代时才被广泛使用。近代以后，"苹果"逐渐取代其他称谓，成为该水果的首称。

七、花生

花生是一年生草本植物的茧状荚果。它的得名与植株开花结果的过程有关：花朵受精以后，子房柄伸入泥土发育成果实。因花朵开在地上，果实结在地下，所以得名"花生"，也叫"落花生"。云南俗称"落地松"。

花生原产于南美洲，明代时传入我国广州、福建。因花生是外来引进的，故客家人称其为"番豆"。有的地方称花生为"地豆"。

花生的营养价值很高，具有抗老化、防早衰等功效，因此人们又称它为"长生果""万寿果"。

第四节　蔬菜称谓

一、葱

葱属于百合科多年生草本植物，是一种很古老的蔬菜，在我国有着悠久的食用历史。

人们最早食用的是野葱，在当时称为"茖"，《尔雅》记载："葱生山中者名茖。"后来，野葱渐渐成为一种家常蔬菜。

葱主要用来烹调，宋代陶穀《清异录》中写道："葱和美众味，若药剂必用甘草也，所以文言曰'和事草'。"意思是说，各种菜肴都必须加葱调味，葱的作用就像中医药中的甘草一样，因此葱得名"和事草"。

葱也叫"芤"（kōu）、"菜伯"。芤是指草中有孔，由于葱叶中间也有孔道，所以把葱称为"芤"。在中医学家的眼中，葱的全草都有用处，地位处于各种蔬菜之首，故而得名"菜伯"。

二、白菜

我国是白菜的故乡，种植白菜的历史十分久远。在西安市郊半坡村遗址中，考古学家就曾发现一个陶罐里有白菜、芥菜等菜籽。可见在六千多年以前，我们的祖先就已经开始栽培白菜了。

白菜在古代被称为"菘"。明代李时珍《本草纲目》写道："菘即今人呼为白菜者。"

为什么把大白菜称作菘呢？

宋代大学者陆佃《埤雅》中记述："菘性凌冬不凋，四时长见，有松之操。故其字会意，而本草以为交耐霜雪也。"白菜不怕寒冷，性情近似于松树，所以古人便在松字上面加个草字头，将白菜取名为"菘"。据说，"菘"最早得名于汉代。"白菜"的称呼则出现在元朝。

三、芹菜

芹菜，简称"本芹"，是我国的原生蔬菜。我国人民食用和利用芹菜的历史十分悠久，可以追溯到周朝，《诗经》里就有"觱沸槛泉，言采其芹。君子来朝，言观其旂"的诗句。

我国的芹菜包括旱芹和水芹两种。李时珍说"芹有水芹、旱芹，水芹生江湖陂泽之涯，旱芹生平地，有赤、白两种。二月生苗，其叶对节而生，似芎䓖。其茎节有棱而中空，其气芬芳。五月开细白花，如蛇床花"。旱芹生于陆地，有较强的香气，所以又称为"香芹"，因药用都是旱芹，所以旱芹也称"药芹"。水芹长于水田，广泛分布在古代中国中部和南部多湖沼地区，尤以云梦大泽（属于古楚国，在今湖北江汉平原）所产享有盛名，故称水芹为"楚葵""水英"等。大约南北朝时期，芹菜出现园圃栽培。

"献芹"一名的由来

在古代人际交往中，有一个谦辞叫"献芹"。什么是"献芹"呢？《列子·杨朱》中记载了一个小故事：有个人在乡里的豪绅面前大肆吹嘘芹菜如何美味，可是豪绅尝了以后，竟然"蜇于口，惨于腹"。这个典故是说，自己认为好的东西，别人不一定认为好。由此引申出"献芹"一词，用来谦称赠人的礼品菲薄或所提的意见浅陋。

四、菠菜

菠菜是一年生或二年生草本植物，是现代人经常食用的蔬菜。

菠菜原产于波斯（今伊朗），唐朝前传入我国。菠菜最早叫作"波棱菜"，这是菠菜的音译。由于菠菜是从波斯引进的，所以人们又称其为"波斯草"，炼丹的道士尤其喜欢吃菠菜，据说可以化解丹药带来的不适感。

菠菜的根为红色，叶为绿色，因此得名"赤根菜""鹦鹉菜"。

说到鹦鹉菜，不得不提一个有趣的传说。相传乾隆皇帝有一次到江南微服私访，途中饥渴难耐，便与随从在一户农家用餐。农家主妇从自家的菜园里挖了些菠菜，做了一个菠菜豆腐汤，味道鲜美。乾隆皇帝吃完以后赞赏不已，询问这是什么菜，农妇回答："金镶白玉板，红嘴绿鹦哥。"乾隆大喜，于是封农妇为皇姑，自此菠菜多了个别名——"鹦鹉菜"。

除了以上几个称呼，菠菜还有"波棱""角菜""鼠根菜"等别称。

五、茄子

茄子，属于茄科一年生草本植物。据考证，茄子不是中国原产的，而是汉代时从印度引进的。茄子传入中国以后，成为人们日常食用的主要菜品。

　　古人对茄子的称谓不少，主要有"落苏""昆仑瓜""草鳖甲"等。这三个名称都有来历。

　　茄子得落苏之名，据宋代王辟之《渑水燕谈录》记载，与五代十国时期吴越国君主钱镠的儿子有关。钱镠的儿子跛足，有人便拿与"瘸子"读音相近的"茄子"取笑他，后来杭人为了避讳，便将茄子改名，因茄子品尝起来如同酥酪一样绵软可口，所以称呼茄子为"落苏"。直到现在，苏杭一带有些地区依旧称茄子为落苏。

　　茄子别称"昆仑瓜"源于隋炀帝。相传隋炀帝嗜好吃茄子，见茄子的形状奇怪，颜色艳丽，以为是仙品，于是就赐名"昆仑紫瓜"，简称"昆仑瓜"，不过这一称谓并未沿用下来。

　　"草鳖甲"一名的来历是这样的：古人治疗疟疾常用干茄，而讳其名，由于鳖甲能治寒热，茄子也能治寒热，所以用"草鳖甲"称呼茄子。